白话庄子

文白对照

国学

张玉良 ◎ 主编

陕西新华出版传媒集团 · 三秦出版社

图书在版编目（CIP）数据

白话庄子 / 张玉良主编. —2 版. —西安：三秦出版社，2003.07（2022.5 重印）

（传统文化经典读本）

ISBN 978-7-80546-318-6

Ⅰ．白… Ⅱ．张… Ⅲ．①道家 ②庄子 - 译文 Ⅳ．B223.5

中国版本图书馆 CIP 数据核字（2003）第 042833 号

传统文化经典读本
白 话 庄 子

张玉良　主编

出版发行	陕西新华出版传媒集团　三秦出版社
社　　址	西安市雁塔区曲江新区登高路 1388 号
电　　话	（029）81205236
邮政编码	710061
印　　刷	北京华强印刷有限公司
开　　本	710mm×1000mm　1/16
印　　张	23.5
字　　数	322 千字
版　　次	2003 年 7 月第 2 版 2022 年 5 月第 2 次印刷
标准书号	ISBN 978-7-80546-318-6
定　　价	58.00 元

庄子像

总　序

中国是举世闻名的文明古国，其光辉灿烂的传统文化，已成为整个人类共同的精神财富。随着时代的进步，随着探索自然、认知社会的触角不断深入，人们比以往任何时候都迫切需要发掘传统文化宝藏，汲取更多的智慧和精神力量，来进行自我完善、自我提高，从而获取成功。于是许多人都不约而同地把目光投向那些历尽风雨淘洗的传世经典，吟之诵之，含英咀华。他们意识到，不了解唐诗宋词，没读过孔孟老庄，其麻烦不仅仅是难以达到辩才无碍的境地或获得博学多识的美誉，而且会在工作、学习及社会生活的许多方面遭遇尴尬。反之，熟知经典，以古为镜，以古为师，必定会在全新意义上的修身、齐家、治国平天下方面收到奇效。这方面例子很多，如国内某名牌高校从《易经》中提取"厚德载物"做为校训，培养了无数英才；日本企业家运用《孙子兵法》和《菜根谭》进行经营管理，屡创经济奇迹；某自然科学家要求弟子背诵《道德经》，作为攻克难关前的心理演练；某诺贝尔奖得主坦言，其所以能够历经磨难取得突破，全得益于《孟子》中的一句名言。近年来我国中小学实验教材不断加大古诗文比重以及高考试题频频"考古"，也是为了促进素质教育，培养一代新人。

传统文化经典很多，就存在一个轻重缓急和选择的问题，我们不赞成搞什么"百种必读"或"50种必读"，武断地制造一个封闭系统。我们认为中国传统文化经典宝库应当是开放的，其中异彩纷呈，玉蕴珠藏。所以我们推出这套《传统文化经典读本》丛书，第一批20种，只能说是向广大读者奉献的最基本的、应当最先了解的经典作品，包括《易经》、《论语》、《孟子》、《道德经》、《庄子》、《孙子兵法》、《幼学琼林》、《唐诗三百首》、《宋词三百首》、《元曲三百首》等。我们还将根据情况陆续推出第二辑、第三辑。值得说明的是，我社自上个世纪80年代就开始致力于传统文化经典的整理普及，是最早出版白话类经典读本的出版社之一。此次推出的这批图书都是精选版本、精选作者，付出了艰苦努力完成的，内在质量上乘，曾作为我社品牌图书，经受了市场的检验，受到读者的广泛好评。为适应新的形势，更好满足读者的需求，我们对其进行了重新改造整合，使之在版式、装帧等方面更趋考究精美。同时也希望读者多提批评意见，以便进一步改进。

魏全瑞

2003年7月

庄周小传

余树声

庄周，宋国蒙邑人，现在河南商丘一带。大约生于公元前369年，周烈王七年；卒于公元前286年，周赧王二十九年。他和儒家学派的孟轲，诡辩派的惠施，属于同一个历史时代，他比孟轲大，比惠施小，惠施是同庄周经常在一起交谈论辩的朋友。

庄周的一生没有什么辉煌的历史，仅仅作过一段漆园这个地方的小吏，究竟是怎样离开的，是自动离职？是被上级革除？就不得而知了。

他有过那么一次交上了官运的好机遇，比孔子作鲁国的司法大臣（司寇）还大的官运，是威王让他作楚园的宰相。和孔子不一样，他竟没有孔子那种"吾岂匏瓜也哉？焉能系而食。"求官不得的急切心情，反而视位极人臣的相国之尊为用于祭祠的大黄牛。司马迁在《史记》中有极好的记载：

楚威王闻庄周贤，使使厚币迎之，许以为相。庄周笑谓楚使者曰："千金，重利；卿相，尊位也。子独不见郊祭之牺牛乎？养之数岁，衣以文绣，以入大庙。当是之时，虽欲为孤豚，岂可得乎？子亟去，无污我。我宁游戏于污渎之中自快，无为有国者所羁，终身不仕，以快吾志焉。"

《秋水篇》也记述了这件事，它是这样写的：

庄子钓于濮水，楚王使大夫二人往先焉。曰："愿以境内累矣

（按：指担任宰相）。"庄子持竿不顾，曰："吾闻楚有神龟，死已三千岁矣，王巾笥而藏之庙堂之上。此龟者，宁其死为留骨而贵乎？宁其生而曳尾于涂中乎？"二大夫曰："宁生而曳尾于涂中。"庄子曰："往矣！吾将曳尾于涂中。"

庄周这种不同统治阶级同流合污的高洁品格，连他的朋友惠施都不理解；不是不理解，是惠施把官位看得太神圣了，生怕有人抢了去：

惠子相梁，庄子往见之。或谓惠子曰："应子来，欲代子相。"于是惠子恐，搜于国中三日三夜。庄子往见之，曰："南方有鸟，其名为鹓鶵，子知之乎？夫鹓鶵发于南海，而飞于北海，非梧桐不止，非练食不食，非醴泉不饮。于是鸱得腐鼠，鹓鶵过之，仰而视之，曰：'吓！'今子欲以子之梁国而吓我邪？"（《秋水》）

庄周的一生是在贫穷中度过的，下面的记载，是极好的证据。

庄子衣大布而补之，正廪系履而过魏王。魏王曰："何先生之惫邪？"庄子曰："贫也，非惫也。士有道德不能行，惫也；衣弊履穿，贫也，非惫也，此所谓非遭时也……"（《山木》）

庄子家贫，故往贷粟于监河侯。监河侯曰："诺。我将得邑金，将贷子三百金，可乎？"庄周忿然作色曰："周昨来，有中道而呼者。周顾视车辙中，有鲋鱼焉。周问之曰：'鲋鱼来，子何为者邪？'对曰：'我，东海之波臣也。君岂有斗升之水而活我哉？'周曰：'诺。我且南游吴越之王，激西江之水而迎子，可乎？'鲋鱼忿然作色曰：'吾失我常与，我无所处，吾得斗升之水然活耳，君乃言此，曾不如早索我于枯鱼之肆。'"（《外物》）

晚年，庄周的妻子先于他而走了，贫穷和痛苦对他心灵的长期折磨，使他超脱于人世的哀乐之情以外了，吊唁的乡邻纷纷到来了，见到庄周盘腿坐在妻子尸体的旁边，正鼓盆而歌呢！

庄子妻死，惠子吊之。庄子则方箕踞鼓盆而歌。惠子曰："与人居，长子，老身，死不哭亦足矣，又鼓盆而歌，不亦甚乎？"庄子曰："不然，是其始死也，我独何能不慨然？察其始而本无生，非徒无生也而本无形，非徒无形也，而本元气，杂乎芒芴之间，变而有气，气变而有乐，形变而有生，今又变而至死，是相与为春秋冬夏四时也。人且偃然寝于巨室，而我嗷嗷然随而哭之，自以为不通乎命，故止之。"（《至乐》）

庄周从自然万物生生不已的变化中，找到了超越于悲哀之外的自然基础，他是以同样的态度对待将要降临于自身的死之神：

庄子将死，弟子欲厚葬之。庄子曰："吾以天地为棺椁，以日月为连璧，星辰为珠玑，万物为赍送，吾葬具岂不备邪？何以加此？"弟子曰："吾恐乌鸢之食夫子也。"庄子曰："在上为乌鸢食，在下为蝼蚁食，夺彼与此，何其偏也！"（《列御寇》）

庄周的一生是悲剧的一生，庄周的著述是留给人间的悲剧曲谱。庄周的恨，却缺乏恨的手段与勇气；庄周的爱，却缺乏爱的胆略与资具。因此他不得不向自然这个至高无上的主宰那里逃遁，以求得与自然运行机制的合一。在这种合一里，找到灵魂的慰藉，并且是在这神、在自然奴隶主义的保护伞下取得了以扭曲的形式戏谑人生的权利：

昔者庄周梦为蝴蝶，栩栩然蝴蝶也，自喻适志与，不知周也。俄然觉，则蘧蘧然周也。不知周之梦为蝴蝶与？蝴蝶之梦为周与？周与蝴蝶，则必有分矣，此之为物化。(《齐物论》)

然而，在这种自然奴隶主义的屈从中，却蕴涵着既是属于庄子个人的同时又是属于我们民族的冲决一切网罗的意志与能量：

北冥有鱼，其名为鲲。鲲之大，不知其几千里也。化而为鸟，其名为鹏。鹏之背，不知其几千里也；怒而飞，其翼若垂天之云。是鸟也，海运则将徙于南冥，南冥者，天池也……鹏之徙于南冥也，水击三千里，抟扶摇而上者九万里。(《逍遥游》)

前　言

张玉良

提起庄子，知道的人很多。

庄子姓庄名周，战国时代宋国蒙地人，生卒年月不详，大约是在公元前369年到公元前286年，是战国时期著名的思想家。

庄周的著作只有《庄子》一书，主导思想本源于老子学说，因此后世称为"老庄学派"。他在书中极力弘扬老子的清静无为思想，抵制和批判儒家的思想和理论。他的文章多数采用寓言的形式，因而随心而发，思想畅游于天地之间，恣意放纵，毫无拘束，多系空泛的议论，没有什么事实根据，但文辞优美，写情状物，栩栩如生，理论辩述，妙语连珠，因此，《庄子》流传很广，在思想界、文学界影响很大。但是，由于采用寓言的形式，文意隐晦，也使后世出现多种多样的理解。数千年来，思想家从中看到哲理，文学家从中学到优美的文辞表现手法，政治家从中得到齐家治国的指导思想，道家则从中看到修心养性、返朴归真，把他奉为道教始祖之一。更有甚者，玄学家从中看到玄理，加以演化，使其玄而又玄，星象家也从它那里演化出算命术，这些，给后世更多人正确理解《庄子》，造成了不少混乱。

《庄子》一书，精华与糟粕相参，有辩证思想，也有不少诡辩，有优美的文字技巧，也有晦涩难懂的词意，既讲了人生处世的哲理，也有不少虚无主义的东西。阅读这本书，必须采取批判继承的态度，取其精华，剔除糟粕，使它更好地为社会主义精神文明建设服务。

中国有几千年的文明史，有着灿烂丰富的古代文化，保存下来的古籍浩如烟海。由于时代的变迁，除具有古汉语阅读能力的人外，更多的人阅读这些古籍比较吃力。《庄子》一书，尤其如此。为了能使更多的人阅读，我们组织一些同志把《庄子》全书译成白话。全书采取分段对译的办法，文前加了"提要"，简明指出各篇文章的主旨，文后增加了"成语与典故"，以便于读者更好地阅读和理解。

在编辑过程中，原文主要以中华书局点校本为依据，分段参考了陈鼓应的《庄子今注今译》。陕西省社会科学院余树声同志对译文作了审读校正，在此一并表示深切的谢意！

由于我们水平所限，在译文中难免有疏漏和不确之处，祈请学人和读者指教。

1990.6.2

目　录

◇ 内　篇 ◇

逍遥游…………………………………………（ 1 ）
齐物论…………………………………………（ 10 ）
养生主…………………………………………（ 28 ）
人间世…………………………………………（ 32 ）
德充符…………………………………………（ 47 ）
大宗师…………………………………………（ 57 ）
应帝王…………………………………………（ 73 ）

◇ 外　篇 ◇

骈　拇…………………………………………（ 80 ）
马　蹄…………………………………………（ 86 ）
胠　箧…………………………………………（ 90 ）
在　宥…………………………………………（ 97 ）
天　地…………………………………………（108）
天　道…………………………………………（124）
天　运…………………………………………（136）
刻　意…………………………………………（148）
缮　性…………………………………………（152）
秋　水…………………………………………（156）

至　乐	（170）
达　生	（178）
山　木	（192）
田子方	（204）
知北游	（216）

◇ 杂　　篇 ◇

庚桑楚	（229）
徐无鬼	（241）
则　阳	（261）
外　物	（276）
寓　言	（285）
让　王	（291）
盗　跖	（305）
说　剑	（322）
渔　父	（328）
列御寇	（336）
天　下	（346）

◇ 内 篇 ◇

逍 遥 游

张 岗 译

【提要】

"逍遥游"一词，译成现代语言就是绝对自由的意思，《逍遥游》这篇文章的主旨，就是论证绝对的自由。这种绝对的自由是庄周幻想出来的，是不依赖外界任何事物的绝对自由。文中所说的大鹏从北冥飞往南冥，必有所待，列子御风而行，也是有所待，这都算不上"逍遥游"。只有"乘天地之正，而御六气之辩，以游无穷者"，才算得上"逍遥游"，也就是达到了无目的绝对自由。不仅如此，还必须摆脱自己身心的牵制，做到无己，只有做到无己，才是天地间的至人、神人、圣人。庄周通过这种"无己"的观念，在自己的幻想里达到了"无待"的绝对自由，实质上是自己欺骗自己，多少带有阿Q精神胜利法的色彩。这正是庄子哲学的基本范畴之一，也是他人生观的暴露。这些都反映了战国时期没落奴隶主贵族的悲观绝望情绪，反映了他们逃避现实、追求精神超脱的思想，事实上，庄子所追求的"逍遥"绝对自由，在任何时代任何社会都是不存在的。

【原文】

北冥有鱼，其名为鲲。鲲之大，不知其几千里也。化而为鸟，其名为鹏。鹏之背，不知其几千里也；怒而飞，其翼若垂天之云。是鸟也，海运则将徙于南冥。南冥者，天池也。

《齐谐》者，志怪者也。《谐》之言曰："鹏之徙于南冥也，水击三千里，抟扶摇而上者九万里，去以六月息者也。"野马也，尘埃也，生物之以息相吹也。天之苍苍，其正色邪？其远而无所至极邪？其视下也，亦若是则已矣。

且夫水之积也不厚，则其负大舟也无力。覆杯水于坳堂之上，则芥为之舟；置杯焉则胶，水浅而舟大也。风之积也不厚，则其负大翼也无力。故九万里，则风斯在下矣，而后乃今培风；背负青天而莫之夭阏者，而后乃今将图南。

蜩与学鸠笑之曰："我决起而飞，枪榆枋，时则不至而控于地而已矣，奚以之九万里而南为？"适莽苍者，三餐而反，腹犹果然；适百里者，宿舂粮；适千里者，三月聚粮。之二虫又何知！

小知不及大知，小年不及大年。奚以知其然也？朝菌不知晦朔，蟪蛄不知春秋，此小年也。楚之南有冥灵者，以五百岁为春，五百岁为秋；上古有大椿者，以八千岁为春，八千岁为秋，此大年也。而彭祖乃今以久特闻，众人匹之，不亦悲乎！

【译文】

北海里生长着一条鱼，名字叫鲲，非常大，大到不知道有几千里。有一天，鲲变化成一只大鸟，名字叫鹏。鹏的脊背大到不知道有几千里，它飞起来的时候，翅膀就像垂在天边的云。这只鸟，当海动起大风的时候，就要飞到南海去。南海是什么地方？就是天池。

在《齐谐》这本书里，记载着许多怪异的事。书上说："鹏鸟飞往南海时，它的两个翅膀激起的水花有三千里远，像旋风一样地来回飞翔，向上一冲，能冲向高空九万里；它是乘六月海动起大风的时候飞往南海去的。"游气，尘埃，小生物，都是被风吹着在空中游荡的，天是深青色的，这是它真正的颜色呢？还是因为天太高而不能看到它的最深处呢？高飞九万里的大鹏往下看地面的景象，也不过如此罢了。

水如果积得不深，就没有力量浮载大船。如果在屋里的凹地之上倒一杯水，把小草放到水里，也可以漂浮起来当船，但是，如果把一个大杯子放进去就要着地了。这是水太浅而船太大的缘故。风的积蓄力量不大,就没有力量负载巨大的翅膀,所以,大鹏之所以能高飞九万里,因为在它下面有巨大的风力,有了这种巨大的风力,它才能凭借风力,背负青天而翱翔于高空,碰不到任何阻碍,然后才能飞往南海。

蝉和斑鸠讥笑大鹏说:"我们什么时候愿意飞就飞起来,碰到榆树、檀树就停在上边;有时力气不够,飞不到树上,就落在地上,何必要高飞九万里,又何必飞到那遥远的南海呢?"去近郊旅行的人,只须带三餐饭就够了,当天回来,肚子还是饱饱的;如果去百里之外旅行,就必须在前一天舂米准备干粮;若是作千里之外的旅行,就必须筹备三个月的干粮。蝉与斑鸠这两个小虫子又知道什么呢?

小智不知道大智,小年不知道大年。为什么是这样呢?朝生暮死的小虫"朝菌",不会知道从月初到月末的时光;春天生夏天死、夏天生秋天死的昆虫"蟪蛄",也不会知道一年之中有春有秋,这就是所谓"小年"。楚国的南边有一个神龟,以人间的五百年为一个春季,再过五百年为一个秋季;上古有一棵叫大椿的树,以八千年为一个春季,再过八千年为一个秋季,这就是所谓"大年"。而生于夏代、死于殷代末年的彭祖,只活了七百多岁,在人间就以长寿闻名,大家都羡慕他,这岂不是太可悲了吗?

【原文】

汤之问棘也是已。

汤问棘曰:"上下四方有极乎?"

棘曰:"无极之外,复无极也。穷发之北有冥海者,天池也。有鱼焉,其广数千里,未有知其修者,其名为鲲。有鸟焉,其名为鹏,背若泰山,翼若垂天之云,抟扶摇羊角而上者九万里,绝云气,负青天,然后图南,且适南冥也。斥鴳笑之曰:'彼且奚适也!我腾跃而上,不过数仞而下,翱翔蓬蒿之间,此亦飞之至也!而彼且奚适也?'"

此大小之辩也!

【译文】

过去，汤曾经向棘提出过一个问题。

汤问棘说："上下四方有极限吗？"

棘回答说："无极之外还有无极啊！在北方非常远的一个地方，那里草木不生，有一个无边无际的大海，叫天池。天池里有一条鱼，它的身体有几千里宽，没有人晓得它有多么长，它的名字叫鲲。那里有一只鸟，名字叫鹏，它的脊背像泰山一样大，翅膀像天上垂着的云，它像旋风一样地回旋起飞，可以飞到高空九万里，飞在云气之上，背负着青天，然后往南飞翔，准备飞到南海去。生活在小水洼里的鴳雀讥笑大鹏说：'它想飞到哪儿去呀？我飞腾起来，不过十几尺高就落下来，在蓬蒿之间自由自在地飞翔，这已经很好了！而它究竟是要飞到哪儿去呢？'"这就是小和大的区别啊！

【原文】

故夫知效一官，行比一乡，德合一君，而征一国者，其自视也亦若此矣。而宋荣子犹然笑之。且举世而誉之而不加劝，举世而非之而不加沮。定乎内外之分，辩乎荣辱之境，斯已矣。彼其于世未数数然也。虽然，犹有未树也。夫列子御风而行，泠然善也，旬有五日而后反。彼于致福者，未数数然也。此虽免乎行，犹有所待者也。

若夫乘天地之正，而御六气之辩，以游无穷者，彼且恶乎待哉！

故曰：至人无己，神人无功，圣人无名。

【译文】

所以，那些才智能胜任一官之职的，行为能得到一乡群众赞扬的，德性合于一君的要求而能取得一国信任的，就自鸣得意，其实，不过是和蝉、斑鸠、鴳雀的见识是一样的。对这种人，宋荣子讥笑他们，他不因为举世的人称赞他而奋发勉励自己，也不因为举世的人诽谤他而灰心丧气，他认定了"内""外"的分别，辨别清楚了荣辱的境界，所以才能有这样的见识。他对于世俗的名誉地位，是从来不急切的去追求，虽然这样，他还是有自己未曾建树的东西。列子乘着风游行，轻妙而飘然自得，过了十五天才返回。他对于求取长寿和富贵，从来是不急迫的。像他这样，虽然可以免去徒步之劳，但他毕竟还是有其"所待"的东西。

若是乘着天地的真正精神，驾着六气的变化，遨游在无穷无尽的宇宙之间，还有什么可等待的呢？

所以说："至人无己"，"神人无功"，"圣人无名"。

【原文】

尧让天下于许由，曰："日月出矣而爝火不息，其于光也，不亦难乎！时雨降矣而犹浸灌，其于泽也，不亦劳乎！夫子立而天下治，而我犹尸之，吾自视缺然，请致天下。"

许由曰："子治天下，天下既已治也。而我犹代子，吾将为名乎？名者，实之宾也，吾将为宾乎？鹪鹩巢于深林，不过一枝；偃鼠饮河，不过满腹。归休乎君！予无所用天下为。庖人虽不治庖，尸祝不越樽俎而代之矣。"

【译文】

尧要把天下让给许由，说："太阳和月亮出来了，手里拿的小火把还不熄灭，它和太阳或月亮的光相比，不是太没有意思了吗！天上下了及时雨，还要去提水灌溉农田，这对于润泽禾苗，不是徒劳吗！先生如果立为天子，一定会把天下治理得很好，可是我还占着这个君位，很觉得惭愧，请允许我把天下奉还给先生。"

许由答道："你当君王治天下，已经治理得很好了，我若再来代替你，我不是在追求名吗？名是实的影子，我这样做，不是成了影子吗？鹪鹩在深林里做窝，不过是占一棵树枝；鼹鼠喝大河里的水，最多只能是喝饱肚子。算了吧，我的君王啊，你请回吧。厨师就是不做祭祀用的饭菜，掌管祭典的人也决不能越位来代替厨师的工作。"

【原文】

肩吾问于连叔曰:"吾闻言于接舆,大而无当,往而不返。吾惊怖其言,犹河汉而无极也;大有径庭,不近人情焉。"

连叔曰:"其言谓何哉?"

"曰:'藐姑射之山,有神人居焉,肌肤若冰雪,绰约若处子。不食五谷,吸风饮露。乘云气,御飞龙,而游乎四海之外。其神凝,使物不疵疠而年谷熟。'吾以是狂而不信也。"

连叔曰:"然!瞽者无以与乎文章之观,聋者无以与乎钟鼓之声。岂唯形骸有聋盲哉,夫知亦有之!是其言也,犹时女也。之人也,之德也,将旁礴万物以为一。世蕲乎乱,孰弊弊焉以天下为事!之人也,物莫之伤,大浸稽天而不溺,大旱金石流土山焦而不热。是其尘垢秕糠,将犹陶铸尧舜者也。孰肯以物为事!"

【译文】

肩吾问连叔道:"我听了接舆的一番言论,他的话大而无当,不着边际,我听了非常惊讶,就像天上的银河一样,摸不着头尾,真是怪诞离奇,不近人情!"

连叔问道:"他说了些什么呢?"

肩吾回答说:"他说:'在很远的地方,有一座姑射山,山里住着一个神人。他生得皮肤洁白,像冰雪一样,温柔美丽的姿态,像个未出嫁的姑娘;他不吃粮食,只吸清风,喝露水,乘着云气,驾着飞龙,在四海之外遨游。他凝聚起自己的神力,可以使万物不遭受一点儿病害,年年五谷丰收。'这些话不着边际,是不可信的。"

连叔说:"是呀!一个瞎子,再好的文章也没有办法让他看见;一个聋子,再响的钟鼓声也没有办法让他听见。不但人的身体部位有瞎子和聋子,在智力上也有瞎子和聋子。听你刚才说的话,你还是和过去一样,一点也没有进步。接舆说的这个神人,他的德行是包容万物为一体的。世人期望他来治理天下,他哪里肯辛辛苦苦的管这种微不足道的事情呢!这种神人,没有什么东西可以伤害他,洪水滔天淹不着他，大旱可以把金石熔化，把土山烧焦，他却不觉得热。虽然是'尘垢粃糠'，他也可以陶冶制造出尧、舜来。他哪里肯作治理天下这种事呢？"

【原文】

宋人资章甫而适诸越，越人断发文身，无所用之。尧治天下之民，平海内之政，往见四子藐姑射之山，汾水之阳，窅然丧其天下焉。

【译文】

宋国有人贩运帽子到越国去卖，但是，越国的人都是头发剃得精光，身上刺着花纹，这种帽子对他们是毫无用处的。尧治理天下的人民，使海内政治清平，假如他到了遥远的姑射山中，汾水之北，拜见了四位得道的真人，那么，他将会恍然大悟，把天下忘掉的。

【原文】

惠子谓庄子曰："魏王贻我大瓠之种，我树之成而实五石；以盛水浆，其坚不能自举也。剖之以为瓢，则瓠落无所容。非不呺然大也，吾为其无用而掊之。"

庄子曰："夫子固拙于用大矣。宋人有善为不龟手之药者，世世以洴澼絖为事。客闻之，请买其方百金。聚族而谋曰：'我世世为洴澼絖，不过数金；今一朝而鬻技百金，请与之，'客得之，以说吴王。越有难，吴王使之将。冬与越人水战，大败越人，裂地而封之。能不龟手，一也；或以封，或不免于洴澼絖，则所用之异也。今子有五石之瓠，何不虑以为大樽而浮乎江湖？而忧其瓠落无所容，则夫子犹有蓬之心也夫！"

惠子谓庄子曰："吾有大树，人谓之樗。其大本拥肿而不中绳墨；其小枝卷曲而不中规矩。立之涂，匠者不顾。今子之言，大而无用，众所同去也。"

庄子曰："子独不见狸狌乎？卑身而伏，以候敖者；东西跳梁，不避高下；中于机辟，死于网罟。今夫斄牛，其大若垂天之云。此能为大矣，而不能执鼠。今子有大树，患其无用，何不树之于无何有之乡，广莫之野；彷徨乎无为其侧，逍遥乎寝卧其下。不夭斤斧，物无害者，无所可用，安所困苦哉！"

【译文】

惠子对庄子说："魏王给了我一粒大葫芦的种子，我把它种在地里，而结的大葫芦有五石之大的容量。用它盛水，它的坚固程度不能胜任；把它切开做成瓢，却又没有这么大的水缸去容纳它。这个葫芦不能算不大了，可因为它没有任何用处，我就把它砸碎了。"

庄子说："这是你不会用'大'啊！宋国有一个人，善于制造不皲手的药物，他家世世代代以漂丝絮为业，只在漂丝絮时，擦这个药，可以使手不皲。有一个客人听说这件事后，找到这个人，要用一百金买他的药方。这个人就把全家人招集在一起商量，说：'我家世世代代以漂丝絮为业，所得不过数金；现今卖出这个药方，一下子可以得到一百金，还是卖了吧。'这个客人买到这个药方，去游说吴王。这时，越国正准备打吴国，吴国就派这位客人为将军，率兵和越国打仗。他率兵和越国进行水战，正是冬天寒冷的时候，因为有了不皲手的药物，把越国打败了，吴王因此奖赏给他一大片土地。同样是一个不皲手的药方，一个人因此而得到奖赏，另一个却只是用它来漂丝絮，为什么呢？因为用法不同，想法不同。现在你有能装五石的大葫芦，为什么就想不到把它作成一个盛酒的大杯子，拿上他去遨游江湖呢？你只愁它太大，没有东西能容得下，可见你的心被蓬茅所塞，还没有通达啊！"

惠子对庄子说："我有一棵大树，人们把它叫臭椿。它的树身长得非常粗大，无法用木匠的工具去量；它的小枝子又生的弯弯曲曲，不合规矩。它虽然生长在大路旁边，但是，木匠来回经过，却没有人理睬它。你的言论，大是很大了，就是没有用，所以，大家都不相信。"

庄子说:"你见过野猫吧?它们屈着身子埋伏起来,等着捕捉出来活动的小动物。在捕捉小动物时,东西跳跃,不避高低,结果踏中猎人设置的捕兽机关,死在捕兽的网子里面。再看那牦牛,它大得像垂在天边的云彩,大是很大了,但不会捉老鼠。现在你有那么一棵大树,发愁它没有用处,为什么不把它种在虚无的乡土里,广大无边的旷野里,无所作为地在它旁边徘徊,逍遥自在地在它下面躺着休息,斧头无法砍伐它,任何东西也不能损害它。虽然没有什么用处,但又有什么祸患呢!"

【成语与典故】

[**鹏程万里**] 原文为:"鹏之徙于南冥也,水击三千里,抟扶摇而上者九万里。"极言"鹏"这种大鸟飞得很高很远。后用"鹏程万里"比喻志向远大、前途无限。唐代大诗人李白在《上李邕》诗中即有"大鹏一日同天起,扶摇直上九万里"之句,以大鹏自喻,表达自己得志高飞、少年英雄的远大抱负和志向。

[**越俎代庖**] 原文为:"庖人虽不治庖,尸祝不越樽俎而代之矣。"尧要让位给许由,许由坚辞不受。这句话意思是即使厨师不做祭祀用的饭菜,掌管祭典的人也决不能越位来代替厨师的工作。喻指哪怕尧不做天下之主,他也不会就任。后世便使用"越俎代庖"来比喻超越自己的职权范围去插手别人所管的事。

[**彭祖长寿**] 彭祖,姓篯名铿,相传是远古帝王颛顼的玄孙,生在夏代,死于殷末周初,经历三代,活了八百多岁。庄子用"彭祖乃今以久特闻,众人匹之,不亦悲乎!"本意是说即使长寿如彭祖,与永恒的自然相比也是微不足道的。后代逐渐演变为"彭祖长寿"的成语,比喻人的长寿。

[**列予御风**] 列子,相传是春秋时期的道家,郑国人,名御寇。常乘风遨游。庄子说:"夫列子御风而行,泠然善也……"意谓列子尽管那么闲适自得,仍未臻于最高境界。

齐 物 论

臧 振 译

【提要】

战国百家争鸣,兢于是非,各不相让。庄子乃作齐一万物之论,说各家言论,如像风激万窍,发出各种声音。一旦风停,众窍哑然,无不返于虚空。陷于是非之中的人,激于意气,互相攻击,看不到"真宰"何在,迷不知返。庄子主张忘彼此、齐是非、混成毁、一有无,让光彩含而不露,"乘云气,骑日月,而游乎四海之外",追求"真宰",即超越于万物是非变化之上的"道"。

【原文】

南郭子綦隐机而坐,仰天而嘘,荅焉似丧其耦。颜成子游立侍乎前,曰:"何居乎?形固可使如槁木,而心固可使如死灰乎?今之隐机者,非昔之隐机者也。"

子綦曰:"偃,不亦善乎,而问之也!今者吾丧我,汝知之乎?女闻人籁而未闻地籁,女闻地籁而未闻天籁夫!"

子游曰:"敢问其方"。

子綦曰:"夫大块噫气,其名为风。是唯无作,作则万窍怒呺。而独不闻之翏翏乎?山陵之畏佳,大木百围之窍穴,似鼻,似口,似耳,似枅,似圈,似臼,似洼者,似污者;激者,謞者,叱者,吸者,叫者,濠者,濠者,咬者,前者唱于而随者唱喁。泠风则小和,飘风则大和,厉风济则众窍为虚。而独不见之调调、之刁刁乎?"

子游曰:"地籁则众窍是已,人籁则比竹是已。敢问天籁。"

子綦曰:"夫吹万不同,而使其自己也,咸其自取,怒者其谁邪!"

【译文】

南郭子綦歪靠着小桌坐着。他仰起头来，向着天空喟然长叹；四肢瘫软，好像精神离开了形体。他的弟子颜成子游站在跟前伺候，问他："这是怎么回事呢？难道果真可以使身躯失去精神像那枯槁的木柴，令思想像那燃烧完了的灰烬吗？我觉得，今天靠在桌边的先生，不同于往常靠桌而坐的先生。"

子綦说："颜偃啊，你这个问题，不是问得很好吗！你知道吗，今天，我凝神静坐，已经达到了忘我的境界。你听到过人的孔窍发出的声音，却没有听到过大地的孔窍发出的声音，或许你听到过大地的声音，却没有听到过天发出的声音。"

子游说："我很想知道个究竟。"

子綦说："那大地之气生发出来，就叫做风。这风不刮则已，刮起来，万窍鼓荡，呼啸怒吼。你没听到过那呜呜的风声吗？那是因为高山丘陵高低不平、曲折凸凹；那周长有百尺的大树上，生着奇形怪状的孔窍：有的像鼻孔，有的像嘴巴，有的像耳廓，有的像长颈的钟，有的像圆口的盂，有的像舂米的碓窝。有的深陷，有的浅平；大风吹过，发出各种声音：有的怒吼，有的呼啸，有的大声呵叱，有的倒吸凉气，有的像喊叫，有的像哭，有的像笑，有的像哀鸣。声音前后呼应、长吁接着短叹。轻风吹来，便是一阵小和声；疾风刮来，便是一阵大嚷嚷。等到残余的风都吹过去了，那各式各种的孔窍便都静了下来，一样的空空荡荡。你难道没有看见那些树枝在摇摇晃晃吗？"

子游说："地的孔窍发出声音，就是风吹那些窟窿罢了；人借助箫管发出自己的声音，这我也听过了。请问天的声音是怎么回事。"

子綦说："那天的吹，是吹到万万千千不同的事物上，而使万物自己去决定运动还是静止。动、静全是自取，有谁去激怒它，鼓动它呢？"

【原文】

大知闲闲，小知间间；大言炎炎，小言詹詹。其寐也魂交，其觉也形开，与接为构，日以心斗。缦者，窖者，密者。小恐惴惴，大恐缦缦。其发若机栝，其司是非之谓也；其留如诅盟，其守胜之谓也；其杀若秋冬，以言其日消也；其溺之所为之，不可使复之也；其厌也如缄，以言其老洫也；近死之心，莫使复阳也。喜怒哀乐，虑叹变慹，姚佚启态。乐出虚，蒸成菌。日夜相代乎前，而莫知其所萌。已乎，已乎！旦暮得此，其所由以生乎！

【译文】

　　大智者悠闲自如，小智者斤斤计较；高论者盛气激昂，嘴尖者争辩不休。他睡着的时候，魂在忙着与人打交道；他一醒来，形体感官便活动起来。他忙着打交道，整天以心计与别人争斗；或者掩饰，或者深藏，或者隐瞒。遇到小恐惧就惴惴不安，遇到大恐惧则万念俱灰。他陷在是非之中，反应就像扣动了扳机一样灵敏。为保住胜利，他像发誓赌咒一样固执己见。他精力日渐消耗、就像秋冬降临一样；可是他沉溺在自己惹来的是非之中，没法使他迷途知返。他被贪欲束缚住不能自拔，沿着衰老损耗的道路一意孤行；鬼迷心窍，不可救药，没法恢复生气了。喜、怒、哀、乐、忧虑、叹息、后悔、固执、轻佻放纵，故作姿态。这一切，就好像空虚的箫管发出音乐，暑气蒸腾生出菌类一样，无中生有，层出不穷，日夜前来，更相替代，谁知道是从哪儿生出来的呢！得了吧，算了吧！早早晚晚都让这些纠缠着，人就得靠这些活着吗？

【原文】

　　非彼无我，非我无所取，是亦近矣，而不知其所为使。若有真宰，而特不得其朕。可行已信，而不见其形，有情而无形。

　　百骸，九窍，六藏，赅而存焉，吾谁与为亲？汝皆说之乎？其有私焉？如是皆有为臣妾乎？其臣妾不足以相治乎？其递相为君臣乎？其有真君存焉？

　　如求得其情与不得，无益损乎其真。一受其成形，不亡以待尽。与物相刃相靡，其行尽如驰，而莫之能止，不亦悲乎！终身役役而不见其成功，苶（nié 涅）然疲役而不知其所归，可不哀邪！人谓之不死，奚益！其形化，其心与之然，可不谓大哀乎！

【译文】

没有那些心灵活动就没有我。没有我，那心灵活动也无从表现。这个道理是浅近的但不知道是谁在从中安排指使。若是有真正的主宰者，可怎么也找不到它存在的征兆。人们似乎是按照自己所认定的道理行事，一点也看不到主宰者的形迹——它存在着，可就是见不到它的形迹。

人身百骨，九窍、五脏六腑，样样具备，都在这里，究竟哪样是主宰者、我究竟亲近哪样？你都喜欢它们？它们中间能分出特别亲近的吗？如果不能，那么它们都是奴仆了？既为奴仆，各有职责，它们是不足以互相治理的吧？或者他们是轮换着担任国君和臣下的吧？那么，人身上哪一件器官算得上真正的主宰者呢？

弄得清楚这事情与弄不清楚这事情，对于真正的主宰，既不会有什么增加，也不会有什么损失。人一旦得到胚胎、长成形体，那主宰者便一直不离开，一直守候到尽其天年。芸芸众生，与外物相斗争、相摩擦，追逐奔驰，没有谁能阻止得了。这不是很可悲的吗！终身忙碌劳累，却见不到他有什么成功；疲乏劳累使得他萎靡，还不知道自己的归宿在哪里，这还不够悲哀吗？人说：他总算还活着。这话又有什么用呢？他的形体在衰老，他的心也跟着衰老了，能说这不是最大的悲哀吗？

【原文】

人之生也，固若是芒乎？其我独芒，而人亦有不芒者乎？夫随其成心而师之，谁独且无师乎？奚必知代而心自取者有之？愚者与有焉？未成乎心而有是非，是今日适越而昔至也。是以无有为有。无有为有，虽有神禹，且不能知，吾独且奈

13

何哉！

夫言非吹也，言者有言，其所言者特未定也。果有言邪？其未尝有言邪？其以为异于鷇音。亦有辩乎？其无辩乎。

道恶乎隐而有真伪？言恶乎隐而有是非？道恶乎往而不存？言恶乎存而不可？道隐于小成，言隐于荣华。故有儒墨之是非，以是其所非而非其所是。欲是其所非而非其所是，则莫若以明。

【译文】

人活着，就是这样懵懵懂懂的吗？难道就是我一个人懵懂糊涂吗？那芸芸众生中，也还有不糊涂的吗？人们都因循着他现成的思想。谁又没有现成的思想供他因循呢？怎么能断言有能自己取消现在的糊涂思想而代之以清醒思想的人呢？那没有现成思想的愚人中，或许能有这样的人吧？如果愚人中有这样的人，那就是说，他没有现成的思想，倒先有了判断是非的能力。这岂不是等于说，今天动身去越国，昨天已经到了。这是把不存在的事情当成了存在的事情。把不存在当成存在，即使是神圣的大禹也弄不明白，何况是我，又能有什么办法呢？

语言不同于箫管或者大风，语言有解说道理的功能。但这些道理的对与不对，却是没有确定的。说他讲了道理吧，他不一定对；说他没有讲道理吧，他又讲了不少。他自以为他那些议论与刚出壳的雏鸟的叽叽喳喳有所不同。果真是不同吗？大概没有什么不同吧！

"道"被什么掩盖着以至于产生了真伪的差别？言论被什么遮蔽了以至于有了是非的区别？本来，"道"是无处不在的，言论是放在哪儿都可以的。可是，大道被局部的小成功掩盖了，正确的言论被词藻华丽的夸夸其谈遮蔽了。所以，世上就有儒家与墨家的是非争论：把对方所否定的加以肯定，把对方所肯定的加以否定。要想肯定对方所否定的，否定对方所肯定的，还不如互相承认，明白本来就无是无非。

【原文】

物无非彼,物无非是。自彼则不见,自是则知之。故曰彼出于是,是亦因彼。彼是方生之说也,虽然,方生方死,方死方生;方可方不可,方不可方可;因是因非,因非因是。是以圣人不由,而照之于天,亦因是也。

是亦彼也,彼亦是也。彼亦一是非,此亦一是非。果且有彼是乎哉?果且无彼是乎哉?彼是莫得其偶,谓之道枢。枢始得其环中,以应无穷。是亦一无穷,非亦一无穷也。故曰莫若以明。

以指喻指之非指,不若以非指喻指之非指也;以马喻马之非马,不若以非马喻马之非也。天地一指也,万物一马也。

【译文】

事物都是彼此相对立而存在的,要么是"那一个",要么是"这一个",单看哪一方,都看不出特点;以这方为参照去看那一方,就看得明白。所以说:因为有"这",才有所谓"那";"这"也是因为有"那"才成其为"这"。"这"与"那"相辅相成,并列而生。这种说法,虽然是有道理的,但是它本身也有对立面:有"这与那并列而生"的说法,就有"这与那你死我活,不能并列而生"的说法;有"不能并列而生"的说法,就有"并列而生"的说法。有人说可以,就说明存在不可以;有人说不可以,就说明存在可以。有肯定它的,就有因此而否定它的;有否定它的,就有因此而肯定它的。是非的产生没完没了,因此圣人不跟着它转,而是以包容万物,自然而然的"天"为镜子来对照。圣人这样做,本身也是一种是非:是对它的对立面——是非相生说——的一种否定。"彼"在那里肯定自己而否定"此","此"也在那里肯定自己而否定"彼",彼与此各有一是一非。彼与此果真就是彼与此吗?彼与此其实无所谓彼与此吧?彼与此放弃是非争端,失去对立面的时候,就使自己处在"道"的枢纽地位。枢纽地位就好像旋转着的圆环的中心,可以应付无穷的变化。是的变化是无穷的,非的变化也是无穷的。所以说，介入是非不如明白本来就无是无非。

以食指说明指示的"指"不是食指的"指"，不如以其他手指说明指示的"指"不是食指的"指"。以赛马说明押在比赛上的筹码的"码"不是赛马的"马"，不如以其他马说明筹码的"码"不是赛马的"马"。天地也可以用手指一指来表示，万物都可以用筹码一押来表示。

【原文】

可乎可，不可乎不可。道，行之而成；物，谓之而然。恶乎然？然于然。恶乎不然？不然于不然。恶乎可？可于可。恶乎不可？不可于不可。物固有所然，物固有所可。无物不然，无物不可。

故为是举莛与楹、厉与西施，恢恑憰怪，道通为一。其分也，成也；其成也，毁也。凡物无成与毁，复通为一。唯达者知通为一，为是不用而寓诸庸。庸也者，用也；用也者，通也；通也者，得也；适得而几矣。因是已。已而不知其然，谓之道。

劳神明为一而不知其同也，谓之"朝三"。何谓"朝三"？狙公赋芧，曰："朝三而暮四。"众狙皆怒。曰："然则朝四而暮三。"众狙皆悦。名实未亏而喜怒为用，亦因是也。是以圣人和之以是非而休乎天钧，是之谓"两行"。

【译文】

路，是人走出来的。物的名称是人们叫出来的。什么叫"对"？有人认为它是对的，别人也跟着说是对的。什么叫"不对"？有人认为它不对，别人也跟着说不对。什么叫"可以"？有人认为可以的便是"可以"。什么叫"不可以"？有人认为不可以的便是"不可以"。事物本来也是这样：不对的也有它对的一面，不可以的也有它可以的成分。没有什么事物是绝对不对的，没有什么事物是绝对不可以的。

因此，如像草茎与顶梁柱，恶鬼与美女，宏大荒诞的、奇异特殊的、狡诈滑头的、古怪神秘的等等，在掌握了"道"的人看来，都可以融会贯通为同一个道理。此物的分解，就是彼物的形成；站在彼的角度看是形成，站在此的角度看又是毁弃。事物无论是形成还是毁弃，那道理也是相通为一，没有什么不同。因此，那通达的人是能够屏去偏见、统一异端。为此，他不固执己见，而是把己见寄托到常人的道理之中。在常人道理的运用中，实现融会贯通。一旦融会贯通，便能有透彻的领悟。有这种领悟的人就接近了真理。能够自然而然地做到这一点，做到了还不知道怎么做到的，这就叫做得到了"道"。

劳神费心地去要求一律，而不知道那不同的意见实际是一回事，这叫"朝三"。什么叫"朝三"呢？有一个好养猿猴的人叫狙公。他用橡树栗子喂猴，说，"早上给你们三升，晚上给你们四升"，猴子们都发怒了。他又说，"那么，早上给你们四升，晚上给你们三升"，猴子们都高兴了。不论名称还是实质都没有变，只是换了一种喂法，猴子们的喜怒就不同了。狙公的这种作法，就做到了顺其天性之自然，超脱于是非之外。所以，圣人自己没有什么是非，而是顺应众人的是非；不劳心神地休息于旋转着的巨轮中央，左旋也行，右旋也没有什么不可，这就叫做"两行"。

【原文】

古之人，其知有所至矣。恶乎至？有以为未始有物者，至矣，尽矣，不可以加矣。其次以为有物矣，而未始有封也。其次以为有封焉，而未始有是非也。是非之彰也，道之所以亏也。道之所以亏，爱之所以成。果且有成与亏乎哉？果且无成与亏乎哉？有成与亏，故昭氏之鼓琴也；无成与亏，故昭氏之不鼓琴也。昭文之鼓琴也，师旷之枝策也，惠子之据梧也，三子之知几乎，皆其盛者也，故载之末年。唯其好之也，以异于彼，其好之也，欲以明之彼。非所明而明之，故以坚白之昧终。而其子又以文之纶终，终身无成。若是而可谓成乎？虽我亦成也。若是而不可谓成乎？物与我无成也。是故滑疑之耀，圣人之所图也。为是不用而寓诸庸，此之谓以明。

【译文】
　　古人的智慧，在某些方面达到了登峰造极的地步。怎么说他登峰造极呢？有以为世界上没有什么事物的，这就达到了极点，完全符合于道，再没有更高的境界了。其次，是认为有一个客观外界，但在自己与客观外界之间是分不出彼此的。再其次，是认为自己与外界是有区别的，但个人与外界完全融合，没有是非矛盾。是非一旦显示出来，就会损伤"道"。"道"一旦被损伤，人就会因是非而产生偏爱之心。是真的存在着偏爱与损伤？或是根本就不存在偏爱与损伤呢？昭氏的祖先谱曲弹琴，有所爱必然有所遗漏，弹成了曲调却损伤了音乐的完美。如果昭氏的祖先不谱曲弹琴，没有那些曲调也就不会损害音乐的完美。昭文弹着祖传曲调，音乐家师旷以筹策计数解释音律，思想家惠子则靠在梧桐琴旁沉吟冥思。这三位先生的智慧可以说都相当了不起了，因此能一直传到现代。他们自以为自己的爱好特长不同于众人。既有这样的爱好特长，便想让众人也明白。众人不是能够弄懂他那些道理的人，他却想让众人明白，就好像辩论"坚、白、石三"、"白马非马"的那些人，到死也没能让人明白。而昭文的儿子却又重操其父旧业，终身也没有干出什么名堂。如果像三位先生这样也可以叫做"成功"，那么我也可以因自己不同于三位先生而叫做"成功"。如果像三位先生这样不能算是成功，万物与我之间没有是非也没有什么"成功"。所以，对于那种拿着表面光泽而又漏洞百出的道理来向世人炫耀的举动，圣人就划定它的活动范围，不用那些奇谈怪论而将大道理寄托在平常的道理之中。这就叫明白本无是非。

【原文】
　　今且有言于此，不知其与是类乎？其与是不类乎？类与不类，相与为类，则与彼无以异矣。虽然，请尝言之。有始也者，有未始有始也者，有未始有夫未始有始也者。有有也者，有无也者，有未始有无也者，有未始有夫未始有无也者。俄而有无矣，而未知有无之果孰有孰无也。今我则已有谓矣，而未知吾所谓之其果有谓乎，其果无谓乎？

天下莫大于秋毫之末，而太山为小；莫寿于殇子，而彭祖为夭。天地与我并生，而万物与我为一。既已为一矣，且得有言乎？既已谓之一矣，且得无言乎？一与言为二，二与一为三。自此以往，巧历不能得，而况其凡乎！故自无适有以至于三，而况自有适有乎！无适焉，因是已。

【译文】

现在我打算讲一番道理。不知道这样一来我与惠子等人类似呢还是不类似？类似与不类似，既可以相比较，便成为一大类。这样一来我也陷入是非之中与他们没有区别了。尽管如此，还是请允许我试着介绍吧：事物有它的开始，又有它的尚未开始；尚未开始又有它的尚未开始。与此同理，有存在的，有不存在的，又有尚未开始不存在的。尚未开始不存在又有它的尚未开始。"尚未开始不存在"实际上就是存在，就是"有"。假设在某个时候忽然有了"无"。但是很难知道"有"了"无"究竟是"有"还是"无"。现在，我已经说了一通道理了。但是很难知道我所说的这番道理果真是说了一番道理呢，还是没有说什么道理。

有与无都不知道果真是有还是无，那么就可以说：天下没有比秋天鸟兽生出的毫毛的末梢更大的了，而那泰山则是渺小的。没有比早死的孩子更长寿的了，而那活了八百岁的彭祖则不过是短命夭折。明白这个道理的人，其内心世界超越时间、超越空间，能够做到与天地共存共生，与万物和谐统一。既然已经与天地万物一致了，何必还要说三道四呢？既然称之为"一致"，又怎么能不有所解说呢？"一致"与"解说"分开来看是"二"，"二"与"一致"加起来又成了三件事。这样推下去，就算是巧于推算天文历法的人也得不出结果，更何况是寻常凡人。这里所说的，是从"无"到"有"

到"三",如果是从"有"到"有",那分支流派更是无穷无尽。要想不被纷繁世事牵着鼻子转,正确的办法便是顺从物性,任其自然。

【原文】

夫道未始有封,言未始有常,为是而有畛也。请言其畛:有左,有右,有伦,有义,有分,有辩,有竞,有争,此之谓"八德"。

六合之外,圣人存而不论;六合之内,圣人论而不议。《春秋》经世先王之《志》,圣人议而不辩。故分也者,有不分也;辩也者,有不辩也。曰:何也?圣人怀之,众人辩之以相示也。故曰辩也者有不见也。夫大道不称,大辩不言,大仁不仁,大廉不嗛,大勇不忮。道昭而不道,言辩而不及,仁常而不成,廉清而不信,勇忮而不成。五者刓而几向方矣。故知止其所不知,至矣。孰知不言之辩,不道之道?若有能知,此之谓天府。注焉而不满,酌焉而不竭,而不知其所由来,此之谓葆光。

【译文】

"道"是无处不在、无边无有际,而人所讲的道理也不是绝对的,因此就需要设定区域分界。请允许我介绍一下这分界:有的偏左,有的偏右;有的直接说理,有的辨别是非,有的提出异议,有的商榷讨论,有的双方较胜,有的群起而争,这就是言论的八种功能。

天地四方之外的事情玄妙渺茫,圣人采取保留起来不加解说的态度;天地四方之内的事情有闻有见,圣人加以解说但不作讨论。对于古代的历史书、编年纪,记载先王事迹的《志》书,圣人加以讨论研究但不提异议、不作取舍。对那些各各相异的区分,圣人不去分辨它;对那些是非争辩,圣人不去评判。这是为什么呢?因为圣人通通要加以关怀。众人在争辩中,相互夸示自己的道理。所以说,争辩得起劲的人,是因为没有见到别人的道理。那掌握大道理的人是不宣扬自己的,那最善辩论的人不是靠言辞来屈服别人,那最仁爱万物的人是无心施舍恩惠的,那最廉洁的人是不讲谦让的,那最勇敢的人是不凶狠的。大肆宣扬的"道"不是真道,雄辩滔滔的辩解总有说不服人的地方,依靠施舍的"仁"不可能遍及万物,谦让过分的"廉"是不可靠的,凶狠残酷的"勇"成不了英雄。这五种越出本性的举动,就好比做车轮挖削过分,快成方形了。所以说,知道完善自己的本性而不去强求本性以外的发展,这样的学习就能达到自己所可能达到的最高境界。谁知道不靠言辞的雄辩和不靠宣扬的大道呢?如果谁能知道,那他就好比是天的府库,怎么装也装不满,怎么取也取不完,也不知道怎么装进去和怎么取出来的。这就叫做含而不露的光彩。

【原文】

故昔者尧问于舜曰:"我欲伐宗、脍、胥敖,南面而不释然。其何故也?"舜曰:"夫三子者,犹存乎蓬艾之间。若不释然,何哉?昔者十日并出,万物皆照,而况德之进乎日者乎!"

【译文】

从前尧问舜:"我想去讨伐崇、脍、胥敖这三个小国,可是,坐在朝廷上心里总觉得有什么不愉快的事令我不安。这是什么原因呢?"舜回答说:"那三个小国君,还呆在那穷乡僻壤野草丛中,并没有逃跑迁徙。你觉得不安,这是为什么呢?过去十个太阳同时出来的时候,天下万物都被它照到了。而道德的影响是应该超过日光的。你的仁德未能感化三国,却要依靠武力,所以你内心不安。"

【原文】

啮缺问乎王倪曰:"子知物之所同是乎?"曰:"吾恶乎知之!""子知子之所不知邪?"曰:"吾恶乎知之!""然则物无知邪?"曰:"吾恶乎知之!虽然,尝试言之。庸讵知吾所谓知之非不知邪?庸讵知吾所谓不知之非知邪?且吾尝试问乎女:民湿寝则腰疾偏死，鳅然乎哉？木处则惴栗恂惧，猿猴然乎哉？三者孰知正处？民食刍豢，麋鹿食荐，蝍且甘带，鸱鸦耆鼠，四者孰知正味？猿猵狙以为雌，麋与鹿交，鳅与鱼游。毛嫱丽姬，人之所美也；鱼见之深入，鸟见之高飞，麋鹿见之决骤。四者孰知天下之正色哉？自我观之，仁义之端，是非之涂，樊然殽乱，吾恶能知其辩！"

啮缺曰："子不知利害，则至人固不知利害乎？"王倪曰："至人神矣！大泽焚而不能热，河汉冱而不能寒，疾雷破山、飘风振海而不能惊。若然者，乘云气，骑日月，而游乎四海之外。死生无变于己，而况利害之端乎！"

【译文】

啮缺问他的老师王倪："先生，您知道不知道事物都公认的是非？"王倪回答："我哪里知道那些！"啮缺问："先生你能知道哪些是你所不知道的吗？"王倪说："我哪里能知道！"啮缺又问："既然你不知道，那么事物都是无知的吧？"王倪说："我哪里知道！虽然如此，我姑且试着谈谈吧。怎么能知道我所说的知道就不是不知道呢？凭什么能知道我所说的不知道就不是知道呢？记得我曾经试着问过你：人睡在潮湿的地方就会腰疼甚至半身瘫痪，那泥鳅也会这样吗？人爬在树上就会恐惧不安，猿猴也会这样吗？人、鳅、猿三者谁算得上知道正确的居处？人以豢养的禽畜为食物，麋鹿以青草为食物，蜈蚣虫喜欢吃小蛇，猫头鹰和乌鸦爱吃老鼠，这四者谁算是知道纯正的滋味？长毛狗脸猴把猿当做母猴，麋与鹿交朋友，泥鳅与鱼在水中调情。毛嫱和丽姬，人们都觉得她们美丽；但是鱼见了她们就避入深水中，鸟见了她们就飞上高空，麋鹿见了她们就迅速奔逃。这四者谁算是知道真正的美色？在我看来，仁义的头绪，是非的分歧，纷繁杂乱；我哪里能理得清楚他们的谁是谁非？"

啮缺说："既然先生你知道事物的利与害，那么是不是所有'至人'都不知道利与害呢？"王倪说："那达到'无己'、'丧我'境界的'至人',就神妙不可测了!燎原大火不能令他热;江河冻结,他也不会冷;霹雳击破山冈,暴风卷起大海,也不能使他惊慌。之所以能这样,那是因为,他像云朵随着大气流动,像日月在高天运行,遨游在四海之外,生与死也不能改变他的这种状态,何况是利与害的争端,怎能令他动心?"

【原文】

瞿鹊子问乎长梧子曰:"吾闻诸夫子,圣人不从事于务,不就利,不违害,不喜求,不缘道;无谓有谓,有谓无谓,而游乎尘垢之外。夫子以为孟浪之言,而我以为妙道之行也。吾子以为奚若?"

长梧子曰:"是黄帝之所听荧也,而丘也何足以知之!且女亦大早计,见卵而求时夜,见弹而求鸮炙。

"予尝为女妄言之,女以妄听之。奚旁日月、挟宇宙?为其吻合,置其滑涽,以隶相尊。众人役役,圣人愚芚,参万岁而一成纯。万物尽然,而以是相蕴。

【译文】

孔子弟子瞿鹊子问长梧子:"我从孔子那里听说,圣人不干追逐竞争的事情,不贪图方便,不回避危险,不愿意乞求恩赐,不攀附巴结以求进身;有时把不发表意见作为发表意见的方式,有时说了等于没说,而自己的精神则驰骋在世俗肮脏尘土之外。孔子认为这话说得笼统草率,而我却认为是说出了玄妙道理的具体表现。先生您以为这话怎么样呢?"

长梧子说:"这话连黄帝听了也疑惑不解,孔丘他怎么能够弄得清楚,而且你也求之过于心切,就好像看见鸡蛋就要求它清晨按时叫鸣,见到弹丸就要吃烤猫头鹰肉。

"我姑且冒失地给你谈谈,你也就冒昧地听听。怎么能做到与日月相依傍,与宇宙为一体呢?那就是注意事物和谐统一的一面,放任事物杂乱暧昧的一面,对于卑贱者也一视同仁。众人忙碌于是非之争,圣人则好像无知、愚蠢,把千万年间的变化,概括到纯粹而无是无非。万事万物也都这样地被包容含蕴。

【原文】

"予恶乎知说生之非惑邪?予恶乎知恶死之非弱丧而不知归者邪?丽之姬,艾封人之子也。晋国之始得之也,涕泣沾襟;及其至于王所,与王同筐床,食刍豢,而后悔其泣也。予恶乎知夫死者不悔其始之蕲生乎?

"梦饮酒者,旦而哭泣;梦哭泣者,旦而田猎。方其梦也,不知其梦也。梦之中又占其梦焉,觉而后知其梦也。且有大觉而后知此其大梦也,而愚者自以为觉,窃窃然知之。君乎?牧乎?固哉!丘也与女,皆梦也;予谓女梦,亦梦也。是其言也,其名为吊诡。万世之后而一遇大圣,知其解者,是旦暮遇之也。"

【译文】

"我哪里知道贪生是不是头脑发昏呢?我哪里知道怕死的人像不像那年幼走失、在外乡长大后不知道回家的人呢?骊国的姬氏,是艾那个地方长官的女儿。晋国刚把她抢去的时候,她哭得泪人儿似的。等到住进了晋国国君的宫殿里,成为君夫人,同国君同睡一个大床,吃的是肉食美味,她又后悔当初不该哭哭啼啼。由此看来,我哪能知道那死去的人会不会后悔他当初的乞求生存呢?

"梦见饮酒作乐的人,白天又在悲伤哭泣;梦见哭泣的人,白天又在高兴地打猎。当他做梦的时候,不知道是在做梦。做梦之中又梦见在占卜他的梦的吉凶,醒了以后才知道占卜算梦的事也是做梦。很可能当你大醒悟的时候,才知道原来现在也是在做一场大梦。而那愚蠢的人总是自以为自己很清醒,沾沾自喜地以为自己看得很透彻。观点相同,就像国君一样尊重吗?观点不同,就像奴才一样鄙视吗?实在是浅陋而又固执!孔丘和你都是在做梦,我说你做梦,其实我也在做梦。所以说,这一番话的名称就叫'大怪话'。

说不定一万代人之后遇到一个大圣人，能够弄清楚这话的真谛。知音难得，这也就算是早上说了，晚上就遇到了知己。"

【原文】

"既使我与若辩矣，若胜我，我不若胜，若果是也，我果非也邪？我胜若，若不吾胜，我果是也，而果非也邪？其或是也，其或非也邪？其俱是也，其俱非也邪？我与若不能相知也，则人固受其黮闇。吾谁使正之？使同乎若者正之？既与若同矣，恶能正之！使同乎我者正之？既同乎我矣，恶能正之！使异乎我与若者正之，既异乎我与若矣，恶能正之！使同乎我与若者正之？既同乎我与若矣，恶能正之！然则我与若与人俱不能相知也，而待彼也邪？

"化声之相待，若其不相待。和之以天倪，因之以曼衍，所以穷年也。何谓和之以天倪？曰：是不是，然不然。是若果是也，则是之异乎不是也亦无辩；然若果然也，则然之异乎不然也亦无辩。忘年忘义，振于无竟，故寓诸无竟。"

【译文】

"假设我与你辩论，你胜了我，我没有胜你。你果真是对的吗？我果真不对吗？假设是我胜了你，你没有胜我。我果真就是对的吗？你果真不对吗？或者我们中有人是对的、有人是错的吗？或者我们都是对的、或者我们都错了吗？这些，我与你都没法知道。所以，人本来就受到偏见蒙蔽，不能明白。我找谁来作评判呢？找与你观点相同的人来评判吗？他既与你相同，又怎么能公正呢？找与我观点相同的人来评判吗？他既与我相同，又哪能公正呢？找跟你我观点都不同的人来评判吗？他既然与你我都不同，又怎么能评判得了？找与你我观点都相同的人来评判吗？他既与你我都相同，又怎么能判断是非？既然这样，那么我与你、与他人都不能互相判断是非，那么还值得再等别人来评判吗？

"互相论辩是非却等待别人来评判，还不如不要等。只须以天性自然的差别来看待事物各自的是非，任其自然地演化，随它的本性活完它应活的寿命。什么叫任其天性自然呢？那就是说，'是'也是'不是'，'对'也是'不对'。怎么知道这一点呢？'是'如果真就是'是'，那么'是'不同于'不是'，就没有什么值得争辩的；'对'如果真就是'对'，那么'对'不同于'不对'，也就不会有什么值得争辩的。任其天性自然。就可以做到忘记岁月，忘记是非，畅游在无是非的境界中，也就托身于那无限广阔的时间和空间之中。"

【原文】

罔两问景曰："曩子行，今子止；曩子坐，今子起。何其无特操与？"

景曰："吾有待而然者邪？吾所待又有待而然者邪？吾待蛇蚹蜩翼邪？恶识所以然！恶识所以不然！"

【译文】

影子旁边那恍惚的浅影子罔两问影子："以前先生走动你也跟着走动，现在先生停住你也停住；以前先生坐着你也坐着，现在先生起来你又起来。你也太没有独立的气节操行了吧？"

影子回答说："我是有所依赖才成其为影子的吧！我所依赖的也是又有所依赖才能这样吧？难道要我依赖蛇蜕的皮、蝉的翅膀那类透明的东西吗？你罔两不待影子能成其为罔两吗？你寻思什么独立的操行，你哪里懂得事情的自然而然，又哪里懂得事情的其实不然！"

【原文】

昔者庄周梦为蝴蝶，栩栩然蝴蝶也，自喻适志与！不知周也。俄然觉，则蘧蘧然周也。不知周之梦为蝴蝶与，蝴蝶之梦为周与？周与蝴蝶，则必有分矣。此之谓物化。

【译文】

有一天，庄子梦见自己成为蝴蝶，欢畅地飞着，果真是一只蝴蝶了；觉得自己随心所欲，惬意极了，哪里知道谁是个什么庄周呢！一会儿醒了，奇怪自己怎么是个庄周。不知道是庄周梦见成了蝴蝶呢，还是蝴蝶梦见成了庄周。庄周与蝴蝶是应该有所区分的。庄周梦蝶，蝶梦庄周，这就是事物的区别和变化。

【成语与典故】

[**朝三暮四**] 出自本篇：好养猿猴的狙公用橡树果子喂猴，说"朝三而暮四"，猴子大怒。他又说："朝四而暮三"，猴子便高兴了。本意指狙公仅仅改换了喂法，并未改变事情的名称和实质，就做到了顺其天性之自然。后世引申用来形容人无坚定的立场，反复无常。

[**沉鱼落雁**] 原文为："毛嫱、丽姬，人之所美也，鱼见之深入，鸟见之高飞，……"本意是说毛嫱、丽姬在人们眼中为绝色，而鱼、鸟见了却怕得不行，比喻美、丑无绝对标准。后世演化为"沉鱼落雁"的成语，形容女子非常漂亮。明汤显祖《牡丹亭》中云："沉鱼落雁鸟惊喧，羞花闭月花愁颤。"

养 生 主

臧 振 译

【提要】

生死问题,是烦扰人心的一大难题。庄子认为养生的"宗主"在于善于节用其心智。所谓善用,就是无过无不及,游于善与恶之间,不受损伤;所谓节用,就是不以有限的精神,去做违拗天道的蠢事。"安时处顺","哀乐不入",做到薪尽而火不失其明。

【原文】

吾生也有涯,而知也无涯。以有涯随无涯,殆已;已而为知者,殆而已矣。

为善无近名,为恶无近刑。缘督以为经,可以保身,可以全生,可以养亲,可以尽年。

【译文】

一个人的生命是有限的,而思虑是没有边际的。以有限的生命伴随那无止境的思虑,必然要疲劳困倦;疲倦了还要劳心伤神,那就有危险了。

行善施德,不要变成追逐名誉;声色享乐,不要导致伤害身体。以沿人体脊椎由下向上行的经络——督脉的居中、居静,作为行事的准则,就可以保护身体,可以保全生命,可以孝养父母,可以活够应有的岁数。

【原文】

庖丁为文惠君解牛,手之所触,肩之所倚,足之所履,膝之所踦,砉然响然,奏刀𬴃然,莫不中音。合于《桑林》之舞,乃中《经首》之会。

文惠君曰："嘻，善哉！技盖至此乎？"

庖丁释刀对曰："臣之所好者道也，进乎技矣。始臣之解牛之时，所见无非牛者。三年之后，未尝见全牛也。方今之时，臣以神遇而不以目视，官知止而神欲行。依乎天理，批大却，导大窾，因其固然。技经肯綮之未尝，而况大軱乎！良庖岁更刀，割也；族庖月更刀，折也。今臣之刀十九年矣，所解数千牛矣，而刀刃若新发于硎。彼节者有间，而刀刃者无厚；以无厚入有间，恢恢乎其于游刃必有余地矣。是以十九年而刀刃若新发于硎。虽然，每至于族，吾见其难为，怵然为戒，视为止，行为迟，动刀甚微；謋然已解，如土委地。提刀而立，为之四顾，为之踌躇满志，善刀而藏之。"

文惠君曰："善哉！吾闻庖丁之言，得养生焉。"

【译文】

有个名叫丁的厨师，替文惠君宰牛剔肉。他用手抓，用肩靠，用足踏着，用膝顶着，只听见皮骨与肉剥离的声音，插进刀子的声音，淅沥沥、哗啦啦，竟然像音乐一般中听：与商汤的舞曲《桑林》合拍，与尧的乐章《经首》节奏一致。

文惠君说："啊，太妙了！你的技术是怎么达到这样的水平的？"

庖丁放下刀，回答说："我所追求的是'道'，比起'技'来要高深一步了。我刚学宰牛的时候，眼前都是完整的牛。过了三年之后，眼前都是由各种骨头关节组成的牛，而不是完整的牛。到了现在，我凭着心神与牛接触而不用眼睛去看了。感官休息着，随心所欲地依照牛骨肉的自然走向，分离大关节，顺着骨节空隙进刀，合于牛体本身的组成。经络筋腱都不去动它，当然更不去碰大骨头了。好厨师一年换一把刀，因为常割筋腱；一般厨师一月换一把刀，因为常碰骨头，折了刀刃。现在我这把刀已经十九年了，宰杀的牛也有好几千头了，而刀刃好像刚磨出来的新刀。那骨节是有缝隙的，而刀的锋刃却没有厚度。以没有厚度的锋刃进入有缝隙的骨节，对于那刀刃的运动来说，必定是绰绰有余了。所以经过十九年，刀刃还像刚磨出来的一样。尽管如此，每当遇到筋骨交错的地方，我见它不好办，也就警觉地注意了；眼光停在难处，动作也迟缓了；刀子微微移动。终于解开了，牛肉像一堆土摊在地上。我提着刀站起来，得意地环顾四周，满意地来回走动，把刀子打扫干净收藏起来。"

文惠君说："太好了！我听了庖丁的话，也领悟到了养生之道。"

【原文】

公文轩见右师而惊曰："是何人也？恶乎介也？天与，其人与？"曰："天也，非人也。天之生是使独也。人之貌有与也。以是知其天也，非人也。"

【译文】

公文轩见到右师，惊奇地说："这是谁呀？怎么断了一条腿呢？是天灾呢，还是人祸呢？"右师回答说："这是天意，不是人为的。是天命使我成为独脚人的。人的相貌不也是有美有丑吗，因此可以知道，这是天意，不是人为的。"

【原文】

泽雉十步一啄，百步一饮，不蕲畜乎樊中。神虽王，不善也。

【译文】

沼泽地里的野鸡，走十步才啄一下，走百步才饮一口，但仍然不愿意被畜养在笼中。在笼中，精神虽然旺健，但心里不自在。

【原文】

老聃死，秦失吊之，三号而出。弟子曰："非夫子之友邪？"曰："然。""然则吊焉若此，可乎？"曰："然。始也吾以为其人也，而今非也。向吾入而吊焉，有老者哭之，如哭其子；少者哭之，如哭其母。彼其所以会之，必有不蕲言而言，不蕲哭而哭者。是遁天倍情，忘其所受，古者谓之遁天之刑。适来，夫子时也；适去，夫子顺也。安时而处顺，哀乐不能入也。古者谓是帝之县解。"

指穷于为薪，火传也，不知其尽也。

【译文】

老子死了，秦佚前去吊唁，呼喊了三声便出来了。老子的弟子说："你不是先生的朋友吗？"秦佚答："是。""既然是朋友，吊唁得这样草率，可以吗？"秦佚说："可以。以前，我以为你们先生是超脱尘世的'真人'，而现在看来他还不是。刚才我进去吊唁，有老人在哭他，好像哭自己的儿子；有少年在哭他，好像哭自己的母亲。他们之所以会聚在这里，总是有想称颂他的话要说，有悲伤的感情要表达。这说明他们脱离了天道，背离了正常感情，忘记了禀受于天的寿命是有限度的。远古的圣人把这种哀伤叫做脱离天道而遭受的刑戮。适当的时候诞生，先生按时而来；适当的时候逝去，先生也是顺其自然而去。对于安于时命而顺应处境的人来说，他的生死是不应该与哀伤或欢乐联系在一起的。远古圣人称没有生死哀乐的状态为摆脱了上帝的束缚。"

生命如同燃烧的火，形体如同生火的柴。柴屈指可数，而火的传播则是没有穷尽的。

【成语与典故】

[**目无全牛**] 出自本篇"庖丁为文惠君解牛"一段，原意是庖丁自述初学杀牛时，眼中所见都是完整的"全牛"。三年后技艺纯熟，牛在他眼中都是些骨节罢了。后遂以"目无全牛"比喻某种技术达到很深造诣。与"目无全牛"相关的出自这段内容的成语还有"游刃有余"，形容技术纯熟，办事轻松利落。"踌躇满志"比喻心满意足。

人　间　世

臧　振　译

【提要】

善恶倾诈、名利争夺，是人间世上难以回避的现实。有道之士既然可以把生死置之度外，又何必把名利放在眼里，只顺养其"无用之用"，首先做到物不能伤我，"存诸己"，然后才可能有助于化物，"存诸人"。养"无用之用"要做到"虚室生白"即心无杂念；"托不得已以养中"，在迫不得已需要行动时，做出恰当的反应；"入于无疵"，不留痕迹，让人挑不出毛病。

【原文】

颜回见仲尼，请行。

曰："奚之？"曰："将之卫。"曰："奚为焉？"曰："回闻卫君，其年壮，其行独；轻用其国，而不见其过；轻用民死，死者以国量乎泽若蕉，民其无如矣。回尝闻之夫子曰：'治国去之，乱国就之，医门多疾。'愿以所闻思其则，庶几其国有瘳乎！"

仲尼曰："嘻！若殆往而刑耳！夫道不欲杂。杂则多，多则扰，扰则忧，忧而不救。古之至人，先存诸己而后存诸人。所存于己者未定，何暇至于暴人之所行！

"且若亦知夫德之所荡而知之所为出乎哉？德荡乎名，知出乎争。名也者，相轧也；知也者，争之器也。二者凶器，非所以尽行也。

"且德厚信矼，未达人气，名闻不争，未达人心。而强以仁义绳墨之言术暴人之前者，是以人恶有其美也，命之曰菑人。菑人者，人必反菑之，若殆为人菑夫！且苟为悦贤而恶不肖，恶用而求有以异？若惟无诏，王公必将乘人而斗其捷。而目将荧之，而色将平之，口将营之，容将形之，心且成之。是以火救火，以水救水，名之曰'益多'顺始无穷。若殆以不信厚言，必死于暴人之前矣。

"且昔者桀杀关龙逢，纣杀王子比干，是皆修其身以下伛附人之民，以下佛其上者也，故其君因其修以挤之。是好名者也。昔者尧攻丛枝、胥敖，禹攻有扈，国为虚厉，身为刑戮，其用兵不止，其求实无已。是皆求名实者也，而独不闻之乎？名实者，圣人之所不能胜也，而况若乎！"

【译文】

孔子弟子颜回见孔子，向孔子辞行。孔子问："到哪儿去？"

颜回说："将要到卫国去。"

孔子问："到那儿去干什么？

颜回说："弟子听说卫国国君年轻气盛，刚愎自用，轻率地役使臣民，却看不到自己的过错。轻率地役使使人民劳累致死，使整个国家由润泽变得憔悴，人民眼看就没有活路了。弟子曾经听先生说过，'遇到治理得好的国家就离开它，遇到混乱的国家就住下来干一番事业。良医门前病人多。'我愿意以您的教导作为我行动的准则。但愿这个国家能够好起来。"

孔子说："咳！你大概是去受刑吧！致力于道的人追求纯粹而不愿意杂乱。杂则头绪多，头绪多则心情烦扰，心情烦扰则忧患起，自己忧患起来，还怎么能救别人？古代道德高尚的人，首先要使自己站得住脚，然后才能拯救他人。自己能不能站住脚还不一定，怎么谈得上去纠正暴君的行为？

"并且，你知不知道美德是怎么变成虚伪而智慧是怎么变成狡猾的吗？美德因贪图名声而变成虚伪，智慧因争夺利益而变成狡猾。什么叫'名'？名就是我好、你不好，互相倾轧。'智'则可以成为争夺名利的工具。这两样都是会招来凶祸的东西，不是可以尽情追求、随意使用的。

"再说，就算你品德纯正，信誉实在，你并不能与国君意气相投；你不争名利的思想，也很难为常人所理解。你勉强地以仁义、道德规范之类言论在暴君面前陈述，在他看来，那是在利用他的丑恶来显示你的美德，认为你在诬陷人。诬陷别人的人，别人必定反过来诬陷他。你大概要被人诬陷吧！并且，如果他真能喜欢贤人而憎恶顽劣之人，当朝自然就有贤人，何必要再去找不同于当朝贤人的人？如果他不用你，你的话不能传达给国君和大臣，那么你就不得不请托别人引见，还要与当朝贤人较量你的辩才。这样一来，你将被搞得头晕目眩，你的气色将力图缓和，你的嘴将只顾得上自我辩解，你的态度将变得恭敬，你心里也在想着同他们妥协算了。你这样去游说卫侯，等于以火救火，以水救水，只会助长他的刚愎自用。一开始就这样，以后也只能老是这样。如果你得不到他的信任却又要反复劝谏，那么你必定会死在暴君面前。

"从前夏桀杀了关龙逢、商纣杀了王子比干，这二人都是注意自身品德修养、以臣下的身分谏阻国君的人，他们的国君就因为他们的品德修养好而排挤他们。这两人就是因为有好名声而倒霉的。从前帝尧进攻丛枝、胥敖，夏王大禹进攻有扈，弄得国中房屋变成废墟、人民变成死鬼，自身也受到伤害。他们不停发动战争；他们追逐实利的贪欲没有止境。这些都是求名求利的例证，你就一点也没听说过吗？名利之心，圣人都无法克制，更何况是你啊！"

【原文】

"虽然，若必有以也，尝以语我来！"颜回曰："端而虚，勉而一，则可乎？"

曰："恶！恶可！夫以阳为充孔扬，采色不定，常人之所不违，因案人之所感，以求容与其心。名之曰日渐之德不成，而况大德乎！将执而不化，外合而内不訾，其庸讵可乎！"

"然则我内直而外曲，成而上比。内直者，与天为徒。与天为徒者，知天子之与己皆天之所子，而独以己言蕲乎而人善之，蕲乎而人不善之邪？若然者，人谓之童子，是之谓与天为徒。外曲者，与人之为徒也。擎跽曲拳，人臣之礼也，人皆为之，吾敢不为邪！为人之所为者，人亦无疵焉，是之谓与人为徒。成而上比者，与古为徒。其言虽教，谪之实也。古之有也，非吾有也。若然者，虽直而不病，是之谓与古为徒。若是则可乎？"

仲尼曰："恶！恶可！大多政，法而不谍，虽固亦无罪。虽然，止是耳矣，夫胡可以及化！犹师心者也。"

【译文】

"虽是这样，你既然打算去，总还是有些道理。你试着给我讲讲看。"

颜回说："行为端正而且虚心，办事努力而且专一，大概可以了吧？"

孔子摇头说："嗯，怎么可以了呢！那卫国国君阳刚之气充满体内，张扬于外，喜怒无常；平常人都不敢违抗。因此他惯于压抑别人的感情，以求得自己的随心所欲。对这种人，就算是'慢慢感化'也不行，更何况你是想在大道德上改造他。他将执迷不悟，顽固不化；即使表面上与你相合，内心也不会有自我批评。你那点办法怎么能说可以了呢！"

颜回说："可是我还能做到内心诚恳而直爽，外表随和而从俗，在言谈中引用现成的古训。所谓'内直'，就是把天道自然作为老师，就知道天子与自己都是天的儿子，无贵贱之别。我又何必考虑自己说的话要让别人赞同，或者顾忌别人会不赞同。如果我是这样一个人，别人会说我像个纯真的不知道利害关系的孩子。这就叫以天道自然为老师。所谓'外曲'，就是把寻常人际关系作为老师。恭敬而立，低头下跪，抱拳鞠躬，这是臣下的礼节；大家都这样，我难道敢不这样吗？大家做的，我照样做了，别人也就找不到我的岔子。这就叫把人际关系作为老师。所谓'成而上比'，就是把古人作为老师。我的话虽然是在教训谴责他，但是话说得实在，而且有古训为据，不是我发明的。如果能做到这样，虽然直率了些，他也找不出毛病。这就叫以古人为老师。有这样三条，该可以了吧？"

孔子说："嗯，怎么可以了呢！你的规矩也太多了些；有法度而不谄媚；虽然拘谨了些，但也没有什么过错。就算是这样吧，也不过如此而已，怎么谈得上改变卫国国君呢？而且你的心眼也太多了些。"

【原文】

颜回曰："吾无以进矣，敢问其方。"

仲尼曰："斋，吾将语若！有心而为之，其易邪？易之者，皞天不宜。"

颜回曰："回之家贫，唯不饮酒不茹荤者数月矣。如此，则可以为斋乎？"

曰："是祭祀之斋，非心斋也。"

回曰："敢问心斋。"

仲尼曰："若一志！无听之以耳而听之以心，无听之以心而听之以气。听止于耳，心止于符。气也者，虚而待物者也。唯道集虚。虚者，心斋也。"

颜回曰："回之未始得使，实自回也；得使之也，未始有回也；可谓虚乎？"

夫子曰："尽矣。吾语若！若能入游其樊而无感其名，入则鸣，不入则止。无门无毒。一宅而寓于不得已，则几矣。

"绝迹易，无行地难。为人使易以伪，为天使难以伪。闻以有翼飞者矣，未闻以无翼飞者也；闻以有知知者矣，未闻以无知知者也。瞻彼阕者，虚室生白，吉祥止之。夫且不止，是之谓'坐驰'。夫徇耳目内通外于心知，鬼神将来舍，而况人乎！是万物之化也，禹舜之所纽也，伏羲、几蘧之所行终，而况散焉者乎！"

【译文】

颜回说："我没有更好的法子了。请问先生有什么办法。"

孔子说："你先行斋戒，把杂念清除干净，我再告诉你。你以为有你那几条心计再去干，事情就容易了吗？你把事情看得轻易了，与自然之理不合。"

颜回说："我家里穷，不饮酒、不吃肉已经有好几个月了。这可以算是斋戒了吧？"

孔子说："你那是祭祀之前的斋戒，不是我所说的'心斋'。"

颜回忙问："怎么做算是'心斋'呢？"

孔子说："让你的心志专一。不是用你的耳朵来听，而是用你的心来听；不是用你的心来听，而是用气息来听。用耳朵听，仅仅听到声音而已；用心听，只听得进符合自己心意的内容。气息是空虚的，它可以接纳各种事物。玄妙的道理只有在洁净虚空的地方才能站住脚。洁净虚空，便是'心斋'。"

颜回说："我在没有听到您的教诲前，实在就是个颜回。聆听了您的教导后，就不知道颜回在哪里了。这，可以算得上'虚'了吧？"

孔子说："这话算是把'心斋'的道理说透彻了。好吧，我对你讲：如果你进入卫国疆界游说卫君，对他的名位不要感兴趣。他听得进你就说，听不进你就不说。既不寻门路，也不筑台阶，一心守住正道，迫不得已要应付他时才应付他。做到这些就差不多了。

"无所作为不容易的，有所作为而不留痕迹就难了。受人情驱使办事，容易敷衍应付；受天道真理驱使，就难以弄虚作假。听说过靠翅膀飞起来的，没听说过不靠翅膀飞起来的。听说过凭着知道得多而成为智者的，没听说过因'无知'而成为智者的。看那视万物为空无的人，他那洁净的心灵中，只存在一片纯白；善与美的事物就能在他心中停留。如果不能停留，那是他表面上端庄而实际上心慌意乱，精神没有专注。如果能够使听觉、视觉都专注于内心而不受外界干扰，鬼神也会来依附，更何况一般人呢！这种办法能够包容教化万物。夏禹虞舜，就是以此为纲纪治理了国家；上古圣人伏羲、几蘧终身奉行它，化育了万民；更不用说一般人用它来接物处世了。"

【原文】

叶公子高将使于齐，问于仲尼曰："王使诸梁也甚重，齐之待使者，盖将甚敬而不急。匹夫犹未可动，而况诸侯乎！吾甚栗之。子常语诸梁也曰：'凡事若小若大，寡不道以欢成。事若不成，则必有人道之患；事若成，则必有阴阳之患。若成若不成而后无患者，唯有德者能之。'吾食也执粗而不臧，爨无欲清之人。今吾朝受命而夕饮冰，我其内热与！吾未至乎事之情，而既有阴阳之患矣；事若不成，必有人道之患。是两也，为人臣者不足以任之，子其有以语我来！"

仲尼曰："天下有大戒二：其一，命也；其一，义也。子之爱亲，命也，不可解于心；臣之事君，义也，无适而非君也，无所逃于天地之间。是之谓大戒。是以夫事其亲者，不择地而安之，孝之至也；夫事其君者，不择事而安之，忠之盛也；自事其心者，哀乐不易施乎前，知其不可奈何而安之若命，德之至也。为人臣子者，固有所不得已。行事之情而忘其身，何暇至于悦生而恶死！夫子其行可矣。

"丘请复以所闻：凡交近则必相靡以信，远则必忠之以言，言必或传之。夫传两喜两怒之言，天下之难者也。夫两喜必多溢美之言，两怒必多溢恶之言。凡溢之类妄，妄则其信之也莫，莫则传言者殃。故《法言》曰：'传其常情，无传其溢言，则几乎全。'

"且以巧斗力者，始乎阳，常卒乎阴，泰至则多奇巧；以礼饮酒者，始乎治，常卒乎乱，泰至则多奇乐。凡事亦然。始乎谅，常卒乎鄙；其作始也简，其将毕也必巨。

"言者，风波也；行者，实丧也。夫风波易以动，实丧易以危。故忿设无由，巧言偏辞。兽死不择音，气息茀然，于是并生心厉。克核大至，则必有不肖之心应之，而不知其然也。苟为不知其然也，孰知其所终！故《法言》曰：'无迁令，无劝成，过度益也。'迁令劝成殆事，美成在久，恶成不及改，可不慎与！且夫乘物以游心，托不得已以养中，至矣。何作为报也！莫若为致命，此其难者？"

【译文】

叶公子高将代表楚国出使齐国。他向孔子请教说："楚王交给我诸梁的这个任务十分重要，齐国接待我也会很敬重，但却不愿及时答应楚国的要求。一般人都不容易改变主意，更何况是诸使。因此我很担忧害怕。先生您曾经对我说过：'凡事不论大小，很少有不符合大道而能够高兴地成功的。'如果事情不能成功，那么楚王必定会以君臣之道降罪于我；事情如果成功了，我受这场担忧欢喜的折腾，也会因阴阳不调而生病的。无论成功还是不成功都没有祸患的，恐怕只有道德修养深的人才行。我平时饮食简单粗糙而不精善，灶下烧火的人没有热得想凉快一下的。今天我早上接受了命令，晚上就热得想喝冰水，我这是急火生内热吧？我还没有具体办事情，就已经有阴阳不调的忧患了。事情如果办不成，又必定要受到国君处分。我是两种祸患都不能避免了。我作为楚王臣下，实在是力不胜任了。先生您一定要给我些指点才行！"

孔子说："天下的大法有两条，一条是命中注定的，一条是义不容辞的。儿女孝敬父母，这就是命中注定的；这种感情自然凝结在心中，无法解开。臣下效劳于国君，这就是义不容辞的；无论在哪儿都有君臣关系，生存于天地之间是没有办法摆脱的。这两条就是所谓的'大法'。所以，孝敬父母的人，不论处在什么地方，都要设法让父母安适；这是尽了孝道。为国君效劳的人，不论办什么事都力求办好；这是尽了忠心。善于养心的人，悲哀或快乐都不能改变他心灵的平静，因为知道事情是命中注定或是义不容辞，自己无法改变它，所以处之泰然。这是道德完美的表现。作为国君的臣下，自然会有迫不得已的事情。按照事情的要求去办理，忘记了个人的生死忧患，哪有功夫考虑贪生怕死的问题呢！先生你尽管放心地出发吧。

"我还想告诉你我曾经说过的一些道理：凡与近邻交往都必须以讲信用来令对方顺服，与远邻交往则必须用忠诚的语言让对方了解。这些话总要有人来传递。传递令双方高兴或令双方愤怒的话，这是天下最难办的事情。令双方高兴，就必须会多说些赞美的话，令双方愤怒就必定会多说些刺耳的话。一说过分就类似虚假；一虚假，相互间的信任就淡漠了。信任一淡漠，传话的人就要遭殃。所以《法言》这部书里就说：'传话的人只按人之常情传话，不要传递那矫揉造作的、过分的话。那传话的人也差不多可以安全了。'

"再说，靠技巧来进行角斗的人，常常是以正当手段开始而以耍阴谋告终。技巧玩得过分，就变成了诡计多端。按照酒令饮酒的人，常常是开始还有秩序，后来就乱套了。饮酒过量，就会变成发酒疯。一般办事也是这样，常常是开始时互相谅解，结束时互相欺诈；开始时简洁，将要完结时必定庞大繁杂。

"言语一出，风波便起；付诸行动，则得失难料。风波容易带来动乱，得失容易招致危机。人一愤怒，便无中生有，不惜措辞，言词偏激失当。野兽面临死亡的时候，便会不加选择地厉声尖叫，呼吸急促，并且暴怒咬人。人也同样，受到过于尖刻的逼迫，就必定产生歹心作为自卫的手段。也不知道这心是怎么产生的。既然不知道这心是怎么产生的，也就不顾及行为后果了。所以《法言》说：'传话要准确、不要靠鼓励勉强办成事情。措辞超过限度，叫做添油加醋。'传话不准，勉强达成协议，只会危害大事。好的协议在于它能持久生效，不好的协议造成的恶果无法挽回。这事难道可以不慎重吗！再说，把心思寄托在事物的自然变化上，在迫不得已要应付时，做出符合道理必然的反应，用这样的态度维持自己的中正，这就算是功夫到家了。你何必人为地干些什么去应付齐国的回报呢？还不如就为国君完成传话的使命——这有什么困难呢？"

【原文】

颜阖将傅卫灵公大子，而问于蘧伯玉曰："有人于此，其德天杀。与之为无方，则危吾国；与之为有方，则危吾身。其知适足以知人之过，而不知其所以过。若然者，吾奈之何？"

蘧伯玉曰："善哉问乎！戒之，慎之，正女身也哉！形莫若就，心莫若和。虽然，之二者有患。就不欲入，和不欲出。形就而入，且为颠为灭，为崩为蹶。心和而出，且为声为名，为妖为孽。彼且为婴儿，亦与之为婴儿；彼且为无町畦，亦与之为无町畦；彼且为无崖，亦与之为无崖。达之，入于无疵。

"汝不知夫螳螂乎？怒其臂以当车辙，不知其不胜任也。是其才之美者也。戒之，慎之！积伐而美者以犯之，几矣。

"汝不知夫养虎者乎？不敢以生物与之，为其杀之之怒也；不敢以全物与之，为其决之之怒也；时其饥饱，达其怒心。虎之与人异类而媚养己者，顺也；故其杀者，逆也。

"夫爱马者，以筐盛矢，以蜄盛溺。适有蚊虻仆缘，而拊之不时，则缺衔毁首碎胸。意有所至而爱有所亡，可不慎邪！"

【译文】

颜阖将成为卫灵公太子的老师，他请教卫国的贤者蘧伯玉说："现在有个人，他的德性天生喜欢杀人。如果用不正确的方法教导他，就会危害我们国家；用正确的方法教导他，又会危及我自己。他的智力，可以知道别人的过错，但不能弄懂为什么会错。像这样的学生，我用什么办法对待他呢？"

蘧伯玉说："问得好啊！小心、谨慎，注意让自己行为端正，就可以了。你的形象最好是亲近他，内心最好是和和气气的。虽然这样做了，但这两条都还存在隐患。亲近，但不能陷进去与他混同，和气而不要显示自己。亲近到混同了，就会堕落，就会走上绝路，就会坏了大事，遭致败亡。和气到故作姿态，就是为声望、为名誉，就会兴妖作怪、造罪造孽。他耍小孩子脾气，你也就当他是个小孩子；他不守规矩，你就当没有规矩；他放纵得没有边际，你就当没有边际。既不与他混同，也不标新立异，这就算是没有毛病了。

"你不知道那车辙中的螳螂吧？愤怒地举起双臂来阻挡车轮前进。它不知道它力不胜任，还自以为自己有两条强劲的巨臂。小心啊！谨慎啊！自以为自己有才华与美德，去触犯那个暴君，就与'螳臂当车'差不多了。

"你不知道那养虎的人吧？他不敢把活动物拿去喂虎，怕它因杀生而发野性；不敢拿完整的肉喂它，怕它因撕扯肉食而发野性；他掌握它饥饱的时间来驯服它的野性。虎本来与人类不同类，而被驯养得喜欢讨好驯养员，这是因为养虎人懂得顺应虎性；而那被虎咬死的人，是因为违背了虎性，激怒了虎。

"那爱马的人用筐子来盛马屎，用大蛤蜊来接马尿。忽然有蚊虻叮在马身上，他爱马心切，猛然拍打，马一受惊，就咬坏了马嚼子，挣断了辔头，踢破了胸脯。本意在爱马，结果是失去了马爱。与马打交道尚且如此，何况是人际交往，难道可以不慎重吗!"

【原文】

匠石之齐，至于曲辕，见栎社树。其大蔽数千牛，絜之百围，其高临山十仞而后有枝，其可以为舟者旁十数。观者如市，匠伯不顾，遂行不辍。

弟子厌观之，走及匠石，曰："自吾执斧斤以随夫子，未尝见材如此其美也。先生不肯视，行不辍，何邪？"

曰："已矣，勿言之矣！散木也，以为舟则沈，以为棺椁则速腐，以为器则速毁，以为门户则液樠，以为柱则蠹。是不材之木也。无所可用，故能若是之寿。"

匠石归，栎社见梦曰："女将恶乎比予哉？若将比予于文木邪？夫柤、梨、橘、柚，果蓏之属，实熟则剥，剥则辱；大枝折，小枝泄。此以其能苦其生者也，故不终其天年而中道夭，自掊击于世俗者也。物莫不若是。且予求无所可用久矣，几死，乃今得之，为予大用。使予也而有用，且得有此大也邪？且也若与予也皆物也，奈何哉其相物也？而几死之散人，又恶知散木！"

匠石觉而诊其梦。弟子曰："趣取无用，则为社何邪？"

曰："密！若无言！彼亦直寄焉，以为不知己者诟厉也。不为社者，且几有翦乎！且也彼其所保与众异，而以义喻之，不亦远乎！"

【译文】

有个名字叫石的木匠到齐国去,路过曲辕,见到一棵被人们用来供奉土地神的栎树。这树大到树阴能遮住数千头牛。量它的树身,周长达百尺。它高高地矗立在山边,七八丈以上才开始分枝。它大约可做十条船。观赏它的人像集市一样。老匠人连看也不看一眼,一步不停地走过去了。

石木匠的徒弟看够了,追上师傅,说:"自从我拿起斧子跟随师傅,从没有见过像这样美的木材。老师你连看也不看,停也不停,这是为什么呢?"

石木匠说:"得了吧,不用说了!这是一堆废材,用它做船要沉,用它做棺材又会很快腐烂,用它做器具,很快会破损,用它做门又会流出树脂,用它做梁柱子又要生虫。这是一棵没用的树。因为没有什么用,所以才能活这么多年。"

石木匠回到家中,梦见土地神栎树对他说:"你是怎么比较我的啊!你拿我去比那些纹路端正的木料吗?那山楂、梨树、柑橘、柚子之类果木,果实熟了就被采摘,采摘就要遭受侮辱,大枝被拉断,小枝被拖歪,这是因为它能结果实而遇到的悲惨命运。所以,它不能活到老,而是中年夭折,是它自己招来世俗的摧残。事物都是这样的。你且看我,追求不被人利用已很久了,多少次都差点被砍伐而死,才有了今天,成为大有用处的神树。假设我也是那种有用的树,怎么能长到现在这么大呀?并且,你与我一样是自然物,凭什么你就那样看待我?你才是个接近死亡的无用之人,又哪里知道什么没用的树木!"

石木匠醒来,便研究这梦的吉凶。他的徒弟说:"它刻意追求无用,怎么又当起了土地神呢?"

石木匠说:"小声点儿!你不要说了!它这也是一种托身避害的办法,因此又受到了解它的人们的辱骂。如果它不当土地神,可能又要受到砍伐。由此可见它自卫的方法与一般人不一样。你用常理来看待它,不是差得很远吗!"

【原文】

南伯子綦游乎商之丘，见大木焉有异，结驷千乘，隐将芘其所藾。子綦曰："此何木也哉？此必有异材夫！"仰而视其细枝，则拳曲而不可以为栋梁；俯而视其大根，则轴解而不可以为棺椁；咶其叶，则口烂而为伤；嗅之，则使人狂酲，三日而不已。

子綦曰："此果不材之木也，以致于此其大也。嗟乎神人，以此不材！

"宋有荆氏者，宜楸、柏、桑。其拱把而上者，求狙猴之杙者斩之；三围四围，求高名之丽者斩之；七围八围，贵人富商之家求樿傍者斩之。故未终其天年，而中道之夭于斧斤，此材之患也。故解之以牛之白颡者与豚之亢鼻者，与人有痔病者不可以适河。此皆巫祝以知之矣，所以为不祥也。此乃神人之所以为大祥也。"

【译文】

南伯子綦路经商丘，看见一棵巨树很是特殊，车马连接一千辆，也可以荫庇在它的阴影下。子綦说："这是一棵什么树啊？这里一定有特别怪的材料吧？"他抬起头来，看那树的细枝，只见细枝歪歪扭扭，不可以做栋梁；他低头看那大树根，树根部长得弯曲又破裂，不可以做棺材；舔尝它的叶片，嘴破舌伤；闻闻那气味，人就像喝醉了酒一样发狂，三天也好不了。

子綦感叹道："这果然是一棵没有用的树啊！因此，它才长到了这么大。啊！那神人大概也像这怪树一样没有用处，所以才成了'神'吧？

"宋国有个地方叫荆氏，适宜种楸树、柏树、桑树。树长到一把、一捧粗以上，就有做对付猕猴的桩子的人来砍它；长到周长三四尺时，就有做高屋大梁的人来砍它，长到周长七八尺粗时，贵人富商之家要用完整木料做棺材的，就来砍它。因此这些树都不能长到老死，而是中途被斧斤砍死了，这就是有用造成的祸患。在大

44

旱求雨时，不能用白色额头的牛，不能用鼻高善拱的猪，以及有痔漏病的人来祭祀河神，这是巫师、祝祷师都知道的。因为这几样不洁净的物品送给河神是不吉利的。而那神人，正是把河神的不吉利作为自己的大吉利。"

【原文】

支离疏者，颐隐于脐，肩高于顶，会撮指天，五管在上，两髀为胁。挫针、治繲，足以糊口；鼓筴播精，足以食十人。上征武士，则支离攘臂而游于其间；上有大役，则支离以有常疾不受功；上与病者粟，则受三钟与十束薪。夫支离其形者，犹足以养其身，终其天年，又况支离其德者乎！

【译文】

有个驼背人，姓支离名疏。他的脸颊下弯在肚脐上，双肩高于头顶，后脑勺上的发髻指着天，脊椎上的五脏腧穴都向着天，两胁就支在大腿上。他靠缝衣、洗衣服就可以养活自己了，如果再去打扫场院，扬土簸米，竟可以供养十人。国君征调武士，支离疏不但不逃避，而且挥动胳臂挤进去凑热闹。国君大肆征发徭役，支离疏则因有残疾而免去服役。国君给病人施舍粮食，他可以领到上百斤，外加十捆柴草。你看，那肢体残废的人，也可以养活自己，保全性命，又何况是那超脱于世俗道德观念之外的人，就更不用说了。

【原文】

孔子适楚，楚狂接舆游其门曰："凤兮凤兮，何如德之衰也！来世不可待，往世不可追也。天下有道，圣人成焉；天下无道，圣人生焉。方今之时，仅免刑焉。福轻乎羽，莫之知载；祸重乎地，莫之知避。已乎已乎，临人以德！殆乎殆乎，画地而趋！迷阳迷阳，无伤吾行！吾行却曲，无伤吾足！"

【译文】

孔子到楚国去,楚国的狂人接舆一边唱着一边走过孔子的门外。他唱道:"凤啊,凤啊,你的德行怎么堕落到这个地步了啊!未来的世道,值不得等待;过去的时代,已无法追回。天下有道的时候,圣人成就了他的事业;天下无道的时候,圣人愉快地生活着。现在的世道啊,仅仅能免受刑戮。说什么'幸福',轻得像羽毛,谁知道它能载重多少?那灾祸,却是深重得像苍茫的大地,谁也不知道向哪里躲避。算了吧,算了吧!不要再向人们宣扬你那些道德。危险啊,危险啊,画地为牢,无法摆脱!迷阳草,迷阳草,有刺又有毒,你不要堵住了我的路。我走起路来左避右躲,你不要割伤了我的足!"

【原文】

山木自寇也,膏火自煎也。桂可食,故伐之;漆可用,故割之。人皆知有用之用,而莫知无用之用也。

【译文】

山中的林木,是自己砍伐着自己;油脂生着了火,是自己煎熬着自己。桂皮可作食用香料,所以人们砍了它;油漆可以漆家具,所以人们割了它。人人都知道有用的用处,却不知道无用也有它的作用。

【成语与典故】

[散木不材] 出自本篇"散木也,以为舟则沉,以为器则速毁,……是不材之木也。"后遂以散木比喻无用之材。亦作"樗散"或"樗栎"。元代谷子敬的杂剧《城南柳》中即有"樗散材怎能做梁作栋?"之句。

[膏火自煎] 出自本篇"山木自寇也,膏火自煎也。"意谓山间树木成材便遭砍伐;油脂能照明因而被煎烧。比喻有才能的人常招来祸患。后世遂形成"膏火自煎"和"山木自寇"的成语。阮籍《咏怀》诗之五云:"膏火自煎熬,多财为患害。"有时也借指自我摧残生命。

德 充 符

臧 振 译

【提要】

有道者重视内心世界的修养和内在的充足。其道德精神境界修养到能够充弥于天地间，不因境遇的改变而改变，掌握着万物的变化而居于枢纽的地位。这种精神状态可以化育万物，令人乐意与他相处。这样的人，他的形象外貌是怎么样的，谁还去计较呢？

【原文】

鲁有兀者王骀，从之游者与仲尼相若。常季问于仲尼曰："王骀，兀者也，从之游者与夫子中分鲁。立不教，坐不议，虚而往，实而归。固有不言之教，无形而心成者邪？是何人也？"

仲尼曰："夫子，圣人也，丘也直后而未往耳。丘将以为师，而况不若丘者乎！奚假鲁国！丘将引天下而与从之！"

常季曰："彼兀者也，而王先生，其与庸亦远矣。若然者，其用心也独若之何？"

仲尼曰："死生亦大矣，而不得与之变；虽天地覆坠，亦将不与之遗。审乎无假而不与物迁，命物之化而守其宗也。"

常季曰："何谓也？"

仲尼曰："自其异者视之，肝胆楚越也；自其同者视之，万物皆一也。夫若然者，且不知耳目之所宜，而游心乎德之和；物视其所一而不见其所丧，视丧其足犹遗土也。"

常季曰："彼为己以其知，得其心以其心。得其常心，物何为最之哉？"

仲尼曰："人莫鉴于流水而鉴于止水，唯止能止众止。受命于地，唯松柏独也正，在冬夏青青；受命于天，唯舜独也正，在万物之首。幸能正生，以正众生。夫保始之征，不惧之实。勇士一人，雄入于九军。将求名而能自要者，而犹若是，而况官天地，府万物，直寓六骸，象耳目，一知之所知，而心未尝死者乎！彼且择日而登假，人则从是也。彼且何肯以物为事乎！"

【译文】

鲁国有一个受过刖刑的人叫王骀，他的学生多得与孔子差不多。鲁国贤人常季问孔子："王骀，一个断了腿的人，随从他游学的人与先生一样多，占了鲁国的一半了。他站起来不说教，坐下去不议论；人们却是虚心前往，充实而归。世上果真有不用言谈的教诲，果真有忘记形骸而德性完美的人吗？他是个什么人呢？"

孔子说："那位先生是个圣人。我是因为没有来得及才没有去请教他。我将要以他为师，更何况不如我的人呢！岂但鲁国，我将要引导天下人去向他学习。"

常季说："他是个受过刖刑的人，却比先生您更神气，那么寻常人离他就更远了。既是这样，那么他的运用心智又有怎样的特点呢？"

孔子说："生、死是比刖刑更大的刺激，也不能使他的精神状态发生改变。就算是天翻地覆，他这精神状态也不会随之丧失。实在是纯粹到没有毛病可挑了，不会随着境遇的改变而改变。他掌握着万物变化的规律，而使自己居于枢纽的位置。"

常季问："这话是什么意思呢？"孔子说："从事物的差异性的角度看，同居于一身之中的肝与胆，就像楚国与越国一样遥远；从事物的共同性的角度看，万物都是一回事。看到这一点的人，对常人耳目所见声色之类的适宜或不适宜，就听而不闻、视若无睹了。他只醉心于道德的包容万物，看到万物的共性而看不见事物会丧失什么；他看自己失掉了双腿与丢失了一个土块没有多大区别。"

常季说："他也不过是为他自己而已。他以他的智力掌握了自己的心理状态，以自己的心理状态悟得了万物共同的常理。为什么人们要聚集起来尊崇他呢？"

孔子说："人都不用流水而用静水作为镜子，因为只有在静水里才能看清自己的形象，于是大家便聚到这里来了。生命力来自大地的，数松柏最有正气，所以冬夏常青。生命力来自天的，数舜最有正气，所以处在万物首位。有幸能得到这种正气，所以能使自己正，自然也就成为万物的榜样。保有这种充满正气的生命力，就能令人无所畏惧。一个勇士，以其英雄气概，可以冲入十万敌军之中；为了求取功名，能发誓置生死于度外的人，便能这样勇敢。更何况是取法天地、包容万物，以头、身、四肢为暂住之所，以耳目闻见为可有可无，令其智慧所感知的一切归于至道，而心中仍然充满生机的那种人。他正打算选择时日远离尘世而去。是人们要追随他；他怎么会对追名逐利、哗众取宠感兴趣呢！

【原文】

申徒嘉，兀者也，而与郑子产同师于伯昏无人。子产谓申徒嘉曰："我先出则子止，子先出则我止。"其明日，又与合堂同席而坐。子产谓申徒嘉曰："我先出则子止，子先出则我止。今我将出，子可以止乎？其未邪？且子见执政而不违，子齐执政乎？"

申徒嘉曰："先生之门，固有执政焉如此哉？子而说子之执政而后人者也？闻之曰：'鉴明则尘垢不止，止则不明也。久与贤人处则无过。'今子之所取大者，先生也，而犹出言若是，不亦过乎！"

子产曰："子既若是矣，犹与尧争善，计子之德不足以自反邪？"

申徒嘉曰："自状其过以不当亡者众，不状其过以不当存者寡。知不可奈何而安之若命，唯有德者能之。游于羿之彀中。中央者，中地也；然而不中者，命也。人以其全足笑吾不全足者多矣。我怫然而怒；而适先生之所，则废然而返。不知先生之洗我以善邪？吾与夫子游十九年矣，而未尝知吾兀者也。今子与我游于形骸之内，而子索我于形骸之外，不亦过乎！"

子产蹴然改容更貌曰："子无乃称！"

【译文】

郑国贤者申徒嘉是一个受过刖刑的人，他与郑国执政子产都是伯昏无人的学生。子产对申徒嘉说："如果我先出去，那么你就等一会再走，如果你先出去，那么我就等一会再走。"第二天，他们又坐在一起听课。子产对申徒嘉说："如果我先出去，你就等一会走，要是你先出去，我就等一会走。现在我打算走了，你看你是等一会儿呢，还是不等呢？再说你遇到宰相不避让一下，难道你跟宰相一样吗？"

申徒嘉回答说："老师的门下，竟然有当宰相当成这个得意样子的吗？你正是因为喜欢你那个宰相位子而落后于别人的人！你听说过这句话吗：'镜子明亮，灰尘就留不住；灰尘留住，镜子就不明亮了。人与贤者相处时间长了就能够没有过错。'现在你学习大道理的对象就是先生，你怎么竟然说出这样没水平的话来了，这不是太不像话了吗！"

子产反唇相讥说："你已经成了这个受过刑的残废样子，还想跟帝尧比德行高洁呢！算一算你的德行，看看够得上够不上弥补罪过吧！"

申徒嘉说："文饰自己的过失，认为够不上刖刑的人很多；不掩饰自己的过失，认为应当受刖刑的人很少。知道受刖刑不是人力所能扭转，因而泰然处之，好像命中注定一样，只有道德高尚的人能够做到这点。人们好像游荡在善射的后羿射程之内的猎物，处在中央地区，更是中箭的地方。然而竟然没有被射中，那不过是命运偶然，与本人德行没有多大关系。因为自己有两条腿而耻笑我只有一条腿的人是很多的。开始我很气愤，恨他们不懂这是命运。后来来到伯昏先生这里，就幡然省悟，知道愤怒也是不知命的表现。你不懂得先生以他善美的德性陶冶了我吗？我跟从先生已经十九年了，十九年来，不再知道我是一个残废人。现今你与我一起师从先生，在精神领域陶冶高尚品德，而你却在精神领域之外，身体形象方面要求我，这不是太不像话了吗！"

听到这里，子产陷入窘态，变了脸，羞惭地打断申徒嘉的话："你不要那么嚷嚷了！"

【原文】

鲁有兀者叔山无趾，踵见仲尼。仲尼曰："子不谨，前既犯患若是矣。虽今来，何及矣！"

无趾曰："吾唯不知务而轻用吾身，吾是以亡足。今吾来也，犹有尊足者存，吾是以务全之也。夫天无不覆，地无不载，吾以夫子为天地，安知夫子之犹若是也！"

孔子曰："丘则陋矣。夫子胡不入乎，请讲以所闻！"

无趾出。孔子曰："弟子勉之！夫无趾，兀者也，犹务学以复补前行之恶，而况全德之人乎！"

无趾语老聃曰："孔丘之于至人，其未邪？彼何宾宾以学子为？彼且蕲以諔诡幻怪之名闻，不知至人之以是为己桎梏邪！"

老聃曰："胡不直使彼以死生为一条，以可不可为一贯者，解其桎梏，其可乎？"

无趾曰："天刑之，安可解！"

【译文】

鲁国有个受过刖刑、被锯掉脚趾的人，叫叔山无趾。他用脚后跟移动着来见孔子。孔子说："你不谨慎，所以犯罪受刑成了这个样子。现在你虽然肯来请教我，又怎么能挽回损失呢？"

无趾说："我是因为不识时务而轻率地挺身而出，所以我失掉了足。现在我来求教，还有比足尊贵的部分存在着。我是为着这一部分的保全才来请教你的。人常说，天无所不盖，地无所不载；我把先生您当成天和地，没想到先生您竟这样对待我！"

孔子说："看来是我浅陋了。先生您不妨进来坐吧！请给我们讲讲你所听过的道理。"

无趾离开以后，孔子说："学生们：你们好好努力吧！看那无趾，是个受过刖刑的人，还努力求学以便弥补自己过去行为造成的恶果，更何况你们还是些完整的人啊！"

无趾对老子说："孔丘有没有达到'至人'的标准呢？他怎么忙不迭地以学生自居？他将以追求稀奇古怪的枝节道理而闻名于世，

51

却不知道'至人'是把那些道理视为枷锁的。"

老子说:"你怎么不直接引导他认识把生死看做一回事、视'可以'或者'不可以'为同出一源这一道理,拿这来解除他的精神枷锁,岂不是更好吗?"

无趾说:"自然给予的刑罚,怎么解脱得了!"

【原文】

鲁哀公问于仲尼曰:"卫有恶人焉,曰哀骀它。丈夫与之处者,思而不能去也。妇人见之,请于父母曰,'与为人妻宁为夫子妾'者,十数而未止也。未尝有闻其唱者也,常和人而已矣。无君人之位以济乎人之死,无聚禄以望人之腹。又以恶骇天下,和而不唱,知不出乎四域,且而雌雄合乎前,是必有异乎人者也。寡人召而观之,果以恶骇天下。与寡人处,不至以月数,而寡人有意乎其为人也;不至乎期年,而寡人信之。国无宰,寡人传国焉。闷然而后应,氾而若辞。寡人丑乎,卒授之国。无几何也,去寡人而行。寡人恤焉若有亡也,若无与乐是国也。是何人者也?"

仲尼曰:"丘也尝使于楚矣,适见豚子食于其死母者,少焉眴若皆弃之而走。不见己焉尔,不得类焉尔。所爱其母者,非爱其形也,爱使其形者也。战而死者,其人之葬也不以翣;刖者之屦,无为爱之;皆无其本矣。

"为天子之诸御,不爪翦,不穿耳;取妻者止于外,不得复使。形全犹足以为尔,而况全德之人乎!今哀骀它未言而信,无功而亲,使人授己国,唯恐其不受也,是必'才全'而'德不形'者也。"

哀公曰:"何谓'才全'?"

仲尼曰:"死生存亡,穷达贫富,贤与不肖,毁誉、饥渴、寒暑,是事之变,命之行也;日夜相代乎前,而知不能规乎其始者也。故不足以滑和,不可入于灵府。使之和、豫、通,而不失于兑;使日夜无郤,而与物为春,是接而生时于心者也。

是之谓'才全'。"

"何谓'德不形'？"

曰："平者，水停之盛也。其可以为法也，内保之而外不荡也。德者，成和之修也。'德不形'者，物不能离也。"

哀公异日以告闵子曰："始也吾以南面而君天下，执民之纪而忧其死，吾自以为至通矣。今吾闻至人之言，恐吾无其实，轻用吾身而亡其国。吾与孔丘，非君臣也，德友而已矣。"

【译文】

鲁哀公问孔子："卫国有一个丑八怪，名叫哀骀它。男人们同他相处，想念得不忍离去；女人们见了他，请求自己的父母说'与其成为别人的妻子，不如成为哀骀先生的婢妾'，这样的男人和女人已经有了十多个还不止呢！从来没有听到他率先讲什么，他经常只是答应别人而已。他没有国君那种可以救人不死的地位，没有可以让人吃饱肚皮的钱财，又长了一副天下人见了都会害怕的丑模样，只在那里应答而从来不用宣扬什么来招引人，知名度也没有超出卫国国境。就这样，人们乐意和他相外，就像雌雄相随一样不愿分离。这个人必定有与一般人不一样的地方吧？我把他召唤来一看，果真丑得谁见了都害怕。他与我相处不到一个月，我已经有意要学习他的为人；不到一年，我就很信任他了。国家没有合适的宰相，我要把国政交给他，他沉闷半晌才答应，心不在焉地似乎要推辞。我自愧不如，硬把国政交给了他。没有过多少时间，他离开我走了。我忧心忡忡地好像失去了什么，身为国君却找不到值得快乐的地方。这个人是个什么人呢？"

孔子说："我曾经出使楚国，路上看见猪娃正在吃已经死去的母亲的奶，忽然惊诧地扔下母猪跑开了。因为它们发现，母猪不像往日一样注视它们，又与往常有些异样。这说明它们所爱的母亲，不是爱它的形象，而是爱它作为母亲的精神。战场上牺牲的人，在埋葬时就不用避凶邪的羽扇装饰棺材送葬，因为战死者本身就是不避凶邪而死的。给刖足的人送鞋，刖足者没办法喜爱。这些都说明，失去本质，外形就没有意义了，精神比外形更加重要。

"为天子挑选嫔妃，不需要她修剪指甲，佩戴耳环；匹夫娶妻者，暂时在外休养，免服徭役。这是为了让形体完美。形体完美就可以令人爱恋，更何况是精神道德完美的人啊！现在这个哀骀它不说话就取得了信任，没有什么功劳而令人亲近，甚至使人把国家政权交给他，还生怕他不接受，这人一定是个'才全'而'德不形'的人。"

哀公问："什么叫'才全'呢？"

孔子说："死和生，存与亡，困难与顺利，贫穷和富裕，品德好与品德不好，贬斥与赞誉，饥饿、干渴、寒冷、炎热，这些人事遭遇的变化，都是天命运行的结果，像时间推移、昼夜更替一样，靠人的智力是不足以左右它的发生的。因此，这些事情不足以扰乱心灵的和谐，不可以让它们占据内心世界。使内心世界和谐、宁静、通达而且不失热情，使这种状态昼夜保持、没有间断，因而不论遭遇何物都给它带来春天般温暖融洽。这种人，你一接触到他就感到心中温暖如春。这就叫'才全'。"

哀公问："什么叫'德不形'？"

孔子说："公平，没有比静止的水更公平的了，所以它可以作为镜子，成为标准。内心保持像静止的水一样的平静，不因外物冲击而动荡，这种能够成万事、和万物的修养，就叫做'德'。这种'德'无须靠形貌来文饰，然而万事万物都亲近它，离不开它，这就叫'德不形'。"

此后有一天，哀公对孔子的弟子闵子说："原先我以为向南而坐，成为天下之君，掌握着管理人民的法纪，而又关心人民的死活，这就算是最通达了。现在我听了孔子关于道德完美的人的这番话，我担心我没有治理天下的实际的道德修养，会轻率地行动而导致亡国。从今后，我跟孔子不是什么君臣关系，而是道德修养过程中的朋友而已了。"

【原文】

闉跂支离无脤说卫灵公，灵公说之；而视全人，其脰肩肩。瓮㼕大瘿说齐桓公，桓公说之；而视全人，其脰肩肩。故德有所长而形有所忘，人不忘其所忘而忘其所不忘，此谓诚忘。

故圣人有所游。而知为孽，约为胶，德为接，工为商。圣人不谋，恶用知？不斲，恶用胶？无丧，恶用德？不货，恶用商？四者，天鬻也。天鬻者，天食也。既受食于天，又恶用人！有人之形，无人之情。有人之形，故群于人，无人之情，故是非不得于身。眇乎小哉，所以属于人也；謷乎大哉，独成其天！

【译文】

一个伛偻瘸腿兔唇的人叫闉跂支离无脤，游说卫灵公。灵公很喜欢他；再看那些肢体完全的人，只觉得那些人羸弱瘦小很难看。一个脖子上长着瓮盆般大小的瘤子的叫瓮㼕大瘿的人游说齐桓公。桓公很喜欢他；再看那些肢体正常的人，只觉得那些人脖子细细的怪难看。这说明道德超过常人的人，人们就不再注意他的形体。人们不忘记应该忘记的外形，却忘记了不应该忘记的道德，这才是真正的"健忘"。

所以，圣人有他置身和用心的地方。常人把智慧用于分析是非，礼节用于巩固关系，德行用于待人接物，技巧用于售出商品。圣人不图谋利益，何必运用智术？不雕琢装饰，何必对关系加以巩固？不丧失什么，何必以德行来招引？不贪财货，何必忙于交易？智慧、信用、德行、技巧这四方面，是自然赋予人类社会的。既是自然赋予的，人就靠这些谋食为生。谋食为生的方式既然是天然形成的，又何必用人力去扭曲它呢！圣人有人的形象，没有世俗的情感。因为有人的形象，所以生活于人群之中；因无世俗情感，所以不陷于是非之中。形体是渺小的，所以混迹在人群中；精神是博大的，独自沟通于天地自然。

【原文】

惠子谓庄子曰："人故无情乎？"

庄子曰："然。"

惠子曰："人而无情，何以谓之人？"

庄子曰："道与之貌，天与之形，恶得不谓之人？"

惠子曰："既谓之人，恶得无情！"

庄子曰："是非吾所谓情也。吾所谓无情者，言人之不以好恶内伤其身，常因自然而不益生也"

惠子曰："不益生，何以有其身？"

庄子曰："道与之貌，天与之形，无以好恶伤其身。今子外乎子之神，劳乎子之精，倚树而吟，据槁梧而瞑。天选子之形，子以坚白鸣！"

【译文】

惠子问庄子："人就应当是没有情感的吗？"

庄子答："是的。"

惠子说："人连一点情感都没有，怎么算得上是人？"

庄子说："天道给了他人的相貌，自然生成他人的形象，怎么不能算是人？"

惠子说："既称为人，怎么能没有情感！"

庄子说："你所说的'情'不是我所说的'情感'。我所说的'没有情感'，指的是不要因爱好或憎恶涉足是非，伤害身体；经常注意顺应自然而不要人为地给生命增添些内容。"

惠子说："不给生命增添内容，怎么能有人的身体？"

庄子说："天道给了人的相貌，自然给了人的形体，人自己则不能因爱好或憎恶伤害身体。现在你向外消耗你的神气，劳累你的精力，扶着树沉吟，靠着那个梧桐做的琴冥思苦想。天授给了你形体，你却抱着'坚、白、石三'、'白马非马'之类的理论，声嘶力竭地奔走呼号。"

大 宗 师

臧 振 译

【提要】

"大宗师"指最大的宗主,最好的老师。《齐物论》是对诸子是非的批评,《大宗师》则是对道家理想、追求作正面的论述。《庄子》内篇七篇以《齐》、《大》二篇最为重要,而本篇又可以说是其核心。庄子理想的人格是"真人",最高的追求是"道"。"真人"混迹于尘世之中,又超脱于是非之外;摆脱了生死烦扰,能够"自适其适"。真人献身于比天地、国君更为"真"的"道"。"道"可以"神鬼神帝","生天生地";人如果得了"道",便可以与造化交朋友,遨游于天地之间,与万物融为一体。

【原文】

知天之所为,知人之所为者,至矣。知天之所为者,天而生也;知人之所为者,以其知之所知以养其知之所不知。终其天年而不中道夭者,是知之盛也。

虽然,有患。夫知有所待而后当,其所待者特未定也。庸讵知吾所谓天之非人乎?所谓人之非天乎?

且有真人而后有真知。

何谓真人?古之真人,不逆寡,不雄成,不谟士。若然者,过而弗悔,当而不自得也。若然者,登高不栗,入水不濡,入火不热。是知之能登假于道者也若此。

古之"真人",其寝不梦,其觉无忧,其食不甘,其息深深。真人之息以踵,众人之息以喉。屈服者,其嗌言若哇。其耆欲深者,其天机浅。

古之真人,不知说生,不知恶死;其出不欣,其入不距;

翛然而来而已矣。不忘其所始，不求其所终；受而喜之，忘而复之，是之谓不以心捐道，不以人助天。是之谓真人。

若然者，其心志，其容寂，其颡頯；凄然似秋，暖然似春，喜怒通四时，与物有宜而莫知其极。

故圣人之用兵也，亡国而不失人心；利泽施乎万世，不为爱人。故乐通物，非圣人也；有亲，非仁也；天时，非贤也；利害不通，非君子也；行名失己，非士也；亡身不真，非役人也。若狐不偕、务光、伯夷、叔齐、箕子、胥余、纪他、申徒狄，是役人之役，适人之适，而不自适其适者也。

古之真人，其状义而不朋，若不足而不承；与乎其觚而不坚也，张乎其虚而不华也；邴邴乎其似喜乎，崔乎其不得已乎；滀乎进我色也，与乎止我德也；厉乎其似世乎，謷乎其未可制也；连乎其似好闭也，悗乎忘其言也。以刑为体，以礼为翼，以知为时，以德为循。以刑为体者，绰乎其杀也；以礼为翼者，所以行于世也；以知为时者，不得已于事也；以德为循者，言其与有足者至于丘也，而人真以为勤行者也。故其好之也一，其弗好之也一。其一也一，其不一也一。其一与天为徒，其不一与人为徒。天与人不相胜也，是之谓真人。

【译文】

知道天的作用是什么，也知道人应该干什么，这就达到了"智"的最高境界。知道天的作用的人，明白万物自然生成的道理。知道人应该干什么的人，用他智力所能知道的部分去应付智力所不能知道的部分；不要强不知以为知，耗神劳精、伤害身体。能够活到他应活的年龄而不中年丧身，这就算是非常聪明睿智了。

聪明睿智固然是好事，但还有隐患存在：须知，知识需要有一定的前提条件才能算是正确的。它的前提条件却是一个未知数。凭什么能知道自己所认定的"天理当然"就不是人为造成的？凭什么说自己认为的"人为造成"就不是天理当然的？

只有有了"真人"，然后才能有真知。

什么叫'真人'呢？古时候的"真人"，不排斥少数，不因为成功而自以为是，不用心计去招引士众。做到了这点，如果有错处，他不会后悔不止；如果做对了，他也不洋洋得意。做到了这点，他处在高处不害怕，掉在水中不变湿，掉到火里不燃烧。真人的智慧使他能够达到"道"的境界，因而能够不怕危险和水火。

古时候的"真人"，他睡眠不做梦，他醒来没有忧愁，他吃东西不挑拣味道，他的呼吸深沉舒畅。真人的呼吸深到脚后跟；而众人的呼吸则只在喉咙上——这种人在辩论中受了挫折时，吐字说话就像呕吐一般。嗜好、欲望强烈的人，自然就会神气不足，领悟能力也就浅薄了。

古时候有"真人"，不知道贪图生存，也不知道憎恶死亡。生出来，不庆幸；死去，也不拒绝。自然而然地去了，自然而然地来了，如此而已。记得自己出生的地方，不计较将来死在什么地方。遇到任何环境都能安适，死去时也不留恋，好像返回原处。这叫做不动用心计去背离天道，不人为地用力想延长寿命。这样的人，就叫做"真人"。

这样的人，他的心志专一，他的容貌安静，他的额角宽阔。他态度冷淡像秋天落叶，温暖像春光明媚。他的喜怒与四季相通，适宜于万物的生长发育，而不知道哪里是它的终结。

所以，圣人用兵灭亡了敌国，还能得到敌国人民的拥护；他带来的好处可以造福万代，可他并不是为爱护人而专门这样做的。如果有意为着万物的顺利，那就算不上圣人了；有意亲近，就算不得仁；有意选择时机，就算不得贤；看不到利与害相通之处、趋利避害，就算不得君子；违背自己本性、矫揉造作地追求名声，就算不上有道之士；不惜牺牲生命，但不是出于真心，就算不上是服役者。像狐不偕、务光、伯夷、叔齐、箕子、胥余、纪他、申徒狄等人，是因为别人的事务牺牲自己，适应别人的需要伤害自己，而不是顺应自己本性需要地做出牺牲，当然就算不上是圣人了。

古时候的真人，他的形象是随和而不结交，好像卑下却不奉承；孤高独行却不固执，豁然大度而不虚伪；欣欣然似乎喜悦，慢腾腾又像勉强应付；敦厚令人亲近，宽容令人归附；广阔得好像包容世界，高大得没人能控制他；缓缓而行，好像十分闲暇；沉闷无心，话说过就忘记了。真人把刑法看做身体，把礼节当做羽翼，把智慧看做季节，把德行看做道路。把刑法看做身体的人，经常关注而使自己远离伤害。把礼节当做羽翼的人，随俗混迹在人世间。把智慧看做季节的人，迫不得已时才随时运用。把德看做道路的人，好比一个刖足的人被有足的人裹挟着上了山丘，别人还以为他真是一个勤于行走的人呢。所以，不论凡人认为好与不好，真人对待它没有两样。凡人认为一致的，自然是一致的；凡人认为不一致的，真人也一样对待。凡人认为一致，这是人效法了天道。凡人认为不一致的，真人顺其自然，不加干预。天道与人道无所谓优劣胜负——体会到这一旨趣，就可以叫做真人了。

【原文】

死生，命也；其有夜旦之常，天也。人之有所不得与，皆物之情也。彼特以天为父，而身犹爱之，而况其卓乎！人特以有君为愈乎己，而身犹死之，而况其真乎！

泉涸，鱼相与处于陆，相呴以湿，相濡以沫，不如相忘于江湖。与其誉尧而非桀也，不如两忘而化其道。夫大块载我以形，劳我以生，佚我以老，息我以死。故善吾生者，乃所以善吾死也。

夫藏舟于壑，藏山于泽，谓之固矣。然而夜半有力者负之而走，昧者不知也。藏小大有宜，犹有所遁。若夫藏天下于天下而不得所遁，是恒物之大情也。特犯人之形而犹喜之。若人之形者，万化而未始有极也，其为乐可胜计邪！故圣人将游于物之所不得遁而皆存。善妖善老，善始善终，人犹效之，又况万物之所系，而一化之所待乎！

【译文】

人之有生死，是生命本身注定了的；就像天有白昼和夜晚的更替一样。有些事情是人力所不能左右的,这些事情都由事情本身的道理规定着。人们把天看做父亲,愿意以身心来爱它;那"道"是卓然高出于天之上的,又怎么能不心向往之呢!人们把国君看得比自己更贵重,不惜为他牺牲生命,更何况道是比国君更加真正的主宰者,能不服从于它吗!

泉水干涸了的时候,鱼儿们处在陆地上,挤在一起,互相呵气润潮,吐出唾沫互相浸湿,以求活命。与其困苦如此而互相救助,倒不如畅游于江湖之中。淡忘了那脉脉温情。与其称颂帝尧而否定夏桀,不如善恶两忘,畅游于"道"的境界。那大自然载着我的形体,给我劳动生息的条件;在我年老的时候,让我得到闲逸;在我死去的时候,让我能够安息。任其自然,这令我生得快乐的道理,同样也令我死得快乐。

把船藏在山谷里,把山藏在湖泽中,自认为藏得很保险。但是,半夜里强有力者将它背走了,糊涂的主人一点也不知道。不论小物还是大物,藏得再合适,都有可能丢失。如果把天下藏于天下,那就没有可丢失的地方了。这是令事物常存不失的大情理。人们以自己得到了人的形象而欣喜。与人得到人形一样,天下万物得到无穷无尽的各种形象。如果不论遇到什么形象都像得到人形一样地欣喜,那快乐也就是无穷的了。所以,圣人就遨游在天下万物变化之中,与万物同变化而永存于大自然之中,不可能丢失。不论老死还是夭折,只要死得正规,善始善终,人们就愿意仿效;又何况是与天下万物为一体,视生死为事物形象的一种变化,人们怎么不来仿效呢!

【原文】

夫道,有情有信,无为无形;可传而不可受,可得而不可见;自本自根,未有天地,自古以固存;神鬼神帝,生天生地;在太极之先而不为高,在六极之下而不为深,先天地生而不为久,长于上古而不为老,狶韦氏得之,以挈天地;伏羲氏得之,以袭气母;维斗得之,终古不忒;日月得之,终古不息;

堪坏得之，以袭昆仑；冯夷得之，以游大川；肩吾得之，以处大山；黄帝得之，以登云天；颛顼得之，以处玄宫；禺强得之，立乎北极；西王母得之，坐乎少广，莫知其始，莫知其终；彭祖得之，上及有虞，下及五伯；傅说得之，以相武丁，奄有天下，乘东维，骑箕尾，而比于列星。

【译文】
　　那"道"是有生命力、有规律性的。它纯任自然，丝毫不需要人为造作；它也没有形象，而是存在于万物之中。它随时间推移向下传递，而不能凝固下来，授予收取。人可以领悟到它，而不能看见它。它自己更是根本，没有别的事物能成为它的根本。在没有天地之前，它老早就存在了；鬼神上帝都由于有了它才得以成为神灵。有了它，"天"才成其为天，"地"才成其为地。它无所不在，所以，在宇宙初始的太极状态之前就有了它，但又不能说它高远；它存在于天地、四方之下，而又不能说它深邃。不能因为它存在于天地之前而说它"久"，不能因为它比上古还要年长而说它"老"。古老的豨韦氏因为得到它而能够在意志上与天地互相渗透感应；伏羲氏因为得到它而能从自然元气中承袭生命的种子；维系众星围绕天轴旋转的北斗星，因为得到它而永无差错；太阳和月亮因为得到它而能够永远运行；堪坏得到它而成为昆仑山之神，冯夷得到它而成为黄河之神；肩吾得到它而成为泰山之神；黄帝得到它，乘龙登云升天；颛顼得到它，处于北方宫中，成为宗教首领；禺强得到它，成为北极之神；西王母得到它，坐在西方少广山，人们不知道她何时开始，何时终结；彭祖得到它，生于虞舜年间，活到五霸之时；傅说得到它，辅佐商王武丁战胜天下诸侯，死后又乘东方苍龙登天，坐在箕宿和尾宿上，成为星宿之一。

【原文】
　　南伯子葵问乎女偊曰："子之年长矣，而色若孺子，何也？"曰："吾闻道矣。"

南伯子葵曰："道可得学邪？"曰："恶！恶可！子非其人也。

"夫卜梁倚有圣人之才而无圣人之道，我有圣人之道而无圣人之才，吾欲以教之，庶几其果为圣人乎！不然，以圣人之道，告圣人之才，亦易矣。吾犹守而告之，参日而后能外天下；已外天下矣，吾又守之，七日而后能外物；已外物矣，吾又守之，九日而后能外生；已外生矣，而后能朝彻；朝彻，而后能见独；见独，而后能无古今；无古今，而后能入于不死不生。杀生者不死，生生者不生。其为物，无不将也，无不迎也；无不毁也，无不成也。其名为撄宁。撄宁也者，撄而后成者也。"

南伯子葵曰："子独恶乎闻之？"

曰："闻诸副墨之子，副墨之子闻诸洛诵之孙，洛诵之孙闻之瞻明，瞻明闻之聂许，聂许闻之需役，需役闻之于讴，于讴闻之玄冥，玄冥闻之参寥，参寥闻之疑始。"

【译文】

南伯子葵问女偊："您的年纪够大了，可是气色却跟儿童一样，这是为什么呢？"

女偊说："我听到'道'了。"

南伯子葵问："我可以学'道'吗？"

女偊说："不，不可以！你不是能学道的人才。

"那卜梁倚有成为圣人的才但没有圣人之道，我有圣人之道但没有成为圣人的才，我就想教他，大概他果真能成为圣人吧！事情不是这样吗：把圣人之道告诉能成为圣人的人才，这该很容易了吧！就这样，我还是死守住教他。三天之后，他才能做到超脱于天下。已经超脱于天下之外了，我又守住教了七天，然后他才能做到超脱万物。已经超脱于万物之外了，我又守住教了九天，此后他才能做到超脱生死。超脱于生死之外了，然后才能像清晨那样清醒。清醒，然后才能看出这独一无二的道。看见了道，然后才能超越时间。超越了时间，然后才能进入不死不生的状态。去掉了贪生妄念的人就没有死的威胁，顺性命自然而生存的人就不妄求生存。道对于万物，没有不伴送的，没有不接引的，没有不任其毁灭的，没有不任其生成的。这一过程的名称叫'撄宁'。'撄宁'的意思就是加以引导而后归于成功。"

南伯子葵说："你是从哪里单独听到这关于道的道理的？"

女偊回答说："我是从简策文书那里得来的，简策文书是从连续背诵那里得来的，连续背诵是从见解高明那里听来的，见解高明是从念念有词那里听来的，念念有词是从勤于应付那里听来的，勤于应付是从咏叹讴歌那里听来的，咏叹讴歌是从寂寞幽深那里听来的，寂寞幽深是从空旷寥廓那里听来的，空旷寥廓是从似有似无那里听来的。"

【原文】

子祀、子舆、子犁、子来四人相与语曰："孰能以无为首，以生为脊，以死为尻，孰知生死存亡之一体者，吾与之友矣。"四人相视而笑，莫逆于心，遂相与为友。

俄而子舆有病，子祀往问之。曰："伟哉夫造物者，将以予为此拘拘也："曲偻发背，上有五管，颐隐于齐，肩高于顶，句赘指天。"阴阳之气有沴，其心闲而无事，跰𨇤而鉴于井，曰："嗟乎！夫造物者又将以予为此拘拘也！"

子祀曰："女恶之乎？"曰："亡，予何恶？浸假而化予之左臂以为鸡，予因以求时夜；浸假而化予之右臂以为弹，予因以求鸮炙；浸假而化予之尻以为轮，以神为马，予因以乘之，岂更驾哉！且夫得者，时也；失者，顺也，安时而处顺，哀乐不能入也。此古之所谓县解也。而不能自解者，物有结之。且夫物不胜天久矣，吾又何恶焉！"

俄而子来有病，喘喘然将死。其妻子环而泣之。子犁往问之，曰："叱！避！无怛化！"倚其户与之语曰："伟哉造化！又将奚以汝为，将奚以汝适？以汝为鼠肝乎？以汝为虫臂乎？"

子来曰："父母于子，东西南北，唯命之从。阴阳于人，不翅于父母。彼近吾死而我不听，我则悍矣，彼何罪焉！夫大块载我以形，劳我以生，佚我以老，息我以死。故善吾生者，乃所以善吾死也。今大冶铸金，金踊跃曰：'我且必为镆铘'，大冶必以为不祥之金。今一犯人之形，而曰'人耳、人耳！'夫造化者必以为不祥之人。今一以天地为大炉，以造化为大冶，恶乎往而不可哉！"

成然寐，蘧然觉。

【译文】

子祀、子舆、子犁、子来四人互相这样说道："谁能把无作为脑袋，把生作为脊梁，把死作为屁股；谁能够懂得死、生、存、亡本来就属于同一本体，我就跟他交朋友。"四人相互一看，会心地一笑，心领神会，于是互相结为朋友。

不久，子舆生病了，子祀去问候他，子舆说："那伟大的造物者啊，将要把我变成这样一个佝偻人：弯腰驼背，五脏的腧穴都向着天，脸颊弯下在肚脐上，双肩比头顶还高，后脑勺上的发髻指着天。"阴阳之气不协调伤害了他，他却心闲得无事可做，摇摇晃晃地来到井边，对井一照，说："啊，那造物者将要把我变成佝偻人了！"

子祀问："你憎恶变为佝偻人吗？"

子舆说："不，我憎恶什么呢？假如造化慢慢地把我的左臂变成了鸡蛋，我就进而希望它变成公鸡，按时叫鸣；假如它把我的右臂变成了弹丸，我就借助它打猫头鹰来吃烤肉；假如它把我的屁股变成车轮，把精神作为马匹，我就坐上这车，不需要再找车马了。再说，所谓'得到'，就是时机正好：所谓'失去'，就是顺物化去。安于时势而顺应变化，悲哀与欢乐都不能进入平静的内心世界，这就是古人所说的'摆脱束缚'。那些不能自己摆脱束缚的人，是因为被外界事物拴住了他的心。并且，事物不能超越于自然规律，这不是一天两天的事情了。我又何必憎恶自己的病呢！"

不久，子来又生病了，气喘吁吁地将要死去。他的妻子和孩子们围着他哭泣。子犁去问候他，训斥他的妻儿们说："去，避开些！不要惊扰了生死变化！"又靠在门口对子来说："伟大的造化啊，不知道又将要把你变成什么了？不知道会让你到哪儿去呢？是把你变成老鼠的肝脏呢，还是把你变成虫子的胳膊呢？"

子来说："对于儿子来说，只要是父母的命令，不论东西南北，他都愿意前往。天地阴阳的变化，对于人来说，就比父母之命更加不可违抗。它让我临近死亡，如果我不听命令，我就太蛮横无理了。造化有什么罪过呢！那大地载着我的形体，让我劳动以求得生存，使我年老的时候能够安闲舒适，在我死的时候，让我能够安息。造化让我愉快地生存，当然也让我愉快地死去。设想现在有一个冶金大师铸造金属，如果那些金属抢着说：'一定要把我铸成宝剑莫邪'，这冶金师一定会认为这是块不吉利的金属。现在造化要铸造人形了，如果都抢着说要把自己'做成人！''做成人！'，那造化一定认为这是不吉利的人。现在我把天地看做一个大熔炉，把造化看做冶金大师，那么到哪儿去是不可以的呢？"

子来无忧无惧：睡去时，十分舒坦；醒来时，活生生的。

【原文】

子桑户、孟子反、子琴张三人相与友，曰："孰能相与于无相与，相为于无相为？孰能登天游雾，挠挑无极；相忘以生，无所终穷？"三人相视而笑，莫逆于心，遂相与为友。

莫然有间而子桑户死，未葬。孔子闻之，使子贡往侍事焉。或编曲，或鼓琴，相和而歌曰："嗟来桑户乎！嗟来桑户乎！而已返其真，而我犹为人猗！"子贡趋而进曰："敢问临尸而歌，礼乎？"

二人相视而笑曰："是恶知礼意！"

子贡反，以告孔子，曰："彼何人者邪？修行无有，而外其形骸，临尸而歌，颜色不变，无以命之。彼何人者邪？"

孔子曰："彼，游方之外者也；而丘，游方之内者也。内外不相及，而丘使女往吊之。丘则陋矣。彼方且与造物者为人，而游乎天地之一气。彼以生为附赘县疣，以死为决𤴯溃痈，夫若然者，又恶知死生先后之所在！假于异物，托于同体；忘其肝胆，遗其耳目；反覆终始，不知端倪；芒然彷徨乎尘垢之外。逍遥乎无为之业。彼又恶能愦愦然为世俗之礼，以观众人之耳目哉！

【译文】

子桑户、孟子反、子琴张三人聚在一起说："谁能用不守礼节来与人相处、用无所作为来互相帮助？谁能超然物外，登天高视，遨游于云雾之中，盘旋于无尽宇宙，忘记了生死，托生于永恒？"三人相互一看，会心地一笑，心领神会，于是互相结为朋友。

没有多久，子桑户死了，还没有埋葬。孔子听说了，就派子贡前去帮助办理丧事。只见那里有人在编织，有人在弹琴，配合着唱道："哎呀桑户啊，哎哟桑户啊，你已返回到纯真的境界，可我们却还在做人啊！"子贡快步近前说道："冒昧地问一下，在尸体旁边弹琴唱歌，合乎礼节吗？"

孟子反、子琴张互相看着笑了，说："他哪里知道'礼'的本来意义！"

子贡回去，告诉孔子说："那是些什么人啊？一点修养德行也没有，忘记了自己的形象；面对着尸体唱歌，脸一点也不红。真是莫名其妙！那是些什么人啊？"

孔子说："他们，是游荡在人世之外的人。而我，则是周游于人世之内的人。人世外、人世内互不相干，可我却派你去吊唁，这是我的浅陋无知了。他们正要去跟造物者交朋友，遨游在天地之间，与万物融为一体。他们把活在世上看做是长了瘤子，悬着包块；把死看做是切去肉瘤，割开脓包。像这样的人，又怎么知道死与生哪个在前哪个在后！他们把身体看做偶然借用的异物，这些异物凑集在一起，便成了身体。因此，他们内忘肝胆，外忘耳目。他们视生死为往来不定的循环变化，寻不出头绪也摸不到边际。他们无忧无虑地徘徊在世俗污垢之外，舒适闲散地以顺其自然为事业。他们又哪里能忙忙乱乱地讲究世俗的礼节，做出姿态来让众人观看呢！"

【原文】

子贡曰:"然则夫子何方之依?"

孔子曰:"丘,天之戮民也。虽然,吾与汝共之。"

子贡曰:"敢问其方。"孔子曰:"鱼相造乎水,人相造乎道。相造乎水者,穿池而养给;相造乎道者,无事而生定。故曰:鱼相忘乎江湖,人相忘乎道术。"

子贡曰:"敢问畸人。"曰:"畸人者,畸于人而侔于天。故曰,天之小人,人之君子;人之君子,天之小人也。"

【译文】

子贡问:"那么老师您打算归依于人世之内还是超脱于人世之外?"

孔子说:"我是天生造就受罪的人,怎么超脱得了!虽是这样,我还是愿意与你共同努力。"

子贡说:"请问怎么努力法?"孔子说:"鱼的造诣深浅在于得到的水的多少,人的造诣深浅在于得到的道的高低。追求水的,修一个水池,水就够了;追求道的,清除了杂念,性情就足以安定。所以说,鱼得到江湖就可以独自遨游,人得到道术就可以超尘脱俗。"

子贡说:"请问那超尘脱俗的人有什么特点?"孔子说:"超尘脱俗的人,在人世间是孤单的,但却与天道相合。所以说,天所认为的小人,世俗认为是君子;世俗认为是君子,天却认为是小人。"

【原文】

颜回问仲尼曰:"孟孙才,其母死,哭泣无涕,中心不戚,居丧不哀。无是三者,以善处丧盖鲁国。固有无其实而得其名者乎?回壹怪之!"

仲尼曰:"夫孟孙氏尽之矣,进于知矣。唯简之而不得,夫已有所简矣。孟孙氏不知所以生,不知所以死;不知就先,不知就后;若化为物,以待其所不知之化已乎?且方将化,恶知不化哉?方将不化,恶知已化哉?吾特与汝,其梦未始觉者邪！且彼有骇形而无损心，有旦宅而无情死。孟孙氏特觉，人哭亦哭，是自其所以乃。且也相与吾之耳矣，庸讵知吾所谓吾之乎？且汝梦为鸟而厉乎天，梦为鱼而没于渊。不识今之言者，其觉者乎，其梦者乎？造适不及笑，献笑不及排，安排而去化，乃入于寥天一。"

意而子见许由，许由曰："尧何以资汝？"

意而子曰："尧谓我：'汝必躬服仁义而明言是非。'"

许由曰："而奚来为轵？夫尧既已黥汝以仁义而劓汝以是非矣，汝将何以游夫遥荡恣睢转徙之涂乎？"

意而子曰："虽然，吾愿游于其藩。"

许由曰："不然。夫盲者无以与乎眉目颜色之好，瞽者无以与乎青黄黼黻之观。"

意而子曰："夫无庄之失其美，据梁之失其力，黄帝之亡其知，皆在炉捶之间耳。庸讵知夫造物者之不息我黥而补我劓，使我乘成以随先生邪？"

许由曰："噫，未可知也。我为汝言其大略。吾师乎！吾师乎！齑万物而不为义，泽及万世而不为仁，长于上古而不为老，覆载天地刻雕众形而不为巧。此所游已。"

【译文】

颜回问孔子："孟孙才的母亲死了，他哭泣没有眼泪，内心不忧伤，办丧事不悲哀。没有这三样，人们却认为整个鲁国数他最善于处理丧事了。世上果真有没有实质而徒有其名的人吗？我实在觉得奇怪。"

孔子说："那孟孙氏就算是彻底懂得办丧事的了，超过了仅仅知道丧礼。想省略而不能省略的，他就从俗；可以省略的，他就省略了。孟孙氏是不知道贪生、不知道怕死的人；不知道取生，不知道避死；顺事物自然变化，等待着人所不知道的未来变化，如此而已。再说，即将要变化了我怎么知道不会变化呢？暂时不变化，怎么知道已经开始变化了呢？像我和你这样的人，说不定是大梦还没有醒的人呢！那孟孙氏的母亲死了，他有骇异的形象，但没有悲伤的内心；有惊诧但没有死别的惨痛心情。孟孙氏才真是觉悟了的人。别人哭，他也哭，这就是他之所以哭而无涕、不悲、不哀的原因。现今，人们都互相称自己为'吾'。怎么知道自己所说的'吾'果真就是自己？假如你梦见你成为鸟凌空翱翔，梦见成为鱼潜入深渊；不知道现在说梦的，是醒着的人呢，还是梦中的鸟或者鱼。刻意追求而达到目的，不如对生死存亡付之一笑。付之一笑不如听任造化安排。安于造化的安排而超脱于千变万化之上，人的精神就进入了与寥廓高天的极点一致的境界。"

意而子见许由，许由问："尧给了你什么指教？"

意而子说："尧对我说：'你必须亲身实践仁义而且明确地判断是非。'"

许由说："你到我这里来干什么呢？那尧既然已经用'仁义'在你额头上打下烙印，用'是非'割掉了你的鼻子，你还有什么脸面到逍遥放荡、任随事物自然变化的境界中游学？"

意而子说："虽然如此，我还希望能在旁边当个旁听生。"

许由说："不行啊。没有办法让盲人明白相貌脸色的姣好，没有办法让瞎子看清色彩图案的美观。"

意而子说："为了闻道，名叫无庄的美人放弃了他的美色，名叫据梁的力士放弃了他的力气，圣智的黄帝放弃了他的智慧。他们都有一个冶铸锻炼的过程。怎么知道那造物者不会去掉我额上的烙印，补好我被割的鼻子，使我以新的面貌追随先生呢！"

许由说："嗯，这倒是可能的事情。我先对你说个大概吧。那至道啊，我的老师，它粉碎万物而谈不到什么'义'，它恩惠施及万世而谈不到什么'仁'，它比上古更年长却谈不到什么'老'，它包容苍天、支撑大地、雕刻造作了万物形态却谈不到什么'巧'。这就是你希望游于其中的境界。"

【原文】

颜回曰："回益矣。"仲尼曰："何谓也？"曰："回忘仁义矣。"曰："可矣,犹未也。"

他日,复见,曰："回益矣。"曰："何谓也?"曰："回忘礼乐矣。"曰："可矣,犹未也。"

他日,复见,曰："回益矣。"曰："何谓也?"曰："回坐忘矣。"仲尼蹴然曰："何谓'坐忘'?"颜回曰："堕肢体,黜聪明,离形去知,同于大通,此谓'坐忘'。"仲尼曰："同则无好也,化则无常也。而果其贤乎!丘也请从而后也。"

【译文】

颜回说："学生我有所长进了。"孔子问："你有什么长进呢?""颜回已经忘记仁义了。""可以说有成绩,但还没有达到标准。"

过了几天,颜回又来见老师,说："我有所长进了。""有什么长进呢?""颜回已经忘记礼乐了。""可以说有成绩,但还没有达到标准。"

过了些天,颜回又来见老师,说："颜回又有进步了。""有什么进步呢?""颜回'坐忘'了。"孔子惊奇地皱起了眉头："什么叫'坐忘'"?颜回说："忘掉了四肢和身体,忘掉了听和看,离开了形体,去掉了思虑,与通达万物的大道一致了。这就叫'坐忘'。"孔子说："与大道一致,就没有偏心嗜好了。变化达万物,就不会凝滞僵化了。你果真是好样的!孔丘要请你当老师了。"

【原文】

子舆与子桑友,而霖雨十日,子舆曰："子桑殆病矣!"裹饭而往食之。

至子桑之门,则若歌若哭,鼓琴曰："父邪?母邪?天乎?人乎?"有不任其声而趋举其诗焉。

子舆入,曰："子之歌诗,何故若是?"

曰："吾思夫使我至此极者而弗得也。父母岂欲吾贫哉?天无私覆,地无私载,天地岂私贫我哉?求其为之者而不得也。然而至此极者,命也夫!"

【译文】

子舆是子桑的朋友。一场大雨下了十天,子舆想,子桑大概困难得厉害了。于是带了饭菜去接济他。

走到子桑门外,听见里面又像是歌声又像是哭声,弹着琴唱道:"是父亲吗?是母亲吗?是天生的呢?还是人为的呢?"那声音,像是实在唱不出来而勉强支撑着念出那沉重的词句。

子舆走进屋里,问:"你是在唱歌吗?是什么原因使你唱成这个样子?"

"我在想,那使我穷到这个地步的究竟是谁,可是我得不到解答。父母怎么会愿意让我贫穷呢?苍天广庇万物,大地普载万物,天地怎么会单单让我穷呢?我思索这是谁干的,可我找不到答案。既然这样,那使我穷到这个地步的,就是命了!"

【成语与典故】

[相濡以沫] 原文为:"泉涸,鱼相与处于陆,相呴以湿,相濡以沫,不如相忘于江湖。"本意是说鱼儿困在陆地上,相互吐出口沫为对方滋润,后用来借喻人共患难,竭尽全力相互救助。

[莫逆之交] 原文记述子祀、子舆、子犁、子来四人都把生死存亡看做一体,观点完全一致,所以"莫逆于心,遂相与为友。"后世便把知心朋友称为"莫逆之交"。莫逆,意思是心中所想完全一致。

应 帝 王

王双怀　译

【提要】

本篇通过六个寓言故事，阐发作者的政治观。第一则寓言写啮缺与王倪、蒲衣子的对话，借蒲衣子之口叙说理想的统治者所具有的品质。第二则写肩吾与日中始及接舆的对话，论述不能以法规义度治国的道理。第三则写天根与无名人的对话，说明统治者不能光想着治民，只有顺应民情才能达到天下大治。第四则写阳子居向老子请教"明王之治"的故事，认为明王之治立于不测而游于无为。第五则写神巫季咸给壶子看相的故事，说明统治者只要虚怀若谷，藏而不露，就可应付局面，使国泰民安。第六则讲述倏、忽二帝凿浑沌的故事，说明统治者"有为"的害处，呼吁统治者遵循无穷的大道。在庄子看来，顺应自然，无为而治，是帝王治理天下的法宝。统治者若不按照这一原则办事，必然不会得到好的结果。

【原文】

啮缺问于王倪，四问而四不知。啮缺因跃而大喜，行以告蒲衣子。蒲衣子曰："而乃今知之乎？有虞氏不及泰氏。有虞氏，其犹藏仁以要人，亦得人矣，而未始出于非人。泰氏，其卧徐徐，其觉于于；一以己为马，一以己为牛；其知情信，其德甚真，而未始入于非人。"

【译文】

啮缺向王倪提出了四个问题，王倪都回答说不知道。啮缺高兴地跳了起来，立即把这件事告诉了蒲衣子。蒲衣子听后说道："你现在知道了吧！虞舜不如伏羲。虞舜心怀仁义，笼络人心，虽然得到了人们的拥戴，但是根本没有摆脱外界事物的牵累。伏羲氏则与他不同。睡觉时安闲自适，醒来后无忧无虑，即使别人把他称作马，称作牛，他也毫不在乎。他的知识是准确的，德行是可靠的，从来没有受到外物的干扰。"

【原文】

肩吾见狂接舆。狂接舆曰："日中始何以语女？"肩吾曰："告我：君人者以己出经式义度，人孰敢不听而化诸！"狂接舆曰："是欺德也。其于治天下也，犹涉海凿河而使蚊负山也。夫圣人之治也，治外乎？正而后行，确乎能其事者而已矣。且鸟高飞以避矰弋之害，鼷鼠深穴乎神丘之下以避熏凿之患，而曾二虫之无知？"

【译文】

肩吾拜见狂人接舆时，提到他曾向日中始请教的事。接舆问道："日中始对你说了些什么？"肩吾回答说："他告诉我：君主按照自己的意志制定法度，百姓中没有人敢不接受教化而越雷池一步。"接舆不以为然，他说："这一套完全是虚伪的。照这样去治理天下，就像在大海里凿河，叫蚊子背山一样，根本不可能达到目的。圣人治理天下，是制定法度而绳之于外吗？不，不是！圣人不过是用自己的正确行动感召别人，使人各尽所能罢了。鸟儿尚且知道用高飞的办法躲避弓箭与罗网的伤害，鼷鼠尚且知道把身体深藏在社坛之下，以逃脱烟薰和挖掘的大灾，难道人还没有这些动物聪明，就那么容易上当受骗吗？"

【原文】

天根游于殷阳，至蓼水之上，适遭无名人而问焉。曰："请问为天下。"无名人曰："去！汝鄙人也，何问之不豫也！予方将与造物者为人，厌则又乘夫莽眇之鸟，以出六极之外，而游无何有之乡，以处圹埌之野。汝又何帛以治天下感予之心为？"

又复问。无名人曰:"汝游心于淡,合气于漠,顺物自然而无容私焉。而天下治矣。"

【译文】

天根在殷山南面游玩,走到蓼水上游,正好碰上了无名人,便恭恭敬敬地说:"请您告诉我治理天下的方法。"无名人很不高兴地说:"去吧!你真是个鄙薄浅陋的人。问什么不好,偏要问这样无聊的问题?我正打算与造物者为伍,骑上虚无飘渺的神鸟,飞出天地四方,到达'无何有'之乡,在空空如也的旷野上游逛。你为什么要拿如何治理天下的问题来扰乱我的心绪?"天根再一次恳求无名人回答。无名人不得已,说道:"只要你心情恬淡,意气平和,顺应自然变化,排除私心杂念,天下就可以治好了。"

【原文】

阳子居见老聃,曰:"有人于此,向疾强梁,物彻疏明,学道不勒。如是者,可比明王乎?"老聃曰:"是於圣人也,胥易技系,劳形怵心者也。且也虎豹之文来田,猨狙之便,执斄之狗来藉。如是者,可比明王乎?"阳子居蹴然曰:"敢问明王之治。"老聃曰:"明王之治,功盖天下而似不自己,化贷万物而民弗恃;有莫举名,使物自喜。立乎不测,而游于无有者也。"

【译文】

阳子居拜见老子,问道:"有这样一个人,思维敏捷,身体健壮,博学多识,明察秋毫,学道不倦。他能够和英明的君主相比吗?"老子回答说:"在圣人看来,胥易身怀绝技,却不免劳形伤神;虎豹皮毛斑斓,却招来杀身之祸;猿猴因为敏捷,猎狗因能捕狸,也被人们抓来玩耍或役使。你想想看,像胥易、虎豹之类,能和明王相比吗?"阳子居十分惭愧,又恭敬地问:"那么,明王是怎样治理天下的呢?"老子回答说:"明王治理天下,功德布于四方,却不归功于己,仿佛和自己没有什么关系;恩泽施及万物,却不让老百姓感谢自己，似乎这恩泽没有什么来历；成就辉煌，以至不能用语言表达，使万物顺乎自然，各得其所，而自身立足于不测之地，遨游于虚无之境。"

【原文】

郑有神巫曰季咸，知人之死生、存亡、祸福、寿夭，期以岁月旬日若神。郑人见之，皆弃而走。列子见之而心醉，归，以告壶子。曰："始吾以夫子之道为至矣，则又有至焉者矣。"壶子曰："吾与汝既其文，未既其实，而固得道与？众雌而无雄，而又奚卵焉！而以道与世亢，必信，夫故使人得而相汝。尝试与来，以予示之。"

明日，列子与之见壶子。出而谓列子曰："嘻！子之先生死矣！弗活矣！不以旬数矣！吾见怪焉，见湿灰焉。"列子入，泣涕沾襟以告壶子。壶子曰："乡吾示之以地文，萌乎不震不正，是殆见吾杜德机也。尝又与来。"

明日，又与之见壶子。出而谓列子曰："幸矣！子之先生遇我也，有瘳矣！全然有生矣！吾见其杜权矣！"列子入，以告壶子。壶子曰："乡吾示之以天壤，名实不入，而机发于踵。是殆见吾善者机也。尝又与来。"

明日，又与之见壶子。出而谓列子曰："子之先生不齐，吾无得而相焉。试齐，且复相之。"列子入，以告壶子。壶子曰："吾乡示之以太冲莫胜，是殆见吾衡气机也。鲵桓之审为渊，止水之审为渊，流水之审为渊。渊有九名，此处三焉。尝又与来。"

明日，又与之见壶子。立未定，自失而走。壶子曰："追之！"列子追之不及。反，以报壶子曰："已灭矣，已失矣，吾弗及已。"壶子曰："乡吾示之以未始出吾宗。吾与之虚而委蛇，不知其谁何，因以为弟靡，因以为波流，故逃也。"

然后列子自以为未始学而归。三年不出。为其妻爨，食豕如食人，于事无与亲。雕琢复朴，块然独以其形立。纷而封哉，一以是终。

【译文】

郑国有个名叫季咸的神巫,能占算出人的生死存亡,祸福寿夭,预言哪年哪月哪日发生,没有不灵验的。如同神仙一样准确。郑国人见了他,都惊慌地躲开,生怕说出自己的死期。列子看到这些情况,佩服的五体投地,回去对他的老师壶子说:"原来我以为您的道术最高了,没想到现在还有比您更高的!"壶子不以为然,说道:"我只给你传授了道的概念,还没有传授其中的奥妙,你就自以为得道了吗?雌鸟没有雄鸟,哪能生出卵来!你用表面的道与人周旋,必然会暴露自己,使人看破你的秘密。去,把季咸请来,让他看一看我。"

第二天,列子邀季咸给壶子看相。离开壶子家后,季咸长叹一声,对列子说:"你的老师面如湿灰,一脸怪相,看样子活不成了,快要死了,过不了十天。"列子哭的死去活来,泪湿衣衫,进去把这话向壶子讲了一遍。壶子并不惊慌,慢条斯理地说:"刚才我处于入静状态,心息相依,若寂若净,虚无恬淡。他大概是只看到我生机闭塞才这样说的吧。再请他来看看。"

次日,列子又邀季咸去给壶子看相。季咸出来对列子说:"幸运啊!你的老师遇上了我,现在有救了,完全有救了,我看见他那闭塞的生机又开始活动了。"列子面有喜色,把这话告诉了壶子。壶子说:"我刚才给他看的是运气时的情形,意与气合,杂念不入,一线生机从脚跟慢慢升起。他可能是只看到了这线生机。请让他再来看看吧。"

次日,列子再次邀季咸去见壶子。季咸一出门就说:"你老师神情恍惚,我无法给他相面。等他心神安宁的时候,再叫我来吧。"列子见壶子,又把这话讲了。壶子说:"我刚才处于阴阳相合的太虚境界。他只看到我守气不动的平和貌相,却看不到脸上有任何别的征兆。达到气机平静有九种状态,这几天我只给他看了三种:一种是像小鱼在潭中微微游动那样安静,一种是像水静止不动一般,一种是溪水虽流但动中有静。还是叫他再来看吧。"

于是,列子又一次叫季咸给壶子看相。季咸来到壶子面前,脚跟还没有站稳,就大惊失色,仓皇逃跑了。壶子喊:"追上他!"列子急忙出门,但没有抓住,回来对壶子说:"不见踪影了,不知去向了,我没有追上。"壶子说:"刚才我给他看的,也没有脱离大道,是万象俱空的境界,一点迹象都不表露出来。他不知道是怎么回事,所以就像狂风吹起的草芥,就像激流撞击的浮萍,六神无主,狼狈逃跑了。"

列子这才知道自己学识浅薄,没有真正掌握大道。从此返回故乡,三年不出家门。后来,他替妻子烧饭,喂猪就像侍候家人一般,天真待物,不染红尘,摈弃浮华,返朴还淳,持守虚静,直到终身。

【原文】

无为名尸,无为谋府,无为事任,无为知主。体尽无穷,而游无朕。尽其所受乎天而无见得,亦虚而已!至人之用心若镜,不将不迎,应而不藏,故能胜物而不伤。

南海之帝为儵,北海之帝为忽,中央之帝为浑沌。儵与忽时相遇于浑沌之地,浑沌待之甚善。儵与忽谋报浑沌之德,曰:"人皆有七窍以视听食息,此独无有,尝试凿之。"日凿一窍,七日而浑沌死。

【译文】

不要追求名利,不要充当智囊,不要承担责任,不要主宰智慧。体会无穷的大道,到虚无飘渺的境界中去遨游吧。即使终生不见所得,也是空明的一种表现。至人的心就像一面镜子,物来了,不相迎,物去了,不相送,只是客观地把它反映出来,所以取消了物我对立而永远不会遭受伤害。

南海的帝王名叫儵,北海的帝王名叫忽,中央的帝王叫浑沌。儵和忽常在浑沌的地盘上聚会,却受到浑沌的热情招待。为了报答浑沌的美意,儵和忽商量说:"人都有眼、耳、鼻、口七窍,可以用来看物、听声、饮食和呼吸。浑沌没有七窍,我们试着给他凿吧。"

于是，就拿着工具叮叮当当地凿了起来。一天凿一窍，七天后七窍凿成，但浑沌已失去了他的生命。

【成语与典故】

[**狂接舆**] 狂接舆事经《论语·微子》、《高士传·陆通》记载广为流传。据说接舆姓陆名通，楚国人，好养性躬耕。楚昭王时，见政治腐败，遂佯狂不仕，时人称他为楚狂。曾劝说孔子，说乱世没有拯救的希望。后世常以"楚狂"指放荡不羁的人。如韩愈《芍药歌》："花前醉倒歌者谁，楚狂小子韩退之。"又以"接舆歌凤、陆通歌凤、接舆行歌、歌凤、凤歌、悲凤"等表示政治无常避乱隐居的意思。如扬雄《法言·渊骞》："欲去而恐罹害者也，箕子之洪范，接舆之歌凤也哉。"陆游《初夏燕堂睡起》诗："歌凤平生类楚狂，山城迟暮得深藏。"李白《庐山谣寄卢侍御虚舟》诗："我本楚狂人，凤歌笑孔丘。"

[**凿混沌**] 混沌本无五官，儵忽二帝为了报答浑沌，为其开凿七窍，结果弄巧成拙，害死了混沌，这是违背自然法则的缘故。庄子以论证"有为"的害处。后世常用"凿混沌、浑沌凿、饰浑沌、窍凿混沌"等比喻不能顺乎自然而破坏事物发展的规律。如元好问《陀罗峰二首》诗："凿开混沌露元气，散布兜罗弥梵天。"黄庭坚《题落星寺四首》："相粘蚝山作居室，窍凿混沌无完肤。"也有人以"浑沌窍，浑沌穴、混沌未凿"等比喻未经雕琢的事物。如赵翼《岣嵝碑歌》："凿椎欲破浑沌窍，铸鼎直写神奸魄。"纪昀《阅微草堂笔记·滦阳消夏录》："此郡僻处万山中，风俗质朴，混沌未凿。"

◇ 外　　篇 ◇

骈　　拇

王友怀　译

【提要】

本篇从骈拇枝指发端，形象地比喻仁义礼乐智辩只不过是附系于人们性情上的骈拇枝指，是淫滥而旁出的邪道，而不是天下的正道；进而指出天下有其常态，无法亏损；仁义只是如同胶漆粘合、绳索捆绑那样的往复于人性道德之间，这就成了使天下人困惑的根由。从丧失生命伤害本性这点来看，盗跖与夷齐，君子与小人，仁义与非仁义是同样的。从而归结出作者的中心论点：天下最正经的道，不是指仁义，而是任其本性，以其自得罢了。其间表现着庄子顺乎自然，无为而治的一贯思想。

【原文】

骈拇枝指，出乎性哉！而侈于德。附赘悬疣，出乎形哉！而侈于性。多方乎仁义而用之者，列于五藏哉！而非道德之正也。是故骈于足者，连无用之肉也；枝于手者，树无用之指也；多方骈枝于五藏之情者，淫僻于仁义之行，而多方于聪明之用也。

【译文】

脚的大趾与第二趾相连，手的大拇指旁多生一指，是从一生下来就这样的啊！但却比一般人身上多长出一些东西。附身的肉瘤，身体上长的瘊子,是从形体上后长的啊!但却比天生之身多长出一些东西。被多事地提出并用于言行的仁义,放入了人的心胸,但这却不是自然之道的本体。所以使双趾并生在脚上的,是连接着的无用的肉;歧出在手上的,是长出的无用的指头;像"骈拇枝指"一样地附系于人们性情的,是乖僻地沉溺于仁义之中的行为,以及在聪明上的别出花样的多余用场。

【原文】

是故骈于明者,乱五色,淫文章,青黄黼黻之煌煌非乎?而离朱是已。多于聪者,乱五声,淫六律,金石丝竹黄钟大吕之声非乎?而师旷是已。枝于仁者,擢德塞性以收名声,使天下簧鼓以奉不及之法非乎?而曾史是已。骈于辩者,累瓦结绳窜句,游心于坚白同异之间,而敝跬誉无用之言非乎?而杨墨是已。故此皆多骈旁枝之道,非天下之至正也。

彼正正者,不失其性命之情。故合者不为骈,而枝者不为跂;长者不为有余,短者不为不足。是故凫胫虽短,续之则忧;鹤胫虽长,断之则悲。故性长非所断,性短非所续,无所去忧也。意仁义其非人情乎!彼仁人何其多忧也?

【译文】

所以眼力过分好的,就会缭乱五色,淫溢文采——不是么?因此出现了光彩夺目的华美衣服——而离朱就是那样的人;耳力过分好的,就会杂乱五声,淫溢六律——不是么?因此出现了金、石、丝、竹、黄钟、大吕的乐声——而师旷就是那样的人;侈谈仁义的,就会夸大自己的德性以捞取名利——不是么?因此天下就吹笙击鼓去崇奉不切实际的法式——而曾参、史鱼就是那样的人;极力诡辩的,就会堆积例证,编织词藻,把心思放进"坚白"、"异同"之中——不是么?因此出现了那筋疲力尽地以空话来捞取声誉的行为——而杨朱、墨翟就是那样的人。因而,这些都是淫滥而旁出的邪道,不是天下最正经的道啊。

81

那最正经的道,不失去它的本性。所以两趾连到一起也不能看做是骈,拇指上旁生一指也不能看做是枝;长的不能看做有余,短的不能看做不足。因而,野鸭的腿虽短,给它接长了就会带来忧愁;鹤的腿虽长,给它截短了就会带来悲哀。所以,生来就长是不必截短的,生来就短是不必接长的,没有什么排遣忧愁的。想那仁义恐怕不是人的本性吧!不然,那些仁人为什么有那么多的忧愁呢?

【原文】

且夫骈于拇者,决之则泣;枝于手者,龁之则啼。二者,或有余于数,或不足于数,其于忧一也。今世之仁人,蒿目而忧世之患;不仁之人,决性命之情而饕贵富。故意仁义其非人情乎!自三代以下者,天下何其嚣嚣也?

且夫待钩绳规矩而正者,是削其性者也;待绳约胶漆而固者,是侵其德者也;屈折礼乐,呴俞仁义,以慰天下之心者,此失其常然也。天下有常然。常然者,曲者不以钩,直者不以绳,圆者不以规,方者不以矩,附离不以胶漆,约束不以纆索。故天下诱然皆生而不知其所以生,同焉皆得而不知其所以得。故古今不二,不可亏也。则仁义又奚连连如胶漆纆索而游乎道德之间为哉,使天下惑也!

【译文】

况且两趾连到一起的,割开它来他便要哭泣;拇指上旁生一指的,咬下它来他便要啼叫。这二种,或者比应有的数目有余,或者比应有的数目不足,但他们的痛苦是一样的。而今世上的仁人,愁眉苦脸地忧虑人世的祸患;不仁的人,丧失人的本性而去贪图富贵。所以,想那仁义恐怕不是人的本性吧,不然,自夏商周三代以来,天下人为什么喧嚣竞逐仁义呢?

况且,需要钩、绳、规矩来理正的,是在削弱它的本性;需要绳索胶漆捆绑粘合以加固的,是在损伤它的本性;为礼乐而周旋,把仁义来吹嘘,用这慰贴天下人心的,是失去了他的常态。天下也有它的常态，这种常态就是：曲的不去理会是否合于钩，直的不去理会是否合于绳，圆的不去理会是否合于规，方的不去理会是否合于矩，粘合不用胶漆，捆绑不用绳索。所以天下万物自然自得而生却不知道这样生的缘故，都得以存在却不知道得以存在的缘故。所以古今的道理没有两样，是无法亏损的。那么仁义为什么又接连不断地像胶漆粘合、绳索捆绑那样的往复于人性道德之间呢？这不叫天下人感到困惑吗？

【原文】

夫小惑易方，大惑易性。何以知其然邪？自虞氏招仁义以挠天下也，天下莫不奔命于仁义，是非以仁义易其性与？故尝试论之，自三代以下者，天下莫不以物易其性矣。小人则以身殉利，士则以身殉名，大夫则以身殉家，圣人则以身殉天下。故此数子者，事业不同，名声异号，其于伤性以身为殉，一也。臧与谷，二人相与牧羊而俱亡其羊。问臧奚事，则挟策读书；问谷奚事，则博塞以游。二人者，事业不同，其于亡羊均也。伯夷死名于首阳之下，盗跖死利于东陵之上。二人者，所死不同，其于残生伤性均也，奚必伯夷之是而盗跖之非乎！天下尽殉也。彼其所殉仁义也，则俗谓之君子；其所殉货财也，则俗谓之小人。其殉一也，则有君子焉，有小人焉；若其残生损性，则盗跖亦伯夷已，又恶取君子小人于其间哉！

【译文】

小迷惑只是颠倒了方位，大迷惑却是错乱了本性。凭什么认为是这样呢？自从虞舜标举仁义而扰乱天下，天下之人就没有不为仁义而疲于奔命的。这不是因为仁义错乱了本性么？因而我试论这个问题。自夏商周三代以来，天下人没有不因为外物而错乱他们本性的。小人就是为了逐利而搭上身命，士人就是为了求名而搭上身命，大夫就是为了维护家室而搭上身命，圣人就是为了治理天下而搭上身命。所以这四类人，事业不相同，名声不一样，但从伤害本性、为事业搭上身命这点来看，是一样的。臧和谷两个人一同去放羊，而都走失了自己的羊。问臧当时在做什么，臧回答说拿着简册在读书；问谷当时在做什么，谷回答说在游戏下棋。这两个人，做的事不同，但对于走失羊这点来说，却是同样的。伯夷为名声而死在首阳山下，盗跖为财利而死在东陵山上。这两个人，死因不一样，但对于丧失生命伤害本性这点来说，却是同样的。何必肯定伯夷而否定盗跖呢？天下人尽都是搭上身命在干啊。那些为仁义而搭上身命的，就被世俗称为君子；那些为财物而搭上身命的，就被世俗说成小人。他们搭上身命是一样的，却有的成了君子，有的成了小人。如果从丧失生命伤害本性来看，那么盗跖也就是伯夷了，又何必在他们之间区分君子和小人呢？

【原文】

且夫属其性乎仁义者，虽通如曾史，非吾所谓臧也；属其性于五味，虽通如俞儿，非吾所谓臧也；属其性乎五声，虽通如师旷，非吾所谓聪也；属其性乎五色，虽通如离朱，非吾所谓明也。吾所谓臧者，非仁义之谓也，臧于其德而已矣；吾所谓臧者，非所谓仁义之谓也，任其性命之情而已矣；吾所谓聪者，非谓其闻彼也，自闻而已矣；吾所谓明者，非谓其见彼也，自见而已矣。夫不自见而见彼，不自得而得彼者，是得人之得而不自得其得者也，适人之适而不自适其适者也。夫适人之适而不自适其适，虽盗跖与伯夷，是同为淫僻也。余愧乎道德，是以上不敢为仁义之操、而下不敢为淫僻之行也。

【译文】

况且把自己的本性系到仁义上面，即便像曾参、史鱼那样精通，也不是我所说的完好；把自己的本性系到五味上面，即便像俞儿那样精通，也不是我所说的完好；把自己的本性系到五声上面，即便像师旷那样精通，也不是我所说的听力完好；把自己的本性系到五色上面，即便像离朱那样精通，也不是我所说的视力完好。

我所说的完好，不是指仁义，是以其自得为完好罢了；我所说的完好，不是指所谓的仁义，是任其本性罢了；我所说的听觉好，不是说他能听到外面的，是能内省自身罢了；我所说的视觉好，不是说他能看见外面的，是能明察自身罢了。不明察自身而只看到外面的，不求取自身而只求取外面的，这是求取别人应取得的而不求取自身应取得的，求达别人达到的而不求达自身应达到的人啊。那求达别人达到的而不求达自身达到的，虽然是盗跖和伯夷，也同样是乖僻地沉溺邪门外道。对着自然之道，我感到惭愧啊！所以说得好听一点，我不敢效法仁义的节操；而说得难听一点，我不敢乖僻地沉溺于邪门外道。

【成语与典故】

［骈拇枝指］ 脚的大趾与第二趾相连叫骈，手的大拇指旁多生一指叫枝。这个成语从本文"骈拇枝指，出乎性哉！"一语演化而来，后多以"骈拇枝指"喻多余的、无用的东西。

［坚白同异］ 公孙龙子一派认为：一块白色石头，对视角来说，它是白色的；对触角来说，它是坚硬的。可以把"白"与"坚"分开来认识，称"离坚白"。另外，惠施看到事物间的差异和区别（小异），但以"合同异"的同一（大同），否定差别的客观存在。称同异说。坚白同异，也指诡辩。

［鹤长凫短］ 出自本篇："凫胫虽短，续之则忧；鹤胫虽长，断之则悲。""鹤长凫短"，多比喻凡事宜顺其自然，不可强为损益。

［伯夷死名于首阳之下］ 伯夷、叔齐是殷朝末年人，同为孤竹君之子，因不想禅位而出走。武王伐纣，他们以为这是以暴易暴，便走入首阳山，采薇为粮，不食周粟，终饿死于山中。首阳山在今山西省永济县南。

马　蹄

王友怀　译

【提要】

　　这篇的中心思想，也是主张自然放任，无为而治。它由伯乐相马、匠人治陶治木来类比，认为毁道德而为仁义，崇才智以逐利益，都是悖谬于天性自然，也就是圣人的罪过。在这里，庄子特别描绘了所谓"至德之世"，用赫胥氏时代来否定被圣人作用了的时代，这实际上是庄子把人类社会的原始形态当成人世极则，其间多能反映出庄子那僵化的、落后的、消极的思想成分。

【原文】

　　马，蹄可以践霜雪，毛可以御风寒，龁草饮水，翘足而陆，此马之真性也。虽有义台路寝，无所用之。及至伯乐，曰："我善治马。"烧之，剔之，刻之，雒之，连之以羁馽，编之以皂栈，马之死者十二三矣；饥之，渴之，驰之，骤之，整之，齐之，前有橛饰之患，而后有鞭策之威，而马之死者已过半矣。陶者曰："我善治埴，圆者中规，方者中矩。"匠人曰："我善治木，曲者中钩，直者应绳。"夫埴木之性，岂欲中规矩钩绳哉？然且世世称之曰"伯乐善治马而陶匠善治埴木"，此亦治天下者之过也。

【译文】

　　马，蹄子可以践踏霜雪，毛可以抵御风寒；吃草饮水，扬蹄跳跃，这是马的本性。虽然有高台大殿，这对马来说也没有用处。等到伯乐出现了，他说："我特长于驯养马。"于是烫马皮，剪马毛，削整马蹄，烙打印记；给马笼上络头，拴上缰绳，把马编入槽枥，放进栅栏。这样,马便死去了十分之二三。把它累饿了,把它累渴了,让它驰骋,让它奔逸;把它这样装饰,那样装饰,前有马嚼、马缨之类的束缚,后有马鞭之类的威逼。这样,马死去的便过半了。陶工说:"我特长于捏土造陶器,其中圆的合于规,方的合于矩。"木匠说:"我特长于做木器,其中弯的合于钩,直的合于绳。"那粘土和木料,难道是为了符合规、矩、钩、绳的吗?可是一代一代的人都夸称说:"伯乐特长于驯养马,陶工木匠特长于造作陶器木器。"说这些话,也像治理天下人那样有过错啊。

【原文】

吾意善治天下者不然。彼民有常性,织而衣,耕而食,是谓同德;一而不党,命曰天放。故至德之世,其行填填,其视颠颠。当是时也,山无蹊隧,泽无舟梁;万物群生,连属其乡;禽兽成群,草木遂长。是故禽兽可系羁而游,鸟鹊之巢可攀援而窥。

夫至德之世,同与禽兽居,族与万物并,恶乎知君子小人哉!同乎无知,其德不离;同乎无欲,是谓素朴,素朴而民性得矣。

及至圣人,蹩躠为仁,踶跂为义,而天下始疑矣;澶漫为乐,摘僻为礼,而天下始分矣。故纯朴不残,孰为牺尊!白玉不毁,孰为珪璋!道德不废,安取仁义!性情不离,安用礼乐!五色不乱,孰为文采!五声不乱,孰应六律!夫残朴以为器,工匠之罪也;毁道德以为仁义,圣人之过也!

【译文】

我认为善于治理天下的不是这样。那些老百姓有他们不变的天性,织布做衣而穿,耕种打粮而食。这就是人们俱存的天性。一致而无偏,这就叫做自然放任。所以盛德的时代,人们稳重宽厚,目不斜视。在那个时候,山间没有路径通道,水上没有舟船桥梁。无情的万物和有识的众生,连乡接里而居处,浑茫而不分彼此。禽兽蕃衍而成群，草木葱郁而生长，所以可以牵系着禽兽游玩，可以攀援上树以观看鸟鹊的巢窝。

在那盛德的时代，与禽兽杂居，与万物相聚，哪里知道有君子、小人之分呢？一样的没有智谋，所以不失天性；一样的没有欲念，所以都算是纯朴。纯朴就把老百姓的天性保存下来。

等到圣人出现，尽心尽力地求仁，尽心尽力地取义，于是天下人开始迷惑了；纵逸地尚乐，烦琐地演礼，于是天下人才有了彼此之分。所以大木不砍伐，谁能做出祭祀的酒具？洁白的玉石不雕琢，谁能做出玉器？自然之道不废弛，哪里能求取仁义？人的天性不丧失，哪里能崇尚礼乐？五色不被杂乱，谁讲求什么文采？五声不被杂乱，谁应和什么六律？那砍伐大木以为木器，是工匠的罪过；而毁弃自然天性以讲仁义，就是圣人的罪过了。

【原文】

夫马，陆居则食草饮水，喜则交颈相靡，怒则分背相踶，马知已此矣。夫加之以衡扼，齐之以月题，而马知介倪闉扼鸷曼诡衔窃辔，故马之知而态至盗者，伯乐之罪也。

夫赫胥氏之时，民居不知所为，行不知所之，含哺而熙，鼓腹而游，民能以此矣。及至圣人，屈折礼乐以匡天下之形，县跂仁义以慰天下之心，而民乃始踶跂好知，争归于利，不可止也。此亦圣人之过也。

【译文】

马，吃草饮水，生存在陆地上；高兴时便交颈而戏，摩蹭而欢；发怒时便彼此相背，互相踢蹴。马懂得的不过这些罢了！等到被套到车辕上，挂上颈轭、戴上头饰时，马就学会了折车轭、脱颈轭、触草幔、吐马勒、咬缰绳。马的本事所以能达到这么狂暴不驯的地步，这是伯乐的罪过。

在赫胥氏的时代，老百姓居住下来无所作为，行动起来无其所往；嬉戏时，口中还含着食物；遨游时，肚子吃得饱饱的。老百姓是能达到这样安然无为的境地。到了圣人出现，用礼乐的约束来正天下人的形象，倡导仁义来安天下人的心意，于是老百姓才尽心尽力地崇尚才智，争取利益，无法使之停止，这也是圣人的罪过啊。

【成语与典故】

［伯乐］ 秦穆公时人，姓孙，名阳，字伯乐，善相马治马。后常以伯乐指知人善任者。

胠　箧

王友怀　译

【提要】

本篇着重提出"绝圣弃知"的主张，它先是以田成子和柳下跖为例，证明了所谓的知和圣只能有助于大盗而有害于天下。进而阐明"圣人已死，大盗不起"，"圣人不死，大盗不止"，只有"绝圣弃知，大盗乃止"的道理。庄子这里的意旨，还是要把人世纳入自然放任、无为而治的境地上去。这就是他所说的"至道"。所以又说"主上喜好施智巧、用机谋而不求至道，那么天下就要大乱了。"在本篇，庄子曾一针见血地指出社会的弊端，提出了"彼窃钩者诛，窃国者为诸侯"的名言，大大增添了文章的力度。然而又固执地把上古原始的时代当成人世极则，非圣人却崇尚无所作为，贬机谋偏一味摈弃知识，无疑是和人类历史前进的脚步背道而驰的。

【原文】

将为胠箧、探囊、发匮之盗而为守备，则必摄缄縢、固扃鐍，此世俗之所谓知也。然而巨盗至，则负匮、揭箧、担囊而趋，唯恐缄縢、扃鐍之不固也。然则向之所谓知者，不乃为大盗积者也？

故尝试论之：世俗之所谓知者，有不为大盗积者乎？所谓圣者，有不为大盗守者乎？

何以知其然邪？

昔者齐国邻邑相望，鸡狗之音相闻，罔罟之所布，耒耨之所刺，方二千余里；阖四竟之内，所以立宗庙社稷，治邑屋州闾乡曲者，曷尝不法圣人哉？然而田成子一旦杀齐君而盗其国，所盗者岂独其国邪？并与其圣知之法而盗之。故田成子有乎盗贼之名，而身处尧舜之安；小国不敢非，大国不敢诛，十二世有齐国。则是不乃窃齐国，并与其圣知之法以守其盗贼之身乎？

尝试论之：世俗之所谓至知者，有不为大盗积者乎？所谓至圣者，有不为大盗守者乎？

何以知其然邪？

昔者龙逢斩，比干剖，苌弘胣，子胥靡。故四子之贤而身不免乎戮。故跖之徒问于跖曰："盗亦有道乎？"跖曰："何适而无有道邪！夫妄意室中之藏，圣也；入先，勇也；出后，义也；知可否，知也；分均，仁也。五者不备而能成大盗者，天下未之有也。"

由是观之，善人不得圣人之道不立，跖不得圣人之道不行；天下之善人少而不善人多，则圣人之利天下也少而害天下也多。故曰：唇竭则齿寒，鲁酒薄而邯郸围，圣人生而大盗起。掊击圣人，纵舍盗贼，而天下始治矣。

【译文】

为了防备撬箱子、摸口袋、打开柜子的小偷作案，就得把绳子捆紧，锁钮加牢，这是世俗认为的聪明。然而大盗来了，扛柜子、搬箱子、挑起口袋而走，他们还担心绳子没有捆紧，锁钮不太牢固呢。既然这样，那么以往所认为的聪明，不正是为大盗积蓄财物的吗？

因此，我曾试图立论：世俗认为的聪明人，能有不为大盗积蓄财物的吗？世俗认为的圣人，能有不为大盗守护财物的吗？

凭什么认为是这样呢？

从前齐国相邻的城邑相互可以望见，听得到各方的鸡鸣犬吠之声。人们施网罗以从渔猎，使犁锄以事耕作，范围所及，方圆二千里有余。整个疆域内，用来建立宗庙社稷，治理邑、屋、州、闾、乡间的，何尝不是效法圣人呢？然而田成子一旦杀了齐简公，窃取了齐国政权，他所窃取的只是齐国那个国家吗？连同那圣人的礼制法度也窃取了。所以田成子虽然有着盗贼的名声，但却处于尧舜一样的安稳地位。小国不敢非议他，大国不敢诛灭他。田氏统治齐国十有二代，这不正是不仅窃取了齐国，而且连同圣人的礼制法度也窃取了，用来保护他那盗贼的身命吗？

我曾试图立论：世俗认为的绝顶聪明人，能有不为大盗积蓄财物的吗？世俗认为的至上圣人，能有不为大盗守护财物的吗？

凭什么认为是这样呢？

从前关龙逢被杀头，比干被剖心，苌弘被刳肠，伍子胥被浮尸江上以至糜烂。所以像这四人的贤能还终不免于被杀身死。因此盗跖的门徒问盗跖："强盗也有道吗？"盗跖说：'哪里没有道呢？能猜想到室中藏的财物，就是圣；带头入室，就是勇；最后退出，就是义；预知能不能下手，就是智；与同伙平均分赃，就是仁。这五项不全备而能成为大盗的，是天下不曾有的。"

从这里看，善良的人不懂圣人之道就不能立身，盗跖不懂圣人之道就不能行动。天下善良的人少而不善良的人多。那么，圣人之道就对天下的利益少而害处多。所以说，嘴唇没有了牙齿就会发寒，鲁国所献的酒味道薄，邯郸因此遭到围困。圣人出现了，大盗也就因此而起；打倒圣人，放走盗贼，那么天下才能太平无事。

【原文】

夫川竭而谷虚，丘夷而渊实。圣人已死，则大盗不起，天下平而无故矣；圣人不死，大盗不止。虽重圣人而治天下，则是重利盗跖也，为之斗斛以量之，则并与斗斛而窃之；为之权衡以称之，则并与权衡而窃之；为之符玺以信之，则并与符玺而窃之；为之仁义以矫之，则并与仁义而窃之。何以知其然邪？彼窃钩者诛，窃国者为诸侯；诸侯之门而仁义存焉，则是非窃仁义圣知邪？故逐于大盗，揭诸侯，窃仁义并斗斛权衡符玺之利者，虽有轩冕之赏弗能劝，斧钺之威弗能禁。此重利盗跖而使不可禁者，是乃圣人之过也。

故曰："鱼不可脱于渊，国之利器不可以示人。"彼圣人者，天下之利器也，非所以明天下也。故绝圣弃知，大盗乃止；擿玉毁珠，小盗不起；焚符破玺，而民朴鄙；掊斗折衡，而民不争；殚残天下之圣法，而民始可与论议。擢乱六律，铄绝竽瑟，塞瞽旷之耳，而天下始人含其聪矣；灭文章，散五采，胶离朱之目，而天下始人含其明矣；毁绝钩绳而弃规矩，攦工倕之指，而天下始人有其巧矣。故曰："大巧若拙。"削曾、史之行，钳杨、墨之口，攘弃仁义，而天下之德始玄同矣。彼人含其明，则天下不铄矣；人含其聪，则天下不累矣；人含其知，则天下不惑矣；人含其德，则天下不僻矣。彼曾、史、杨、墨、师旷、工倕、离朱，皆外立其德而以爚乱天下者也，法之所无用也。

【译文】

　　山川干涸了，山谷便显得空虚；山丘平坦了，深渊便变得充实。圣人死去了，大盗就不会兴起，天下也就太平无事了；圣人不死去，大盗就不会止息！虽然是推重圣人治理天下，但这不过是大有利于盗跖啊！制造了斗斛以量物，却连斗斛也窃取了；制造了权衡以称物，却连权衡也窃取了；制造了符契大印来作信凭，却连符契大印也窃取了；倡导仁义以匡正世态，却连仁义也窃取了。凭什么认为是这样呢？那偷了腰带钩的被处死了，而窃取了国家政权的反而成为诸侯。诸侯的门庭也就有了仁义，那么这不是窃取了仁义和圣智吗？所以追随大盗，窃位诸侯，窃取仁义以及斗斛权衡符契大印之利益的，虽有高官显爵的赏赐，也不能被劝止而不为盗，虽有刀斧刑罚的威逼也不能被禁止而不为盗。这样大有利于盗跖而弄得不可禁止的，实在是圣人的罪过啊！

　　所以说："鱼不可以离开深渊，国家的利器不可向人显示。"那些圣人就是天下的利器，是不可以向天下明示的。所以根绝圣人，抛弃智巧，大盗才能停止；扔掉美玉，砸烂宝珠，小偷才不兴起；烧焚符契，毁坏大印，那么老百姓就纯朴了；破坏斗斛，折断衡器，那么老百姓就不争了；彻底毁弃天下的圣人法制，那么老百姓才可以言谈议论了；搅乱六律，销毁竽瑟，蔽塞瞽旷的耳朵，那么天下才能人人内养他们耳力的聪敏；消灭文采，离散五色，粘住离朱的眼睛，那么天下才能人人内养他们眼力的明快；毁掉钩绳，废弃规矩，折断工倕的手指，那么天下才能人人保持他们的技巧。所以说："大巧的人表面却像是很笨拙的。"根除曾参、史鱼的行为，钳制杨朱、墨翟的唇舌，排斥、捐弃仁义，那么天下人的德行才能合于自然之道。人们内养自己视力的明快，那天下就不致迷乱了；人们内养自己听力的聪敏，那天下就不致有忧患了；人们内养自己的智慧，那天下就不致叫人困惑了；人们内养自己的德行，那天下就不致有邪僻了。曾参、史鱼、杨朱、墨翟、师旷、工倕、离朱，他们都是向外显露才能德行以炫耀迷乱天下，这对自然之道来说是无所用的。

【原文】

子独不知至德之世乎？昔者容成氏、大庭氏、伯皇氏、中央氏、栗陆氏、骊畜氏、轩辕氏、赫胥氏、尊卢氏、祝融氏、伏羲氏、神农氏，当是时也，民结绳而用之，甘其食，美其服，乐其俗，安其居，邻国相望，鸡狗之音相闻，民至老死而不相往来。若此之时，则至治已。今遂至使民延颈举踵，曰："某所有贤者"，赢粮而趣之，则内弃其亲而外去其主之事，足迹接乎诸侯之境，车轨结乎千里之外。则是上好知之过也。

上诚好知而无道，则天下大乱矣！何以知其然邪？夫弓、弩、毕、弋、机变之知多，则鸟乱于上矣；钩饵、罔罟、罾笱之知多，则鱼乱于水矣；削格、罗落、罝罘之知多，则兽乱于泽矣；知诈渐毒、颉滑坚白、解垢同异之变多，则俗惑于辩矣。故天下每每大乱，罪在于好知。

故天下皆知求其所不知，而莫知求其所已知者；皆知非其所不善，而莫知非其所已善者，是以大乱。故上悖日月之明，下烁山川之精，中堕四时之施；惴耎之虫，肖翘之物，莫不失其性。甚矣，夫好知之乱天下也！自三代以下者是已，舍夫种种之民，而悦夫役役之佞，释夫恬淡无为，而悦夫啍啍之意，啍啍已乱天下矣！

【译文】

您不知道盛德的时代吗？从前有容成氏、大庭氏、伯皇氏、中央氏、栗陆氏、骊畜氏、轩辕氏、赫胥氏、尊卢氏、祝融氏、伏羲氏、神农氏。在那个时代，老百姓通过结绳记事，感觉自己的饭很香，服装很美，生活快乐，居处安泰。邻国相互望得见，相互听得到各方的鸡鸣犬吠之声，人们到老到死不相往来。像这样的时代，就算是大治了吧。今天竟然让老百姓伸长脖子，踮起脚后跟向往着说："某一地方有贤人"；背着粮食投奔他。这样就对内丢下了自己的双亲，对外抛开了自己一直做的事情，足迹不断地遍于诸侯之国，车轮的印辙一直连到千里之外，这实在是主上喜好施智巧、用机谋的罪过啊！

主上喜好施智巧、用机谋而不求至道，那么天下就要大乱了。凭什么认为是这样呢？用以捕鸟的弓箭、罗网、机关的机巧多了，那么鸟在空中就乱起来；用以捕鱼的钓钩、钓饵、鱼网、鱼篓的机巧多了，那么鱼在水里就乱起来；用以捕兽的机槛、罗网、陷阱的机巧多了，那么兽在草泽里就乱起来；狡诈、虚伪、诡辩坚白、牵强异同的心机多了，那么世俗就要被这些诡辩迷惑了。所以天下昏昏大乱，罪过就在于喜好施智巧用机谋。

因而天下的人们都只知追求他们不知道的，而不知追求他们已经知道了的；都只知非难他们不喜爱的，而不知非难他们已经喜爱上的，因此才大乱了。于是上面暗淡了日月的光辉，下面熔化了山川的精华，中间破坏了四时的代序。蠕动的虫，翻飞的虫，没有不失去本性的。到头了啊，那喜好施智巧用机谋造成的天下大乱！自夏商周三代以来都是这样，舍弃了纯朴的老百姓而喜欢轻薄滑黠的奸佞之辈，废弃了恬淡无为的意向而喜欢说来说去教诲人的行为，说来说去教诲人的行为已经把天下扰乱了啊！

【成语与典故】

[龙逢斩] 龙逢是夏朝最后一个君王夏桀的贤臣，姓关，名龙逢，由于忠谏夏桀，被桀杀害。

[比干剖] 比干，是殷纣王的叔父，因为谏纣，纣怒而剖其胸以视其心。

[苌弘胣] 苌弘是春秋时期周敬王的大夫。晋国公族内部争斗，苌弘帮助晋大夫范吉射、中行寅，为此晋卿赵鞅去责备周，周因而杀了苌弘。又晋王嘉《拾遗记》说苌弘为周灵王时人，为周人所杀，其血化碧（一种玉石）。

[鲁酒薄而邯郸围] 楚宣王朝诸侯，鲁恭公后至，而且所献酒的味道薄。宣王怒，想侮辱他。恭王不屈服。宣王因此结怨，起兵伐鲁。本来梁惠王想攻赵，因恐怕楚出兵援赵而未敢妄动。这时见楚起兵伐鲁，无暇援赵，梁惠王才大胆起兵攻赵，围赵都邯郸城。

[窃钩窃国] 由本篇"窃钩者诛，窃国者为诸侯"演化而来，"窃钩窃国"，喻小盗被重罚，而大盗得富贵。

[子胥靡] 伍子胥，春秋时楚人。楚平王杀其父兄，子胥逃往吴国，受封于申，为吴伐越立下汗马功劳，五战入楚都郢，掘楚平王墓而鞭其尸。吴王夫差打败越国，越王勾践请和。子胥以为不可，谏吴王，吴王不从，听伯嚭谗言，迫子胥自杀。子胥尸体被装入皮袋，投入钱塘江，令其腐烂。

[唇亡齿寒] 见本篇"唇竭则齿寒"一语，比喻利害关系十分密切。与此同义的还有[唇齿相依]。

[延颈举踵] 见本篇"今遂使民延颈举踵"一语，比喻人伸长脖颈，抬起脚跟，形容殷切盼望之义。

在　宥

王友怀　译

【提要】

任其自然谓之"在"，宽容不迫谓之"宥"。本篇的中心议题还是无为而治、顺应自然而生。篇中列了三则故事，一是崔瞿问老聃该不该治理天下，二是黄帝问广成子治身之术，三是代表元气的鸿蒙教给云神云将以道德之言。三场问的角度及内容虽不尽相同，而回答的核心却都在"无为"、"自然"上面。文章最后却提出对事物不可强为也不可不为。君主应是无事无为地统治天下，这就合于天道；而臣子们司职有为并为万事相累，这是奉行人道的。应该明察天道与人道的区别。最后一段似与本篇主旨相违，所以有人以为这是错简所致，有人认为这是俗儒所窜，有的注本索性删去。

【原文】

闻在宥天下，不闻治天下也。在之也者，恐天下之淫其性也；宥之也者，恐天下之迁其德也。天下不淫其性，不迁其德，有治天下者哉？昔尧之治天下也，使天下欣欣焉人乐其性，是不恬也；桀之治天下也，使天下瘁瘁焉人苦其性，是不愉也。夫不恬不愉，非德也。非德也而可长久者，天下无之。

人大喜邪？毗于阳；大怒邪？毗于阴。阴阳并毗，四时不至，寒暑之和不成，其反伤人之形乎！使人喜怒失位，居处无常，思虑不自得，中道不成章，于是乎天下始乔诘卓鸷，而后有盗跖曾史之行。故举天下以赏其善者不足，举天下以罚其恶者不给，故天下之大不足以赏罚。自三代以下者，匈匈焉终以赏罚为事，彼何暇安其性命之情哉！

而且说明邪？是淫于色也；说聪邪？是淫于声也；说仁

邪？是乱于德也；说义邪？是悖于理也；说礼邪？是相于技也；说乐邪？是相于淫也；说圣邪？是相于艺也；说知邪？是相于疵也。天下将安其性命之情，之八者，存可也，亡可也；天下将不安其性命之情，之八者，乃始脔卷狯囊而乱天下也。而天下乃始尊之惜之，甚矣天下之惑也！岂直过也而去之邪？乃斋戒以言之，跪坐以进之，鼓歌以舞之，吾若是何哉！

故君子不得已而临莅天下，莫若无为，无为也而后安其性命之情。故贵以身于为天下，则可以托天下；爱以身于为天下，则可以寄天下。故君子苟能无解其五藏，无擢其聪明；尸居而龙见，渊默而雷声，神动而天随，从容无为而万物炊累焉。吾又何暇治天下哉！

【译文】

听说只有叫天下处于自在宽容之中的，而没有听说要统治天下的。自在呀，怕的是天下人离乱了自然无为的天性；宽容呀，怕的是天下人迁化了自然无为的天德。天下人不离乱自然无为的天性，不迁化自然无为的天德，那还需要什么统治天下的呢？从前尧统治天下呀，叫天下人高高兴兴都以快乐为怀，这反是不安静啊；桀统治天下呀，叫天下人疲疲惫惫都以愁苦为心，这还是不愉快啊。不安静和不愉快，不是自然无为的天德。不是自然无为的天德而能长久下去的，天下没有这样的事。

人太高兴了，就会损于阳；太愤怒了，就会损于阴。阴阳都亏损了，四时就失去规律，寒来暑往也失去了章法，那岂不是反而伤害人体吗！使人们的欢喜和愤怒失去自然形态，连居处都定不下来，思考没有主见，办事过程中杂乱无章，于是天下开始出现意气不平和、行为不平凡的现象，此后便产生了盗跖、曾参、史鱼的行为。所以用尽天下的名位财物不足以赏善，用尽天下的刑罚斧钺不足以罚恶。因此天下虽大还不够赏罚。自夏商周三代以来，喧嚷着总把赏罚当成必行之事，他们哪有时间安定自己的本性呢？

而且喜欢眼目明吗？这是会沉迷于色彩的；喜欢耳朵灵吗？这

是会沉迷于声乐的；喜欢仁吗？这是会扰乱天德的；喜欢义吗？这是会违背常理的；喜欢礼吗？这是要滋长机巧的；喜欢乐吗？这是要滋长淫声的；喜欢圣人的行为吗？这是要滋长技艺的；喜欢智计吗？这是要滋长指是论非毛病的。如果天下人都自安本性，那么这八种嗜好就有也可无也可；如果天下人都不自安本性，那么这八种嗜好就导致人们拘束于世事并竞逐于外物，从而使天下乱起来。可是天下人还要尊仰它，爱惜它，天下人太迷惑了啊！哪是实践一下就罢了呢？还要斋戒一番再谈它，毕恭毕敬地传播它，载歌载舞地迎奉它，我对这样的行为态度又能怎么样呢！

所以君子不得已才出来治理天下。这比不上无为。无为，然后才能安定本性。因此珍重自身甚于珍重统治天下的，才能接受天下之所托；爱惜自身甚于爱惜统治天下的，才能接受天下之所寄。所以君子如能不放纵情欲，不表现才智，死尸般的沉寂而龙一样的精神活现，深渊般的缄默而雷声一样地影响广泛，精神活动顺乎自然，以容无为，看那万物的存在就像空中的浮尘一样自然而然，那我又有什么闲时间去治理天下呢！

【原文】

崔瞿问于老聃曰："不治天下，安藏人心？"老聃曰："女慎无撄人心，人心排下而进上，上下囚杀，淖约柔乎刚强。廉刿雕琢，其热焦火，其寒凝冰；其疾俯仰之间而再抚四海之外；其居也渊而静，其动也悬而天。偾骄而不可系者，其唯人心乎！

"昔者黄帝始以仁义撄人之心，尧舜于是乎股无胈，胫无毛，以养天下之形，愁其五藏以为仁义，矜其血气以规法度。然犹有不胜也，尧于是放讙兜于崇山，投三苗于三峗，流共工于幽都，此不胜天下也。夫施及三王而天下大骇矣。下有桀跖，上有曾史，而儒墨毕起，于是乎喜怒相疑，愚知相欺，善否相非，诞信相讥，而天下衰矣；大德不同，而性命烂漫矣；天下好知，而百姓求竭矣。于是乎斤锯制焉，绳墨杀焉，椎凿决焉。天下脊脊大乱，罪在撄人心。故贤者伏处大山嵁岩之下，而万乘之君忧栗乎庙堂之上。

"今世殊死者相枕也，桁杨者相推也，刑戮者相望也，而儒墨乃始离跂攘臂乎桎梏之间。意，甚矣哉！其无愧而不知耻也甚矣！吾未知圣知之不为桁杨椄槢也，仁义之不为桎梏凿枘也，焉知曾史之不为桀跖嚆矢也！故曰'绝圣弃知而天下大治。'"

【译文】

崔瞿向老子问道："不治理天下，怎么能叫人心善良！"老子说："你应当小心谨慎，不要扰乱人心。人心失意时便低沉在下，得志时便奋发向上。心志这样地向上和在下，就和被囚禁被杀伤一样，柔弱的心志是会软化刚强的。人总在雕琢塑造自己，顺心时就高兴得火热，不顺心时就低沉得冰寒；其变化之快，是刹那间就可周游四海之外的；住下时像深渊般平静，行动时忽如高悬天空——放纵而不可禁的，大约只有人心了。

"从前黄帝开始用仁义来扰乱人心，尧舜因此大腿瘦得没有肉，小腿磨得不长毛，以这样劳累程度来使天下的有形之躯得以休养生息。他愁苦心志去推行仁义，耗费精力去建立法度，可是还有不完善的地方。于是尧就流放讙兜到崇山，流放三苗到三峗，流放共工到幽都，这还见治理天下不完善呀。到了夏商周三代，天下人受到了更大的惊扰，下有夏桀盗跖，上有曾参史鱼，而且儒家墨家都起来了。于是人们有喜有怒，相互猜疑；有智有愚，相互欺骗；有善有恶，相互攻击；有荒诞有信诚，相互讥刺，从而天下衰落了。人们道德不一样，从而本性散乱了。天下追求智计，从而老百姓纠纷多了。于是像用斧锯伐木一样地施加刑罚，像用绳墨裁截一样地依法度论生死，像用椎子凿子打卯眼一样地处理断决。天下因人们相互倾轧而大乱，这罪就在扰乱人心。所以贤达之人藏身于大山深岩之中，而君主忧愁恐惧在朝廷之上。

"当今之世，被处死者的尸体相堆积，被戴上枷锁的相推挤地在一起，被毒刑杀戮的举目皆是。于是儒家和墨家翘起脚跟举起臂膀在罪犯之间用力呼叫。唉！太过分了，他们是不羞愧不知耻呀。我尚且不知道圣智是否为枷锁上的横木，仁义是否为镣铐上的卯眼卯头，哪能知道曾参史鱼是否为夏桀盗跖出现的信号呢？所以说：'根绝圣明，抛弃智巧，才能天下大治。'"

【原文】

黄帝立为天子十九年，令行天下，闻广成子在于空同之山，故往见之，曰："我闻吾子达于至道，敢问至道之精？吾欲取天地之精，以佐五谷，以养民人；吾又欲官阴阳，以遂群生，为之奈何？"

广成子曰："而所欲问者，物之质也；而所欲官者，物之残也。自而治天下，云气不待族而雨，草木不待黄而落，日月之光益以荒矣。而佞人之心翦翦者，又奚足以语至道！"

黄帝退，捐天下，筑特室，席白茅，闲居三月，复往邀之。

广成子南首而卧，黄帝顺下风膝行而进，再拜稽首而问曰："闻吾子达于至道，敢问，治身奈何而可以长久？"广成子蹶然而起，曰："善哉问乎！来！吾语女至道。至道之精，窈窈冥冥；至道之极，昏昏默默。无视无听，抱神以静，形将自正。必静必清，无劳女形，无摇女精，乃可以长生。目无所见，耳无所闻，心无所知，女神将守形，形乃长生。慎女内，闭女外，多知为败。我为女遂于大明之上矣，至彼至阳之原也；为女入于窈冥之门矣，至彼至阴之原也。天地有官，阴阳有藏，慎守女身，物将自壮。我守其一以处其和，故我修身千二百岁矣，吾形未尝衰。"

黄帝再拜稽首曰："广成子之谓天矣！"

广成子曰："来！余语女。彼其物无穷，而人皆以为有终；彼其物无测，而人皆以为有极。得吾道者，上为皇而下为王；失吾道者，上见光而下为土。今夫百昌皆生于土而反于土，故余将去女，入无穷之门，以游无极之野。吾与日月参光，吾与天地为常。当我,缗乎!远我,昏乎!人其尽死,而我独存乎!"

【译文】

黄帝做天子十九年,政令通行于天下。他听说广成子在崆峒山上,就前往拜见他,说:"我听说先生您通达至道,请问至道的精髓在哪里?我想取天地的精华,用来促使五谷成熟,用来养育人民。我又想支配和调理阴阳,用来顺应万物,怎么样做呢?"

广成子说:"你所想问的是事物本质之类,而想支配调理的,是事物残余零碎东西。自从你治理天下,云未聚而雨下,草未黄而凋谢,日月的光辉越发暗淡了。你怀着小人狭隘之心,又怎么谈论至道呢?"

黄帝回来后,放下天下不管,造了一间别样的房子,上面铺着白茅,清闲地住了三个月,再去请教广成子。

广成子头朝南躺着,黄帝顺着他的下方跪着用双膝走过来,再恭敬地叩头而问道:"听说先生你通达至道,请问:如何修身才能生命长久?"广成子立即起身,说道:"问得好啊!你来,我告诉你至道。至道的精华,幽深而玄渺;至道的极则,模糊而难测。你不外听,不外视,抱守精神,处于清净,形体自然就会健康。一定得安静,一定得清闲,不要劳累你的身体,不要摇落你的精神,才可以长生。眼不看什么,耳不听什么,心不想什么,你的精神才能守住形体,形体才能长存。要坚守你的内心不思不虑,停止你感官、言语等外部活动,智计多了就会败亡。我帮助你到达极其光明的地方,到达那'极阳'的生成之处;我帮助你到达特别幽深的地方,到达那'极阴'的产生之处。天地有自己的支配者,阴阳有自己的立身处。坚守你的本身,万物将会自然兴旺。我守住纯一的'至道'而处在它的谐和之中,所以我修养自身一千二百年了,我的形体还不见衰老。"

黄帝再恭敬地叩头说:"广成子可以称为天了。"

广成子说:"你来,我告诉你,那'至道'是没有穷尽的,而人们都认为它有个终结;那'至道'是不可测的,而人们都以为它有个极限。悟通了我这个'道'的，在上可为皇，在下可为王；悟不通我这个'道'的，生在地上可见日月之光，埋入地下则化为尘土。而今万物都生于土而又归反于土，所以我将要离开你。进入无穷的门庭而在无边无际的原野上遨游。我和日月同光，与天地同寿。向我而来，我无所谓哟！背我而去，我无所谓哟！人们都会死的，而我会独自生存么？"

【原文】

云将东游，过扶摇之枝而适遭鸿蒙。鸿蒙方将拊髀雀跃而游。云将见之，倘然止，贽然立，曰："叟何人邪？叟何为此？"

鸿蒙拊髀雀跃不辍，对云将曰："游！"云将曰："朕愿有问也。"鸿蒙仰而视云将曰："吁！"云将曰："天气不和，地气郁结，六气不调，四时不节。今我愿合六气之精以育群生，为之奈何？"鸿蒙拊髀雀跃掉头曰："吾弗知！吾弗知！"

云将不得问。又三年，东游，过有宋之野而适遭鸿蒙。云将大喜，行趋而进曰："天忘朕邪？天忘朕邪？"再拜稽首，愿闻于鸿蒙。

鸿蒙曰："浮游，不知所求；猖狂，不知所往；游者鞅掌，以观无妄。朕又何知！"

云将曰："朕也自以为猖狂，而民随予所往；朕也不得已于民，今则民之放也。愿闻一言。"

鸿蒙曰："乱天之经，逆物之情，玄天弗成；解兽之群，而鸟皆夜鸣；灾及草木，祸及止虫。意，治人之过也！"

云将曰："然则吾奈何？"鸿蒙曰："意，毒哉！仙仙乎归矣。"

云将曰："吾遇天难，愿闻一言。"鸿蒙曰："意！心养。汝徒处无为，而物自化。堕尔形体，吐尔聪明，伦与物忘；在同乎涬溟，解心释神，莫然无魂。万物云云，各复其根，各复其根而不知；浑浑沌沌，终身不离；若彼知之，乃是离之。无问其名，无窥其情，物固自生。"

云将曰:"天降朕以德,示朕以默;躬身求之,乃今也得。"再拜稽首,起辞而行。

【译文】

云神云将到东方去游玩,由神木扶摇的枝头经过,恰巧碰上了自然元气鸿蒙。鸿蒙正在拍打着大腿跳跃而游玩。云将见到他,立刻停下来,恭敬地立着,问道:"老人家您是谁呢?老人家为什么到这里来?"

鸿蒙拍打着大腿跳跃不停,对云将答道:"游玩。"云将说:"我想请教一些问题。"鸿蒙仰视着云将,说:"啊!"云将说:"天气不均和,地气郁结着,所以六气不调和。四时失掉规律。现在我想调和六气的精华来养育一切生物,这怎么样做呢?"鸿蒙拍打着大腿跳跃着,回头说:"我不知道!我不知道!"

云将问不出什么。又过了三年,去东方游玩,经过宋国的田野,恰巧又碰见了鸿蒙,云将十分高兴,快步迎向前说道:"您忘了我吗?您忘了我吗?"不住礼拜叩头,希望能听到鸿蒙的回答。

鸿蒙说:"我只是悠然游玩,不知贪求什么;狂放不羁,不知走向哪里。游玩的人自忘自适,在于观看万物的真实面貌,我又知道什么呢?"

云将说:"我呀,自以为狂放无羁,而老百姓总是跟着我走;我实在是没有办法对待老百姓——今天成为老百姓所效仿的,希望听到一点指教。"

鸿蒙说:"破坏了天的规律,违逆了事物的常理,使得自然乱了秩序;让群兽离散,众鸟夜啼;草木亦逢灾害降,昆虫更临祸殃逼。噫,这些都是治理百姓的过错啊!"

云将说:"那么我怎么办呢?"鸿蒙说:"噫,这是毒害啊!你还是飘飘地回去吧!"

云将说:"我难得遇见您,希望听到一点指教。"鸿蒙说:"噫,修养心性。你只要守住无为,那么万物也就顺应着自然而变化。忘掉你的形体,废弃你的聪明,把自身和外物一样地忘掉;与自然之气混同起来，放遣心神，茫茫然无有什么灵魂。万物种种，各归于本性。各归于本性时，自身也意识不到，浑然无知则终身都不会离开自然；如果它有所意识，那就离开自然了。不必问它的本名，不必探求它的实情，万物本来就是顺应自然而生。"

云将说："您传授我道德之言，晓示我玄机；我自身追求道妙，今日才得到了。"不住礼拜叩头，起身辞别鸿蒙，然后离去。

【原文】

世俗之人，皆喜人之同乎己而恶人之异于己也。同于己而欲之，异于己而不欲者，以出乎众为心也。夫以出乎众为心者，曷常出乎众哉！因众以宁所闻，不如众技众矣。而欲为人之国者，此揽乎三王之利而不见其患者也。此以人之国侥倖也，几何侥幸而不丧人之国乎！其存人之国也，无万分之一；而丧人之国也，一不成而万有余丧矣。悲夫，有土者之不知也！

夫有土者，有大物也。有大物者，不可以物；物而不物，故能物物。明乎物物者之非物也，岂独治天下百姓而已哉！出入六合，游乎九州，独往独来，是谓独有。独有之人，是谓至贵。

大人之教，若形之于影，声之于响。有问而应之，尽其所怀，为天下配。处乎无响，行乎无方。挈汝适复之挠挠，以游无端；出入无旁，与日无始；颂论形躯，合乎大同，大同而无己。无己，恶乎得有有！睹有者，昔之君子；睹无者，天地之友。

【译文】

世俗的人都喜欢别人赞同自己而厌恶别人不同意自己。赞同自己就喜欢，不同意自己就厌恶，其原因是一心想出众。那些一心想着出众的，哪个曾经出众呢？以众人的赞同而安于所闻的，其实还是不如众人的智技多。而想统治一国的，这只是撷取三王统治天下的利益而没有看到它的祸害。这是凭统治天下来谋求幸运,可是有几个谋求幸运而不丧失其统治的?说到保存统治地位,那是没有万分之一,可是说到丧失统治地位,那是无一成功而有比一万还多的丧失。可悲哟,那统治天下的却不明了这一点呀!

  统治天下的,都算是拥有大物(国家、人民);拥有大物的,就不可以拘泥于物;拥有大物而不拘泥于物,所以才能主宰大物。明白了主宰万物的不是物,那其功效岂只在于治理天下百姓而已呢!他必然是出入上下四方,游于九州,独往独来。这就叫做"独有"。达到"独有"境界的,可算为无上尊贵的人。

  得天道者的教导,就好像形体对于投影,声音对于回响那样(随时都在影响着)。有问必有所答,以自己认识到的为天下答问。置身于无声无响之中行走在无东无西之处,带领人们来来往往,纷纷游于没有极限的境地,出入没有依傍,与时推移而日新月异。言谈举止合于大道,合于大道便不显示自我,不显示自我,怎么能占天下之所有呢?看到有的,是以往的君子;领悟到无的,才是天下的朋友。

【原文】

  贱而不可不任者,物也;卑而不可不因者,民也;匿而不可不为者,事也;粗而不可不陈者,法也;远而不可不居者,义也;亲而不可不广者,仁也;节而不可不积者,礼也;中而不可不高者,德也;一而不可不易者,道也;神而不可不为者,天也。故圣人观于天而不助,成于德而不累,出于道而不谋,会于仁而不恃,薄于义而不积,应于礼而不讳,接于事而不辞,齐于法而不乱,恃于民而不轻,因于物而不去。物者莫足为也,而不可不为。不明于天者,不纯于德;不通于道者,无自而可;不明于道者,悲夫!

  何谓道?有天道,有人道。无为而尊者,天道也;有为而累者,人道也。主者,天道也,臣者,人道也。天道之与人道也,相去远矣,不可不察也。

【译文】

虽然低贱但不可不使用的，是物；虽然卑下但不可不依靠的，是民；虽然隐微但不可不做的，是事；虽然粗略但不可不陈说其道理的，是法；虽然渺远但不可不遵守的，是义；虽然偏于亲近但不可不推广的，是仁；虽然有节度但不可不厚重的，是礼；虽然顺于世事但不可不追求高风亮节的，是德；虽然本于一旦不可不演化的，是道；虽然神妙但不可不发挥其作用的，是天。所以圣人顺应自然妙理而不帮助它，自成于德而不操心它，顺合于天道而不谋求它，合宜于仁而不依赖它，近于义而不积累它，应顺于理而不违避它，应接于事而不推辞它，合于法而不扰乱它，依靠人民而不轻薄它，用于物而不抛弃它。对事物不可强为也不可不为。不明于自然的，德就不纯；不通于天道的，一切都不可行；不明白天道的，可悲啊！

什么叫道？有天道，有人道。无事无为的处尊位统治天下，是合于天道的；司职有为而为万事相累，是实践人道的。君主所遵从的应是天道，臣子所奉行的应是人道。天道和人道相距太远了，不可不明察呀。

天　地

王友怀　译

【提要】

本篇内容似较杂，其实主要谈的还是自然无为之道。它认为君主统治以德为本而成就于自然，没有贪欲之心而天下富足，采取无为态度而万物尽其荣枯代谢，心静如渊而百姓自然安定。在这里庄子虚拟了许多故事，如黄帝遗珠、许由论啮缺、尧与华封人的对话、伯成子高答禹问、老子答孔子问等等，这些大都表现无为无心、顺于自然、修德就闲、忘物忘己、德全神全、安神定心的思想，而力倡无为而治。反过来又批评随机应变迎合世俗的行为实是令人可悲的愚昧和迷惑，有为而治实是束缚人们自然之性的牢笼。

【原文】

天地虽大，其化均也；万物虽多，其治一也；人卒虽众，其主君也。君原于德而成于天，故曰，玄古之君天下，无为也，天德而已矣。

以道观言而天下之君正，以道观分而君臣之义明，以道观能而天下之官治，以道泛观而万物之应备。故通于天地者，德也；行于万物者，道也；上治人者，事也；能有所艺者，技也。技兼于事，事兼于义，义兼于德，德兼于道，道兼于天。故曰，古之畜天下者，无欲而天下足，无为而万物化，渊静而百姓定。《记》曰："通于一而万事毕，无心得而鬼神服。"

【译文】

天地虽然广大，它们的变化却是自然的；万物虽然繁纷，它们的生存过程却是归于一理的。百姓虽然众多，他们却是受君主统治的。君主统治以德为本而成就于自然,所以说,远古的君主统治天下,在于无为,顺乎自然罢了。

用道来看名分,则天下的君主就会正名;用道来看职分,则君臣的意义就会明显;用道来看才能,则天下的官员就会竭力去治理;用道来广泛地看一切,则万物就会满足需求,自然地存在下来。所以,顺通于天地的是德,遍及于万物的是道;在上位统治人民的,是要行其事;能力有专长的,是有了技术。技术要归并于事,事要归并于义,义要归并于德,德要归并于道,道要归并于自然。古时统治天下的,没有贪欲之心而天下富足,采用无为态度而万物尽其荣枯代谢,心静如渊而百姓安定。就像《记》一书上说的:"顺通于道而万事皆有所成,无贪欲心而鬼神都会信服。"

【原文】

夫子曰:"夫道,覆载万物者也,洋洋乎大哉!君子不可以不刳心焉。无为为之之谓天,无为言之之谓德,爱人利物之谓仁,不同同之之谓大,行不崖异之谓宽,有万不同之谓富。故执德之谓纪,德成之谓立,循于道之谓备,不以物挫志之谓完。君子明于此十者,则韬乎其事心之大地,沛乎其为万物逝也。若然者,藏金于山,藏珠于渊;不利货财,不近贵富;不乐寿,不哀夭;不荣通,不丑穷;不拘一世之利以为己私分,不以王天下为己处显。显则明,万物一府,死生同状。"

【译文】

先生说:"道,是包括万物的,浩浩无极啊,大得很!君子不可以不抛掉心谋而顺从它。以无为态度顺从自然去做,这就叫做天;以无为态度表明自身,这就叫做德;顺从自然而达到爱众人利万物的境界,这就叫做仁;在任其自然的前提下容纳不同于同一,这就叫做大;行为不标新立异,这就叫做宽;囊括万类不同的事物,这就叫做富;所以,把住了德行,这就叫做纲纪;德行有所成就,这就叫做建立;遵循于道,这就叫做全备无缺;不以外物挫伤志节,这就叫做完整。君子明白了这十点,那他的心志就大到可容纳一切,充沛得可使万物归往。这样的话,任凭它山里有黄金,渊里有明珠;不贪求财物,不迷恋富贵;不以高寿为乐,不以夭折为哀;不以富贵为荣,不以穷困为辱,不捞取世上的利益来私归自己,不以统治天下来使自己处在显赫的地位。处在显赫的地位就会炫耀。万物都存在于自然之中,死与生是同样的。"

【原文】

夫子曰:"夫道,渊乎其居也,漻乎其清也。金石不得,无以鸣,故金石有声,不考不鸣。万物孰能定之!夫王德之人,素逝而耻通于事,立之本原而知通于神。故其德广,其心之出,有物采之。故形非道不生,生非德不明。存形穷生,立德明道,非王德者邪!荡荡乎!忽然出,勃然动,而万物从之乎!此谓王德之人。视乎冥冥,听乎无声。冥冥之中,独见晓焉;无声之中,独闻和焉。故深之又深而能物焉,神之又神而能精焉;故其与万物接也,至无而供其求,时骋而要其宿,大小,长短,修远。"

【译文】

先生说:"道,它居深处幽如在渊海,它清明澄澈有似泉流。钟磬得不到它就不能作响,所以钟磬虽可发声,但不敲不响。万物幽渺,谁能规定它呢?有盛德的人,按照自己的纯真而与时间推移,耻于俗事缠身,立足于天道自然而智慧通于神明。所以他的德行广大,心灵与外物相感应。因而没有道,形体就不能生存;没有德,灵性就不能明澈。保其形体,尽其灵性,立德行,明大道,这岂不是盛德之人吗?广阔无垠啊!忽然就出现了,充满生机地活动着,而万物都归从于它啊!看起来幽深玄渺,听起来无声无息,在幽深玄渺之中,独见到光明的景象;在无声无息之中,独听到和谐的声音。所以,深之再深却能支配万物,玄而又玄却能见其精妙。因而它与万物的关系,是极端虚无而又能供万物所需求,随时驰骋不已而又能为万物之归宿。任大任小，任长任短，漫无边际。"

【原文】

黄帝游乎赤水之北，登乎昆仑之丘而南望，还归，遗其玄珠。使知索之而不得，使离朱索之而不得，使喫诟索之而不得也。乃使象罔，象罔得之。黄帝曰："异哉！象罔乃可以得之乎？"

【译文】

黄帝在赤水北面游玩，登上昆仑山向南望。回来时，丢掉了他的宝珠。叫知去寻找，找不到；叫离朱去寻找，找不到；叫喫诟去寻找，还是找不到。于是叫象罔去寻找，象罔找到了。黄帝说："奇怪呀！象罔怎么可以找到呢？"

【原文】

尧之师曰许由，许由之师曰啮缺，啮缺之师曰王倪，王倪之师曰被衣。

尧问于许由曰："啮缺可以配天乎？吾藉王倪以要之。"许由曰："殆哉圾乎天下！啮缺之为人也，聪明睿知，给数以敏，其性过人，而又乃以人受天。彼审乎禁过，而不知过之所由生。与之配天乎？彼且乘人而无天，方且本身而异形，方且尊知而火驰，方且为绪使，方且为物绞，方且四顾而物应，方且应众宜，方且与物化而未始有恒。夫何足以配天乎？虽然，有族，有祖，可以为众父，而不可以为众父父。治，乱之率也，北面之祸也，南面之贼也。"

【译文】

尧的老师叫许由，许由的老师叫啮缺，啮缺的老师叫王倪，王倪的老师叫被衣。

尧向许由问道："啮缺可以做天子吗？我借助王倪去邀请他。"许由说："恐怕要危及天下了。啮缺的为人，聪明智慧，机灵敏捷，天性过人，然而又要把人的心智来加之于自然。他明于制止过失，而又不知道过失产生的原因。让他当天子吗？他将凭借人的才智而不顾自然，将要以自己为本而与众不同，将要急速地推崇机巧，将要为细小的事情所役使，将要为外物所束缚，将要面面照应到地对付外物，将要谋求样样事都办得合适，将要随同外物变化而没有常规。这怎么能够做天子呢？虽然这样，一族中都应有自己的族祖。他可以为一族的父亲，而不可以为众族的父亲之父亲。治是乱的根由，是臣子的祸患，是天子的贼害。"

【原文】

尧观乎华。华封人曰："嘻，圣人！请祝圣人——使圣人寿！"尧曰："辞。""使圣人富！"尧曰："辞。""使圣人多男子！"尧曰："辞。"

封人曰："寿、富、多男子，人之所欲也。女独不欲，何邪？"尧曰："多男子则多惧，富则多事，寿则多辱。是三者，非所以养德也，故辞。"

封人曰："始也我以女为圣人邪，今然君子也。天生万民，必授之职。多男子而受之职，则何惧之有！富而使人分之，则何事之有！夫圣人，鹑居而鷇食，鸟行而无彰；天下有道，则与物皆昌；天下无道，则修德就闲；千岁厌世，去而上仙；乘彼白云，至于帝乡；三患莫至，身常无殃；则何辱之有！"封人去之。尧随之，曰："请问。"封人曰："退已！"

【译文】

尧在华州观察，华州守封疆的官吏说："啊，圣人！请接受我为圣人的祝福——祝圣人长寿！"尧说："不必这样。""祝圣人富有！"尧说："不必这样。""祝圣人多生儿子！"尧说："不必这样。"

守封疆的官吏说："长寿，富有，多生儿子，是人们所希望的，只有你不想这样，是什么原因呢？"尧说："多生儿子就会多担忧，富有了就会多麻烦事，长寿就会多困辱。这三件事，不是用来养德行的啊，所以我以为不必。"

守封疆的官吏说："起先我以为你是圣人，现在认定你是一个君子。老天生下万民，必然要他们干事情。儿子多了而让他们干事情，那又有什么担忧的呢？富有了而让人分用财产，那又有什么麻烦事呢？圣人呀，像鹌鹑那样居无常处，像初生的小鸟那样无心于食，像飞鸟那样率性而动，不见踪迹；天下治的时候和万物一同昌盛，天下乱的时候便去修养德行，闲居独处；活到上千岁厌倦尘世了，就离世而登仙；乘着那白云，到天帝的地方去；三种祸患不得到来，此身永无灾害，那又有什么困辱呢？"守疆的官吏离开尧。尧跟着他说："再请教个究竟。"守封疆的官吏说："回去吧！"

【原文】

尧治天下，伯成子高立为诸侯。尧授舜，舜授禹，伯成子高辞为诸侯而耕。禹往见之，则耕在野。禹趋就下风，立而问焉，曰："昔尧治天下，吾子立为诸侯。尧授舜，舜授予，而吾子辞为诸侯而耕，敢问，其故何也？"

子高曰："昔尧治天下，不赏而民劝，不罚而民畏。今子赏罚而民且不仁，德自此衰，刑自此立，后世之乱自此始矣。夫子阖行邪？无落吾事！"俋俋乎耕而不顾。

【译文】

尧治理天下时，伯成子高被立为诸侯。尧让位给舜，舜让位给禹。伯成子高辞掉诸侯之位回去耕种。禹去见他，他正在田地里耕作。禹快步走近他的下方，立着身问他："从前尧治理天下，你被立为诸侯。尧让位给舜，舜让位给我，而你却辞掉诸侯之位去耕作。冒昧地问一下，这原因是什么呢？"

子高说："从前尧治理天下，不奖赏，人们却能自勉而向善；不处罚，人们却能畏恶而不为。今天您动用赏罚而人民却还不善良，道德从此衰落，刑罚从此建立，后世的祸乱从此开始了！您何不走开呢？不要耽搁我耕田。"说罢精心地耕田，而不再理他。

【原文】

泰初有无，无有无名；一之所起，有一而未形。物得以生，谓之德；未形者有分，且然无间，谓之命；留动而生物，物成生理，谓之形；形体保神，各有仪则，谓之性。性修反德，德至同于初。同乃虚，虚乃大，合喙鸣。喙鸣合，与天地为合。其合缗缗，若愚若昏，是谓玄德，同乎大顺。

【译文】

远古的开始只是"无"，没有"有"，也没有名称。"一"（道）产生时，有"一"而没有形体。万物因此而得以产生，这就叫做德；没有形体却有阴阳之分，而且阴阳紧密无间地结合着，这就叫做命；变化稍一滞留，就产生了物，物形成生命的机体，这就叫做形；形体保持着精神，各有各的法则，这就叫做性。性得以修养就回到德，德达到了同于太初的境界。同于太初便虚无，虚无便广大无极，合于鸟的鸣叫。与鸟的鸣叫相合，便与天地相合。这相合无迹可求，像愚蒙像昏昧，这就叫做"玄德"，同于自然（道）。

【原文】

夫子问于老聃曰："有人治道若相放，可不可，然不然。辩者有言曰：'离坚白若县寓。'若是则可谓圣人乎？"

老聃曰："是胥易技系劳形怵心者也。执留之狗成思，猿狙之便自山林来。丘，予告若，而所不能闻与而所不能言。凡有首有趾无心无耳者众，有形者与无形无状而皆存者尽无。其动，止也；其死，生也；其废，起也。此又非其所以也。有治在人，忘乎物，忘乎天，其名为忘己。忘己之人，是之谓入于天。"

【译文】

孔子问老子，说："有人修研道却在互相抵牾，把不可当可，把不是当是。有的辩者说：'分离坚与白，这才好像高悬在天空一样明白易晓。'如此就可以称作圣人了吗？"老子说："这就像做'胥'和'易'的，为技艺所束缚，形体劳累，心神不安那样的啊。狗因有用于捕狸，就被人从田野里捉回；猴子因轻捷灵便，也被人从山林中捉回。孔丘，我给你说你所不能听到和你所不能说出的道理：凡是有头有脚的具体的人，没有心思，不明大道的多。有形的人和无形无状的道共存是根本没有的。行和止，死和生，废与兴，这又是不能知其所以然的啊，治在于人为，忘了外物，忘了自然，那就算忘了自己。忘了自己的人，就可以说他与天道合为一体了。"

【原文】

将闾葂见季彻曰："鲁君谓葂也曰：'请受教'。辞不获命，既已告矣，未知中否，请尝荐之。吾谓鲁君曰：'必服恭俭，拔出公忠之属而无阿私，民孰敢不辑！'"

季彻局局然笑曰："若夫子之言，于帝王之德，犹螳螂之怒臂以当车轶，则必不胜任矣。且若是，则其自为处危，其观台多，物将往投迹者众。"

将闾葂觑然惊曰："葂也汒若于夫子之所言矣。虽然，愿先生之言其风也。"季彻曰："大圣之治天下也，摇荡民心，使之成教易俗，举灭其贼心而皆进其独志，若性之自为，而民不知其所由然。若然者，岂兄尧舜之教民，溟涬然弟之哉？欲同乎德而心居矣。"

【译文】

将闾葂见到季彻，说："鲁国国君对我说：'愿得到指教。'我推辞不过，已经说给他听了。不知道对不对，先教我把说过的给先生您再叙述一遍。我对鲁君说：'必须实行恭敬和节约，举任公正忠诚这类人而不存私念，人们哪个敢不顺从呢？'"

季彻哈哈大笑地说："您说的这些话，对于帝王的德业来说，好像螳螂奋臂挡车轮一样，那帝王一定不可胜任了。况且如果这样，就会把自己处在危险的境地上。观台上的事多了，走向那里的人们也将多起来。"

将间勉十分惊慌地说:"我不明白先生您所说的。虽然这样,希望先生说出它大概的意思。"季彻说:"大圣人治理天下,鼓舞民心,使人民得到教育而改变陋俗,全都消除不良的意念,全都增进独善的心志,好像是本性使自己这么样,而人们又不知所以这样的道理。如此的话,难道还把尧舜教化人民的政风视为兄长,而以自己为愚钝,甘居于弟弟的位置呢?想要天下同心同德,心神就要安定啊。"

【原文】

子贡南游于楚,反于晋,过汉阴,见一丈人方将为圃畦,凿隧而入井,抱瓮而出灌,搰搰然用力甚多而见功寡。子贡曰:"有械于此,一日浸百畦,用力甚寡而见功多,夫子不欲乎?"

为圃者卬而视之曰:"奈何?"曰:"凿木为机,后重前轻,挈水若抽,数如泆汤,其名为槔。"为圃者忿然作色而笑曰:"吾闻之吾师,有机械者必有机事,有机事者必有机心。机心存于胸中,则纯白不备;纯白不备,则神生不定;神生不定者,道之所不载也。吾非不知,羞而不为也。"子贡瞒然惭,俯而不对。

有间,为圃者曰:"子奚为者邪?"曰:"孔丘之徒也。"为圃者曰:"子非夫博学以拟圣,於于以盖众,独弦哀歌以卖名声于天下者乎?汝方将忘汝神气,堕汝形骸,而庶几乎!而身之不能治,而何暇治天下乎!子往矣,无乏吾事。"

子贡卑陬失色,顼顼然不自得,行三十里而后愈。其弟子曰:"向之人何为者邪?夫子何故见之变容失色,终日不自反邪?"

曰:"始吾以为天下一人耳,不知复有夫人也。吾闻之夫子,事求可,功求成。用力少,见功多者,圣人之道。今徒不然。执道者德全,德全者形全,形全者神全。神全者,圣人之道也。托生与民并行而不知其所之,汒乎淳备哉!功利机巧必忘夫人之心。若夫人者，非其志不之，非其心不为。虽以天下誉之，得其所谓，謷然不顾；以天下非也，失其所谓，傥然不受。天下之非誉，无益损焉，是谓全德之人哉！我之谓风波之民。"

反于鲁，以告孔子。孔子曰："彼假修浑沌氏之术者也。识其一，不知其二；治其内，而不治其外。夫明白入素，无为复朴，体性抱神，以游世俗之间者，汝将固惊邪？且浑沌氏之术，予与汝何足以识之哉！"

【译文】

子贡到南方楚国游览，返回晋国，路过汉阴，看到一位老人正在菜园中劳作——挖地道通入井中，抱瓦罐汲了水出来灌溉；极其用力而功效很小。子贡说："这里有一种机械，一天能灌畦一百，用力甚少而功效多，您不想用它吗？"

灌园老抬头看他，说："是什么样子的？"子贡说："用木头做成的机械，后面重，前面轻，提起水来如同抽引，水来得很快，就像汤从锅里溢出来一样。它的名字叫桔槔。"灌园老气得变了脸色，又笑起来说："我听我的老师说，有机械的必然有投机取巧之事，有投机取巧之事的必然有投机取巧之心。投机取巧之心存在胸中，就不具备纯洁的品质；纯洁的品质不具备，就精神不定；精神不定的，道就不能和他相投合。我不是不知道那个机械，是以用它为耻，所以就不用。"子贡羞容满面，低头不答话。

过了一会儿，灌园老说："您是做什么的？"回答说："孔子的学生。"灌园老说："你不也是博学而效法圣人，夸耀自己的学说而超出众人，自己弹琴和哀伤作歌而换取世名的人吗？你将要丧失你的精神元气，毁坏你的形容躯体，差不多完了！连自身都不能治理，又哪有工夫治理天下呢？去你的吧，不要耽搁我的事情！"

子贡惭愧得变了脸色，若有所失，很不自然，走了三十里才好了一些。他的学生问他："刚才的人是做什么的！先生您为什么见了他就羞得变了脸色，一整天都不能恢复常态呢？"

子贡回答说:"我起先以为天下只有孔子一个有学问道德的人,不知道还有那个人呢。我听孔夫子说,做事讲求可用,功用讲求成效,用力少、见效多的,就是圣人之道。今天却不是这样。掌握大道的德行完全,德行完全的形体完全,形体完全的精神完全,精神完全的,就是圣人之道。寄身世上和老百姓一样地与时推移,而不知自身往哪里去,茫然没有机巧之心而至直至纯啊!功利机巧必然不在这样人的心上。像这样的人,不是他的志向他不追求,不合他的心理他不去做。倘若天下人都美誉他,说的话使他有所得益,他也傲然不盼顾;天下人都在非议他,说的话使他有所损失,他也漠然不理会。天下的非议和美誉对他来说无所谓得益和损失,这就是德行完全的人啊!我却算是随着风吹波动摇摆不安的人。"

子贡回到鲁国,把这次遇合告诉了孔子。孔子说:"那人是借浑沌氏的学说而修身的。只知守其纯一,而不知其他;只求内修自身而不求治理身外。像这样明白而至于素洁、自然而归于淳朴、体现真性、抱守精神以在世俗间遨游的人,你又何必惊异呢?况且浑沌氏的学说,我和你又怎能知道呢?"

【原文】

谆芒将东之大壑,适遇苑风于东海之滨。苑风曰:"子将奚之?"曰:"将之大壑。"曰:"奚为焉?"曰:"夫大壑之为物也,注焉而不满,酌焉而不竭,吾将游焉。"

苑风曰:"夫子无意于横目之民乎?愿闻圣治。"

谆芒曰:"圣治乎?官施而不失其宜,拔举而不失其能,毕见其情事而行其所为,行言自为而天下化,手挠顾指,四方之民莫不俱至,此之谓圣治。"

"愿闻德人。"

曰:"德人者,居无思,行无虑,不藏是非美恶。四海之内共利之之谓悦,共给之之谓安;怊乎若婴儿之失其母也,傥乎若行而失其道也。财用有余而不知其所自来,饮食取足而不知其所从,此谓德人之容。"

"愿闻神人。"

曰:"上神乘光,与形灭亡,此谓照旷。致命尽情,天地乐而万事销亡,万物复情,此之谓混冥。"

【译文】

谆芒将向东到大海去,恰巧在东海边遇见了苑风。苑风说:"你要到哪里去?"谆芒说:"将去大海。"苑风问:"去干什么?"谆芒说:"说到大海这一事物啊,水向它里面流而流不满,水从它里面取而取不完。我将到那里去游玩。"

苑风说:"先生您无心于人民吗?愿听到圣人治世之道。"

谆芒说:"圣人治世之道吗?官吏施政行令没有不合宜的,举拔任用没有漏掉人才的;察看清楚了事情,然后才做应当做的;一行一言自然而为,以使天下归化;动一动手指和眼神,四方人民没有不顺从的。这就叫做圣治。"

"愿听到德人的情况。"

谆芒说:"德人住下时没有思谋,行动时没有顾虑,心里不藏是非美恶。四海之内都能得到好处就叫做喜悦,都能得到给养就叫做安乐。惆怅得像婴儿失母,恍惚得像迷失路途。财物用不完却不知它们的由来,饮食应有尽有却不知它们的耗费,这就是德人的模样。"

"愿听到神人的情况。"

谆芒说:"在上的神人放射着光辉,见不到他们的形迹,这就叫做普照一切。生命性情到了穷尽处,与天地同乐而万事也就消亡了。万物恢复它原来的情状,这就叫做浑然无分。"

【原文】

门无鬼与赤张满稽观于武王之师。赤张满稽曰:"不及有虞氏乎!故离此患也。"门无鬼曰:"天下均治而有虞氏治之邪?其乱而后治之与?"

赤张满稽曰:"天下均治之为愿,而何计以有虞氏为!有虞氏之药疡也,秃而施髢,病而求医。孝子操药以修慈父,其色燋然，圣人羞之。

"至德之世，不尚贤，不使能；上如标枝，民如野鹿；端正而不知以为义，相爱而不知以为仁，实而不知以为忠，当而不知以为信，蠢动而相使，不以为赐。是故行而无迹，事而无传。"

【译文】

门无鬼与赤张满稽看到武王的军队。赤张满稽说："比不上虞舜呀，所以遭到这样的祸乱。"门无鬼说："天下太平了，虞舜才去治理呢？还是乱了以后才去治理呢？"

赤张满稽说："人们只愿天下太平，还考虑虞舜干什么呢？虞舜治疗头疮呀，秃了就给戴假发，病了就求治疗。孝子拿药给慈父治病，面带忧愁，圣人还羞他。

"德达到极完美程度的世代，不推崇贤哲，不任用才能；君主就像树梢，人民就像野鹿（都自然无为）；品行端正却不知什么为义，相爱却不知什么为仁；诚实却不知什么为忠，认真却不知什么为信，动一动都是在互相帮助，却不认为是赐给。因此，虽行动却没有遗迹，虽做事却不见留传。"

【原文】

孝子不谀其亲，忠臣不谄其君，臣子之盛也。亲之所言而然，所行而善，则世俗谓之不肖子；君之所言而然，所行而善，则世俗谓之不肖臣。而未知此其必然邪！世俗之所谓然而然之，所谓善而善之，则不谓之道谀之人也。然则俗固严于亲而尊于君邪？谓己道人，则勃然作色；谓己谀人，则怫然作色。而终身道人也，终身谀人也，合譬饰辞聚众也，是终始本末不相坐。垂衣裳，设采色，动容貌，以媚一世，而不自谓道谀；与夫人之为徒，通是非，而不自谓众人，愚之至也。知其愚者，非大愚也；知其惑者，非大惑也。大惑者，终身不解；大愚者，终身不灵。三人行而一人惑，所适者犹可致也，惑者少也；二人惑则劳而不至，惑者胜也。而今也以天下惑，予虽有祈向，不可得也，不亦悲乎！

大声不入于里耳，《折杨皇华》，则嗑然而笑。是故高言不止于众人之心，至言不出，俗言胜也。以二缶钟惑，而所适不得矣。而今也以天下惑，予虽有祈向，其庸可得邪！知其不可得也而强之，又一惑也，故莫若释之而不推。不推，谁其比忧！厉之人夜半生其子，遽取火而视之，汲汲然唯恐其似己也。

【译文】

孝子不阿谀他的父母，忠臣不讨好他的君王，这是为臣、为子的盛德。都以父母说的话为是、父母做的事为善，那就是世俗所说的不肖子；都以君王说的话为是、做的事为善，那就是世俗所说的不肖臣。然而却不知道这些都是必然的呀！以世俗认为是的而为是，以世俗所称善的而称善，却不认为这是谄媚阿谀的人。既然这样，那么世俗岂不在根本上比父母还值得敬仰比君王还值得尊畏吗？听人说自己是谄谀之徒，便勃然面起怒色；听人说自己是奉承之辈，便忿然板起面孔。然而一生都在谄谀人，一生都在奉承人，拼凑比喻和花巧言辞来招集众人，这是始与终、本与末不一致的。穿上讲究的衣裳，装饰着美丽的色彩，随机变化容态，迎合整个世俗，却不认为自己是阿谀；和世俗的人相追随，以其是非为是非，却不以为自己是个同于众人的人，愚昧到极点啊！觉察到自己的愚昧，就不是最愚昧的；觉察到自己迷惑，就不是最迷惑的。最迷惑的人，一辈子都不解悟；最愚蠢的人，一辈子都不灵通。三人同行，其中一人迷惑，所去的目的地还可以达到，这是迷惑人少的缘故呀；其中两个人迷惑，就会费了力气而不可到达，这是迷惑人占多数的缘故呀。今天呀，因为天下都迷惑，我虽然有祈求向往，却不能达到目的地，这不也是叫人悲哀的吗！

高雅的音乐，里巷之人听不进去；《折杨皇华》一类的俗乐，他们听了则高兴得哈哈大笑起来。所以，高超的言论进不到世俗人的心中。高超的言论不能传播，世俗的言谈就占了上风。有两个人迷惑而垂足不前，就不能达到目的地。今天呀，因为天下都迷惑，我虽然有祈求向往，怎么能够达到目的地呢？知道它的不可能而强求它，又是一个迷惑呀。所以不如放下来不再打它的主意。不再打它的主意，我还同谁在一起忧愁呢？丑人夜半生下儿子，急忙取灯照看，心情紧张地惟恐儿子像自己呀。

【原文】

百年之木，破为牺尊，青黄而文之，其断在沟中。比牺尊于沟中之断，则美恶有间矣，其于失性一也。跖与曾史，行义有间矣，然其失性均也。且夫失性有五：一曰五色乱目，使目不明；二曰五声乱耳，使耳不聪；三曰五臭薰鼻，困惾中颡；四曰五味浊口，使口厉爽；五曰趣舍滑心，使性飞扬。此五者，皆生之害也，而杨墨乃始离跂自以为得，非吾所谓得也。夫得者困，可以为得乎？则鸠鸮之在于笼也，亦可以为得矣。且夫趣舍声色以柴其内，皮弁鹬冠搢笏绅修以约其外，内支盈于柴栅，外重缱绻，睆睆然在缱绻之中而自以为得，则是罪人交臂历指而虎豹在于囊槛，亦可以为得矣。

【译文】

百年的树木，断开一截做成犀牛形状的酒器，又用青黄色彩来文饰。断开后剩下的木头被委弃在沟中。犀牛形的酒器和委弃在沟中的断木相比，美丑是有分别的；然而从失掉树木本性的角度看，它们是同样的。柳下跖与曾参、史鱼，品行是有差别的；然而从失掉人的本性角度看，他们是同样的。失掉本性有五种：一叫五色乱了视觉，使眼睛看不清楚；二叫五声乱了听觉，使耳朵听不明白；三叫五臭薰着嗅觉，使鼻腔闷塞不灵；四叫五味混搅了味觉，使嘴的功能失常；五叫取舍得失迷乱了心灵，使性情轻浮躁动。这五样，都是生命的祸害。而杨朱墨翟奋力鼓吹自己的言说，自以为有所得，这不是我所说的得。有所得而受到得的束缚，这能算是得吗？如果这样，那么斑鸠和猫头鹰在笼子里，也可算是有所得了。况且嗜欲声色塞满了内心，戴上皮子做的和鹬鸟毛装饰的帽子，插着笏板，拖着宽带长袍——这些朝服约束了外形。胸中像塞满了柴木，外形又被重重绳索束缚，眼睁睁地看见在绳索束缚之中还自以为有所得，那么，就是罪人被交臂捆缚、连手指也被夹绑着，以及虎豹被关在槛笼中，也可以算是有所得了。

【成语与典故】

［**螳臂挡车**］ 从本篇"汝不知夫螳螂乎？怒其臂以当车轶，不知其不胜任也。"演化而来，比喻为自不量力。

天　道

于　夫　译

【提要】

本文阐述的中心仍然是庄子的清静无为思想,认为"虚静恬淡寂寞无为"是"万物之本",强调要效法天地、效法自然,抛弃仁义,抛弃世俗态度,主张推行无为之治,与自然融合无间,与人融和无间。

【原文】

天道运而无所积,故万物成;帝道运而无所积,故天下归;圣道运而无所积,故海内服。明于天,通于圣,六通四辟于帝王之德者,其自为也,昧然无不静者矣。圣人之静也,非曰静也善,故静也;万物无足以铙心者,故静也。水静则明烛须眉,平中准,大匠取法焉。水静犹明,而况精神!圣人之心静乎!天地之鉴也,万物之镜也。夫虚静恬淡寂寞无为者,天地之平而道德之至,故帝王圣人休焉。休则虚,虚则实,实者伦矣。虚则静,静则动,动则得矣。静则无为,无为也则任事者责矣。无为则俞俞,俞俞者忧患不能处,年寿长矣。夫虚静恬淡寂漠无为者,万物之本也。明此以南乡,尧之为君也;明此以北面,舜之为臣也。以此处上,帝王天子之德也;以此处下,玄圣素王之道也。以此退居而闲游江南,山林之士服;以此进为而抚世,则功大名显而天下一也。静而圣,动而王,无为也而尊,朴素而天下莫能与之争美。夫明白于天地之德者,此之谓大本大宗,与天和者也;所以均调天下,与人和者也。与人和者,谓之人乐;与天和者,谓之天乐。

【译文】

按照自然规律运行而不停滞,万物才能生成;顺乎治国之道而不停滞,天下就会归心;遵循圣人之道而不停滞,海内就会宾服。精于帝王治国之道的人,明白自然规律,通晓圣人之道,懂得四方上下以及春夏秋冬四时本身是在不断运动着,他们纯厚浑朴、内心平静。圣人所以内心平静,并不是以静为佳而故作宁静;而是因为万物都不能扰动他的心,才保持了平静。水静时可以清楚地映照出胡须和眉毛,水静便形成平面,高明的木匠便以水平面为准绳。水静尚能显出明亮,更何况是人的精神呢!圣人的心是平静的,可以作为天地万物的明镜。虚怀若谷、清静无为,是天地之间、道德之中的最高境界,所以帝王和圣人的心思都专注在这里。用心专一就会感到空虚,感到空虚就会去接近真实的自然,和真实的自然相吻合,就会变得有条有理。空虚会出现平静,平静至极便会出现运动,这样运动也是符合自然规律的。平静导致无所作为,无所作为才能促使负责具体事物的人各执其责。无所作为便会怡然自得,怡然自得便忧患不生,忧患不生,便可延年益寿。虚怀若谷、清静无为,是万物的根本。明白这一道理的,有南面为君的尧,也有北面为臣的舜。按照这一道理行事,上可以成为有德之明君,下可以成为有道圣人。明白此理而退居林下、弃官不做者,隐士们会心悦诚服;明白此理而敢于进取、出仕做官者,则可以建功立业,名扬四海,进而实现天下大同。平静可以成为圣人,运动可以成为王者。无为,则尊贵无比,朴素,天下的人就无法与之争美。明了天地间的自然规律,就是掌握了事物的根本和本原,就可以顺应自然规律去发展,就会主动协调与他人的关系,与他们和睦相处。能和别人和睦相处,便是人乐;能顺应自然规律发展,便是天乐。

【原文】

庄子曰:"吾师乎!吾师乎!䪡万物而不为戾,泽及万世而不为仁,长于上古而不为寿,覆载天地刻雕众形而不为巧,此之谓天乐。故曰:'知天乐者,其生也天行,其死也物化。静而与阴同德,动而与阳同波。'故知天乐者,无天怨,无人非,无物累,无鬼责。故曰:'其动也天,其静也地,一心定而王天下;其鬼不祟,其魂不疲,一心定而万物服。'言以虚静推于天地,通于万物,此之谓天乐。天乐者,圣人之心,以畜天下也。"

【译文】

庄子说:"我的老师啊!我的老师啊!粉碎万物不是为了显示暴戾,造福万代不是为了表现仁义,生于上古不是为了炫耀长寿,覆天载地、创造万物不是为了表演技巧,这就是'天乐'。所以说:'明了天乐的人,活着按照自然规律去生活,死时和万物一样消灭。静时如宁静无息的大地,动时如瞬息万变的天空。'所以,明了天乐的人,天不会抱怨,人不会非议,不为万物所动,连鬼也不会指责。所以说:'运动时如天空,静止时如大地,只要专心一致就可以统一天下;鬼不能做祟,精神也不疲倦,只要专心一致就可以使万物服从。'以上是说,只要将虚怀若谷、清静无为的精神贯彻于天地万物之中,就可以达到'天乐'的境界。天乐,这是圣人的思想,是圣人用以引导天下世人的。"

【原文】

夫帝王之德,以天地为宗,以道德为主,以无为为常。无为也,则用天下而有余;有为也,则为天下用而不足。故古之人贵夫无为也。上无为也,下亦无为也,是下与上同德,下与上同德则不臣;下有为也,上亦有为也,是上与下同道,上与下同道则不主。上必无为而用天下,下必有为为天下用,此不易之道也。故古之王天下者,知虽落天地,不自虑也;辩虽雕万物,不自说也;能虽穷海内,不自为也。天不产而万物化,地不长而万物育,帝王无为而天下功。故曰莫神于天,莫富于地,莫大于帝王。故曰帝王之德配天地。此乘天地,驰万物,而用人群之道也。

【译文】

帝王的品德，应该以天地为根本，以道德为准绳，以无为为常规。帝王无所作为，臣下就会乐于用命而帝王可以悠悠度岁；帝王有所作为，即使尽全力处理政务也仍会感到不足。所以，古人注重无为。君主无为，臣下也无为，君与臣的道德规范就相同，君臣具有同样的道德规范就会君臣不分；臣有所作为，君也有所作为，君臣就会处于同样的地位，君臣地位相同则乱了名分。君主应该无为而让臣下效劳，臣下应该竭忠尽智为君主服务，这是颠扑不破的真理。所以，古代统治天下的君主，虽有经天纬地之才却不去谋划；虽雄辩过人却缄口不言；虽技压海内却不去行动。天非有意生产，而万物却自然生长，地非有意培育，而万物却自然蕃息，帝王无所作为而天下却会大治。所以说，神奇莫过于天，富足莫过于地，尊贵莫过于帝王。所以说，帝王之道德可以和天地相比。这就是掌握自然、运用万物、使用人才的道理啊！

【原文】

本在于上，末在于下；要在于主，详在于臣。三军五兵之运，德之末也；赏罚利害，五刑之辟，教之末也；礼法度教，形名比详，治之末也；钟鼓之音，羽旄之容，乐之末也；哭泣衰绖，隆杀之服，哀之末也。此五末者，须精神之运，心术之动，然后从之者也。

【译文】

根本为上，细末为下；权要归于君主，事物归于臣下。穷兵黩武，是道德衰微的表现；推行赏罚之制，严刑峻法，是教化不行的结果；崇尚礼义法度，鼓吹术数、形名之学，是由于治国无能；追求威严的钟鼓之声、华美的羽兽之饰，是由于音乐不兴；丧礼时哭泣不已，讲究各种不同的丧服，并不是真正的悲哀。这五种衰微现象，须待精神和心术顺其自然而动，然后才可以克服的。

【原文】

末学者，古人有之，而非所以先也。君先而臣从，父先而子从，兄先而弟从，长先而少从，男先而女从，夫先而妇从。夫尊卑先后，天地之行也，故圣人取象焉。天尊，地卑，神明之位也；春夏先，秋冬后，四时之序也。万物化作，萌区有状；盛衰之杀，变化之流也。夫天地至神，而有尊卑先后之序，而况人道乎！宗庙尚亲，朝廷尚尊，乡党尚齿，行事尚贤，大道之序也。语道而非其序者，非其道也；语道而非其道者，安取道！

【译文】

本末之学，古已有之，但却未放在主要地位上。君为主，臣为从；父为主，子为从；兄为主，弟为从；长者为主，少者为从；男子为主，女子为从；丈夫为主，妻子为从。尊卑和先后，是天地自然运行所表现出来的，所以圣人以此为训。天在上，地在下，这是神的安排；春夏在前，秋冬在后，这是四时之序。万物不断变化，从萌发时形状就各不相同；由盛而衰，直至死亡，这就是事物变化的规律。天地虽尊贵如神，但仍然存在着先后尊卑的顺序，何况是人间呢？宗庙里讲究亲族关系，朝廷中重视爵位高低，乡亲中以年长者为尊，处事时以贤德者为贵，这种顺序是符合大道的。虽然谈论大道但不按其顺序行事，并未明白大道；仅仅谈论大道，并不照着去做，怎么能领会大道呢？

【原文】

是故古之明大道者，先明天而道德次之，道德已明而仁义次之，仁义已明而分守次之，分守已明而形名次之，形名已明而因任次之，因任已明而原省次之，原省已明而是非次之，是非已明而赏罚次之。赏罚已明而愚知处宜，贵贱履位；仁贤不肖袭情，必分其能，必由其名。以此事上，以此畜下，以此治物，以此修身，知谋不用，必归其天，此之谓大平，治之至也。

【译文】

所以，古代懂得大道的人，先要明白天道，其次才讲道德，弄清道德后其次是仁义，明白仁义后其次是职责，明白职责后其次便是形体和名称，弄清形名后再授以职务，明确职务后又要注意宽恕和自省，懂得宽恕和自省后其次是弄清是非，是非分清后其次再讲赏罚。赏罚分明则贤愚贵贱各得其所，各安其位；贤人和愚者因才授职，名实相符，于是各执其责，各行其是。按照这个道理去对待君主，对待臣下，治理万物，修养身心，不要徒费心计，而要顺其自然，这样才能达到天下大治，天下太平。

【原文】

故书曰："有形有名。"形名者，古人有之，而非所以先也。古之语大道者，五变而形名可举，九变而赏罚可言也。骤而语形名，不知其本也；骤而语赏罚，不知其始也。倒道而言，迕道而说者，人之所治也，安能治人！骤而语形名赏罚，此有知治之具，非知治之道；可用于天下，不足以用天下，此之谓辩士，一曲之人也。礼法数度，形名比详，古人有之，此下之所以事上，非上之所以畜下也。

【译文】

所以，古书上说："有形有名。"关于形体和名称，古人已经注意到了，但没有放在主要地位。古代谈论大道的人，是在五种变化后才谈到形名，九种变化后才涉及赏罚。骤然谈起形名，是不解其根本；骤然谈起赏罚，是不懂其始终。违背道的原则，甚至本末倒置地去论道，只能为人所治，又怎么能去治人呢！骤然去谈论形名和赏罚的人，只懂得具体的治理之法，而不懂治世之道；可为君主用，但不能治理天下；这些人，充其量只不过是一些见识不高的辩士。参详议论礼义、法度、术数、形名，古已有之，臣下可以以此为君主效劳，但君主却不能以此来驾驭臣下。

【原文】

昔者舜问于尧曰:"天王之用心何如?"尧曰:"吾不敖无告,不废穷民,苦死者,嘉孺子而哀妇人。此吾所以用心已。"舜曰:"美则美矣,而未大也。"尧曰:"然则何如?"舜曰:"天德而出宁,日月照而四时行,若昼夜之有经,云行而雨施矣。"尧曰:"胶胶扰扰乎!子,天之合也;我,人之合也。"

夫天地者,古之所大也,而黄帝尧舜之所共美也。故古之王天下者,奚为哉?天地而已矣。

【译文】

过去,舜曾问尧:"作为天子,用心如何呢?"尧说:"我不轻视顽民,对贫民乐于帮助,对死者好言安慰,对孩子和妇女怜悯抚恤,这就是我的用心。"舜说:"这样虽好,但好像还不够伟大。"尧说:"那么,你认为如何呢?"舜说:"德应该与天相合,保持内心的宁静,顺其自然,就像日月照耀和四时运行,就像白天和黑夜轮番交替,就像云行和降雨那样。"尧说:"我真的多事啊!你,可以与天相合;而我,只能够与人相合。"

天地,古人认为是最伟大的,黄帝和尧舜都共同赞美。所以,古代一统天下的帝王,需要干什么呢?只要顺应天地的自然便可以了。

【原文】

孔子西藏书于周室。子路谋曰:"由闻周之徵藏史有老聃者,免而归居,夫子欲藏书,则试往因焉。"孔子曰:"善。"

往见老聃,而老聃不许,于是繙十二经以说。老聃中其说,曰:"大谩,愿闻其要。"孔子曰:"要在仁义。"老聃曰:"请问,仁义,人之性邪?"孔子曰:"然。君子不仁则不成,不义则不生。仁义,真人之性也,又将奚为矣?"老聃曰:"请问,何谓仁义?"孔子曰:"中心物恺,兼爱无私,此仁义之情也。"

老聃曰："意，几乎后言！夫兼爱，不亦迂乎！无私焉，乃私也。夫子若欲使天下无失其牧乎？则天地固有常矣，日月固有明矣，星辰固有列矣，禽兽固有群矣，树木固有立矣。夫子亦放德而行，循道而趋，已至矣；又何偈偈乎揭仁义，若击鼓而求亡子焉？意，夫子乱人之性也！"

【译文】

孔子准备西行，将其书藏于周王室。子路献策说："我听说在周王室担任保管图书职务的老子，已经免职回家，先生要藏书，可以到老子那里请教一下。"孔子说："好吧！"

孔子见到老子，但老子不答应孔子藏书的要求，于是孔子反复向老子讲说十二经。老子打断了孔子的话，说："太繁琐了，我想听一下主要内容。"孔子说："主要点即是仁义。"老子说："请问，仁义是人的本性吗？"孔子说："是的。君子不讲仁便没有名声，不讲义就难以掌握大道。仁义是人的本性，否则还有什么好讲的呢？"老子说："请问，什么是仁义呢？"孔子说："心要诚，愿与万物同乐，博爱无私，这就是仁义的内容。"

老子说："噫，近乎浮言！博爱，不是太迂腐了吗？讲无私，其实还是为私。先生是愿意让天下不打乱秩序的吧？天地本来就存在，日月本来就有光，星辰本来有自己的位置，鸟兽本来就以群分，树木本来就生长在那里。先生只要遵循自然规律，沿着大道前进，就可以达到目的；为什么你却津津乐道什么仁义，这不是犹如敲着鼓去追捕逃犯那样可笑吗？噫，先生这种学说是违背人的本性的！"

【原文】

士成绮见老子而问曰："吾闻夫子圣人也，吾固不辞远道而来愿见，百舍重趼而不敢息。今吾观子，非圣人也。鼠壤有余蔬，而弃妹之者，不仁也，无熟不尽于前，而积敛无崖。"老子漠然不应。

士成绮明日复见，曰："昔者吾有刺于子，今吾心正却矣，何故也？"老子曰："夫巧知神圣之人，吾自以为脱焉。昔者子呼我牛也而谓之牛，呼我马也而谓之马。苟有其实，人与之名而弗受，再受其殃。吾服也恒服，吾非以服有服。"

士成绮雁行避影，履行遂进而问："修身若何？"老子曰："而容崖然，而目冲然，而颡頯然，而口阚然，而状义然，似系马而止也。动而持，发也机，察而审，知巧而睹于泰，凡以为不信。边竟有人焉，其名为窃。"

【译文】

士成绮见到老子后，问道："我听说先生是位圣人，所以我不怕路途遥远，甚至路上都不敢住店休息，连脚上磨出了膙子也在所不惜，急急忙忙跑来见您。但现在我看先生，并不是圣人。您这儿，老鼠洞中有余粮，可见您不爱惜东西，这都是不仁的表现。您到处堆满了生熟食品，但仍然贪心地聚敛不已。"老子听后连一点反应都没有。

士成绮第二天又来见老子，说："昨天我挖苦过您，但今天我已经释然了，这是为什么呢？"老子说："您听说的那种圣人，我早就未存那种奢望。昨天您称我为牛我即做牛，您称呼我为马我即为马。如果我确有那些事，人家讽刺我而我却不接受，这就是双重罪过。我从来是顺其自然，而不是有意做作的。"

士成绮听后小心地侧身避影而行，紧随老子身后，问道："如何修身养性呢？"老子回答说："你的面容紧张不安，你的双目左顾右盼，你抬起前额自以为是，你出言不逊令人生畏，你的体态倨傲无礼，你心猿意马，难以自持。欲行动又强制不发，发动则迅如弓矢，察事详审精明，智巧却外现骄矜之色，这些都不是真实的本性。边境上就有这种人，即是窃贼。"

【原文】

夫子曰："夫道，于大不终，于小不遗，故万物备。广广乎其无不容也,渊乎其不可测也。形德仁义,神之末也,非至人孰能定之!夫至人有世,不亦大乎!而不足以为之累。天下奋棅而不与之偕,审乎无假而不与利迁,极物之真,能守其本,故外天地,遗万物,而神未尝有所困也。通乎道,合乎德,退仁义,宾礼乐,至人之心有所定矣。"

【译文】

先生说:"道,将任何大的东西看做是无穷尽的,也不遗漏任何小的东西,因而包罗万象。道的广大精深,是无所不包、深不可测的。形体、道德、仁义,不过是精神的细枝末节,若非至高至上之人,谁能够确定!至高至上之人拥有天下,责任不是很大吗!但这些都不能够难倒他。天下人争夺权柄,而至高至上之人却不为所动,自己无所求因而不为利诱,能穷究事物之本质,能坚持根本,所以能将天地万物置于度外,而自己的精神丝毫不受干扰。贯通大道,融合道德,抛弃仁义,摈弃礼乐,这就是至高至上之人所能达到的精神的最高境界。"

【原文】

世之所贵道者书也,书不过语,语有贵也。语之所贵者意也,意有所随。意之所随者,不可以言传也,而世因贵言传书。世虽贵之,我犹不足贵也,为其贵非其贵也。故视而可见者,形与色也;听而可闻者,名与声也。悲夫,世人以形色名声为足以得彼之情!夫形色名声果不足以得彼之情,则知者不言,言者不知,而世岂识之哉!

【译文】

被人尊重的道在社会上是靠书来流传的,书不过是记载语言的,语言有它的可贵之处。语言可贵的是其所表达的内容,其内容是能够表达思想的。思想的来源,是语言表达不出来的,但社会上因为看重语言的原因而使书籍得以流传。社会上虽以书为贵,而我却以为书不足贵,因为人们所珍贵的并不是真正值得珍贵的。形态和颜色,是眼睛看得见的;名称和声音,是耳朵听得到的。可悲啊,人们以为了解了事物的形色和名声,便是掌握了事物的本质!其实,通过事物的形色和名声,是不足以掌握事物本质的,有知识的人并不多说,夸夸其谈的人并无知识,但人们至今还不认识这一点!

【原文】

桓公读书于堂上。轮扁斫轮于堂下,释椎凿而上,问桓公曰:"敢问,公之所读者何言邪?"公曰:"圣人之言也。"曰:"圣人在乎?"公曰:"已死矣。"曰:"然则君之所读者,古人之糟魄已夫!"桓公曰:"寡人读书,轮人安得议乎!有说则可,无说则死。"

轮扁曰:"臣也以臣之事观之。斫轮,徐则甘而不固,疾则苦而不入。不徐不疾,得之于手而应于心,口不能言,有数存焉于其间。臣不能以喻臣之子,臣之子亦不能受之于臣,是以行年七十而老斫轮。古之人与其不可传也死矣,然则君之所读者,古人之糟魄已夫!"

【译文】

桓公在堂上读书。轮扁在堂下制造车轮,他放下手中的椎子和凿子,上堂问桓公道:"请问,您读的是什么书呢?"桓公说:"是圣人的书。"轮扁又问:"圣人还活着吗?"桓公答:"已经死了。"轮扁说:"那么您所读的,不过是古人的糟粕罢了!"桓公说:"我在读书,作轮的工匠怎敢随便议论!能说出道理还可以原谅,若说不出道理,就要处死。"

轮扁说:"我是从我从事的工作来看待这个问题的。制作轮孔时,孔松则轴容易放进去但不坚固,孔紧就滞涩轴难放进去。要使轮孔不松也不紧,就必须掌握得心应手的技巧,这种技巧,只能意会,却不能言传。这种技巧,我无法传授给儿子,儿子也无法从我这里继承，所以我已经七十岁了还在制造车轮。古人和古人难以传授的东西都由于人死而消失了，那么您所读的，岂不是古人留下的糟粕吗！"

【成语与典故】

[鼠壤余蔬]　此典故出自本篇"鼠壤有余蔬，而弃妹（昧）之者，不仁也"。本指鼠穴之土中的残菜剩肴，后用以喻不洁之物。宋黄庭坚《食笋》诗曰："小儿哇不美，鼠壤有余嚼。"

[斫轮老手]　这个成语源于篇中"桓公读书于堂上，轮扁斫轮于堂下"。轮扁是春秋时齐国有名的造车工人，后世遂将经验丰富、技术卓绝的人称为"斫轮老手"。

[得心应手]　这句成语来源于此篇的"得之于手而应于心"。原意是讲工匠制造车轮时，技艺纯熟，心手相应。现在用来说明技艺十分高超，有时也表示做事非常顺手。

天　运

松　樵　译

【提要】

本篇借用北门成与黄帝、孔子与老子等人的对话，主要说明：天道在不停地运行，天地万物都按照它们固有的自然规律而发展变化；三皇五帝、忠孝仁义都是背离天道的东西，使得人心不古、世风日下，应当坚决抛弃；人们应当保持纯朴的天性，浑浑噩噩，自由自在，顺应天道变化才能永远与天道同在。

【原文】

"天其运乎？地其处乎？日月其争于所乎？孰主张是？孰维纲是？孰居无事推而行是？意者其有机缄而不得已邪？意者其运转而不能自止邪？云者为雨乎？雨者为云乎？孰隆施是？孰居无事淫乐而劝是？风起北方，一西一东，有上彷徨，孰嘘吸是？孰居无事而披拂是？敢问何故？"

巫咸祒曰："来！吾语女。天有六极五常，帝王顺之则治，逆之则凶。九洛之事，治成德备，监照下土，天下戴之，此谓上皇。"

【译文】

"天在运行吗？地是静止的吗？日月交相辉照吗？谁主宰这一切？谁维系着这一切？谁无所事事而推动着它们呢？也许是机关驱动而不得不这样吧？也许是运转不息而不能自行停止吧？云在下雨吗？雨在造云吗？谁在主宰这一切呢？谁闲得无聊放浪取乐而促成这些呢？风起于北方，忽西忽东，在高空来回旋转，是谁在呼吸吗？谁闲来无事而扇动着它吗？请问是什么原故？"

巫咸祒说："来！我告诉你。天有东西南北上下六极和金木水火土五常，帝王顺应它就天下太平，违反它就发生祸乱。按《九畴》《洛书》所记的故事，天下大治则道德完备，恩威遍四海，天下万民拥戴，这就叫做上皇。"

【原文】

商大宰荡问仁于庄子。庄子曰："虎狼，仁也。"曰："何谓也？"庄子曰："父子相亲，何为不仁？"曰："请问至仁。"庄子曰："至仁无亲。"大宰曰："荡闻之，无亲则不爱，不爱则不孝。谓至仁不孝，可乎？"

庄子曰："不然。夫至仁尚矣，孝固不足以言之。此非过孝之言也，不及孝之言也。夫南行者至于郢，北面而不见冥山，是何也？则去之远也。故曰：以敬孝易，以爱孝难；以爱孝易，以忘亲难；忘亲易，使亲忘我难；使亲忘我易，兼忘天下难；兼忘天下易，使天下兼忘我难。夫德遗尧舜而不为也，利泽施于万世，天下莫知也，岂直太息而言仁孝乎哉！夫孝悌仁义，忠信贞廉，此皆自勉以役其德者也，不足多也。故曰，至贵，国爵并焉；至富，国财并焉；至愿，名誉并焉。是以道不渝。"

【译文】

宋国太宰向庄子请教仁。庄子说："虎狼就是仁。"问道："这话怎么讲呢？"庄子说："虎狼父子相亲爱，为什么不是仁呢？"问："那么什么是'至仁'呢？"庄子说："至仁就是没有亲情。"

太宰说："我听说过，没有亲情就不会去爱，不爱就谈不上孝顺。说至仁就是不孝，可以吗？"

庄子说："不对。至仁太崇高了，孝本来就不足以来说明它。这并不是说它超过了孝，而是说它与孝毫不相干。朝南行的人走到郢都，向北看是望不到冥山的，为什么呢？距离太遥远了。所以说：用尊敬来履行孝道容易，用仁爱履行孝道就难了；用仁爱履行孝道容易，要忘掉亲情就难了；忘掉亲情容易，让亲人忘掉我就难了；让亲人忘掉我容易，要我忘掉天下人就难了；忘掉天下人容易，让天下人也忘掉我就难了。具备天德的人连尧、舜这样的明主都忘掉而不愿做，造福万代，天下却无人知道，难道只是叹息着侈谈仁爱忠孝吗！孝悌仁义、忠信贞廉都是人们用来勉励自己而束缚天德的东西，不足称道。所以说'至贵'，就是连国君的爵位都毅然抛弃；'至富'，就是倾国的财帛也不看一眼；'至愿'，就是把一切名誉都抛个干净。正因为如此道是不会改变的。"

【原文】

北门成问于黄帝曰："帝张咸池之乐于洞庭之野，吾始闻之惧，复闻之怠，卒闻之而惑；荡荡默默，乃不自得。"

帝曰："汝殆其然哉！吾奏之以人，徵之以天，行之以礼义，建之以大清。夫至乐者，先应之以人事，顺之以天理，行之以五德，应之以自然，然后调理四时，太和万物。四时迭起，万物循生；一盛一衰，文武伦经；一清一浊，阴阳调和，流光其声；蛰虫始作，吾惊之以雷霆；其卒无尾，其始无首；一死一生，一偾一起；所常无穷，而一不可待。汝故惧也。

"吾又奏之以阴阳之和，烛之以日月之明；其声能短能长，能柔能刚；变化齐一，不主故常；在谷满谷，在阬满阬；涂却守神，以物为量。其声挥绰，其名高明。是故鬼神守其幽，日月星辰行其纪。吾止之于有穷，流之于无止。予欲虑之而不能知也，望之而不能见也，逐之而不能及也；傥然立于四虚之道，倚于槁梧而吟。目知穷乎所欲见，力屈乎所欲逐，吾既不及已夫！形充空虚，乃至委蛇。汝委蛇，故怠。

"吾又奏之以无怠之声，调之以自然之命，故若混逐丛生，林乐而无形；布挥而不曳，幽昏而无声。动于无方，居于窈冥；或谓之死，或谓之生；或谓之实，或谓之荣；行流散徙，不主常声。世疑之，稽于圣人。圣也者，达于情而遂于命也。天机不张而五官皆备，此之谓天乐，无言而心说。故有焱氏为之颂曰：'听之不闻其声，视之不见其形，充满天地，苞裹六极。'汝欲听之而无接焉，而故惑也。

"乐也者，始于惧，惧故祟；吾又次之以怠，怠故遁；卒之于惑，惑故愚；愚故道，道可载而与之俱也。"

【译文】

北门成问黄帝说："您在洞庭的旷野演奏《咸池》乐章，我开始听感到害怕，听着听着则觉着松弛，听到最后，就迷惑起来；神情恍惚，不能自主。"

黄帝说："你恐怕会这样吧！我演奏的是关于人间世事的主题，却用大自然的种种变化来反映它，使乐曲的进行合乎礼义，整个乐章建立在天道的基础上。大凡最美妙的音乐，总是先着眼于人间世事，使之符合大自然的哲理，按照礼义道德的准则来演奏，与自然现象相对应，然后乐曲便进入一种四季调和，天地万物和睦的意境。四季前后交替，万物按照各自的规律生长；音调忽强忽弱，象征文治武功的盛衰变化；时而清奇时而浑厚，表现阴阳二气调和，声音像飞泻的光波，冬眠的虫子开始复苏，我便奏出雷霆的声音去惊动它；结束没有尾声，开始没有前奏；表现死去活来，音调一低一高；变化无穷，没有一样可以预料。所以你感到害怕。

"我又奏出阴阳和谐、日月普照的主题；声调忽长忽短，忽柔忽刚；旋律变化合着节拍，而且不显呆滞；填满了山谷和壕坑；充塞了人的五官，守护着人的神明，万物都成为它的容器。乐声悠扬，旋律高亢明快。因此鬼神安然处在自己幽暗的住所，日月星辰运行在各自的轨道上。我在该停时戛然而止，不需停时则余韵缭绕。我想思虑却不明白，要观看却看不见，追逐也赶不上；茫然站立在四面空荡荡的大道上，靠着干枯的梧桐树而吟叹。想看视力达不到，要追赶却力不从心，我既然做不到就算了吧！形体充实而内心空虚，于是就敷衍了事。你这么一敷衍，所以心意松弛。

"我又奏出驱除松懈的乐声，并使它合乎大自然的节律，就像万物混杂一处竞相追逐着茁壮成长，各种乐章合奏而不露形迹；激昂时不呆滞,深沉时悄无声息。或活跃在杂乱无章的世界,或静处在幽深朦胧的境地;可以说是死,也可以说是生;可以说是果实,可以说是花朵;奔流向前夹杂着分散转移,不拘守固定的声律。世人如果对此存有疑虑,可以从圣人那儿得到印证。所谓圣,就是通情达理而顺应自然。虽然五官俱全却不去感知,这就叫做享受天乐,不用言语而内心常能愉快。因此神农氏称赞说:'听不到声音,看不见形体,充满天地之间,包容上下四方。'你想谛听却听不到声音,所以感到迷惑。

"这种音乐,开始时令人害怕,一害怕就疑神疑鬼;我又奏起令人松弛的节奏,松弛便产生逃遁之心;最后奏出使人迷惑的乐声,迷惑就变得愚钝;愚钝无知便可领悟大道,天道便与你融合在一起了。"

【原文】

孔子西游于卫。颜渊问师金曰:"以夫子之行为奚如?"师金曰:"惜乎,而夫子其穷哉!"颜渊曰:"何也?"师金曰:"夫刍狗之未陈也,盛以箧衍,巾以文绣,尸祝齐戒以将之。及其已陈也,行者践其首脊,苏者取而爨之而已;将复取而盛以箧衍,巾以文绣,游居寝卧其下,彼不得梦,必且数眯焉。今而夫子,亦取先王已陈刍狗,聚弟子游居寝卧其下。故伐树于宋,削迹于卫,穷于商周,是非其梦邪?围于陈蔡之间,七日不火食,死生相与邻,是非其眯邪?

"夫水行莫如用舟,而陆行莫如用车。以舟之可行于水也而求推之于陆,则没世不行寻常。古今非水陆与?周鲁非舟车与?今蕲行周于鲁,是犹推舟于陆地,劳而无功,身必有殃。彼未知夫无方之传,应物而不穷者也。

"且子独不见夫桔槔者乎?引之则俯,舍之则仰。彼,人之所引,非引人也,故俯仰而不得罪于人。故夫三皇五帝之礼义法度,不矜于同而矜于治。故譬三皇五帝之礼义法度,其犹柤梨橘柚邪!其味相反而皆可于口。

"故礼义法度者,应时而变者也。今取猨狙而衣以周公之服，彼必龁啮挽裂，尽去而后慊。观古今之异，犹猨狙之异乎周公也。故西施病心而矉其里，其里之丑人见之而美之，归亦捧心而矉其里。其里之富人见之，坚闭门而不出，贫人见之，挈其妻子而去走。彼知矉美而不知矉之所以美。惜乎，而夫子其穷哉！"

【译文】

孔子西游到卫国。颜回问师金说："怎样看先生此行呢？"师金说："可怜啊，你老师太倒霉了！"颜回说："怎么讲呢？"师金说："当草扎的狗未献祭之前，装在竹箱子里，并用花纹布饰盖，主管祭祀的人斋戒后才敢迎送它。等到祭礼过后，路人践踏它的身躯，打柴人干脆拿去一烧了事；这时如果还拿来装在竹箱子里，盖上绣巾，出游居家都守在旁边，即便不做噩梦，也常常会被鬼魅所惊扰。如今你老师也拿先王用过的草狗，招集弟子出游居处侍奉在左右。因此在宋国受到砍树的警告，在卫国没有地方存身，在商、周等地处境窘迫，这不是噩梦吗？被围困在陈、蔡两国之间，七天不能生火做饭，险些丢掉性命，这不是被鬼魅所惊扰吗？

"水上行路什么也比不上乘船，陆上行路什么也比不上乘车。因为船可以在水上航行便想把它推到陆地上走，一辈子也走不了多远。古与今不是相当于水与陆吗？周朝与鲁国不是相当船和车吗？如今幻想把周朝的一套政治制度推行到鲁国，就好像推着船在陆地上行走一样，劳而无功不说，自身也必定遭殃。他不知道那没有局限的转动，可以应付万物而裕如。

"你没见汲水的桔槔吗？牵引它就下俯，松开手就上升。它是被人所牵引，而不是牵引人，所以上下自如而不忤人意。因此三皇五帝的礼义法度，不是可贵在相同而是可贵在皆能治世安邦。拿三皇五帝的礼义法度作个比方，就像山楂、梨子、柑橘和柚子一样！其口味各不一样却都同样可口。

"所以礼义法度之类，应该随时势而变。如今给猴子穿上周公礼服，它必然会嘴咬爪撕，扒光脱净而后快。古与今的不同，就像猴子不同于周公一样。所以西施害心病而对里巷中人皱眉,邻里丑人见了觉得她这样很美,回去后也捂着心对里人皱眉。里中富人见了,紧闭门户而不出,穷人见了,带着妻儿远走他乡。她知道皱眉美却不明白皱眉为什么美。可怜啊,你老师真倒霉呀!"

【原文】

孔子行年五十有一而不闻道,乃南之沛见老聃。老聃曰:"子来乎?吾闻子,北方之贤者也,子亦得道乎?"孔子曰:"未得也。"老子曰:"子恶乎求之哉?"曰:"吾求之于度数,五年而未得也。"老子曰:"子又恶乎求之哉?"曰:"吾求之于阴阳,十有二年而未得。"

老子曰:"然。使道而可献,则人莫不献之于其君;使道而可进,则人莫不进之于其亲;使道而可以告人,则人莫不告其兄弟;使道而可以与人,则人莫不与其子孙。然而不可者,无它也,中无主而不止,外无正而不行。由中出者,不受于外,圣人不出;由外入者,无主于中,圣人不隐。名,公器也,不可多取。仁义,先王之蘧庐也,止可以一宿而不可久处,觏而多责。

"古之至人,假道于仁,托宿于义,以游逍遥之虚,食于苟简之田,立于不贷之圃。逍遥,无为也;苟简,易养也;不贷,无出也。古者谓是采真之游。

"以富为是者,不能让禄;以显为是者,不能让名;亲权者,不能与人柄。操之则栗,舍之则悲,而一无所鉴,以窥其所不休者,是天之戮民也。怨恩取与谏教生杀,八者,正之器也,唯循大变无所湮者为能用之。故曰,正者,正也。其心以为不然者,天门弗开矣。"

【译文】

孔子五十一岁还不懂得道,于是南行到沛拜访老子。

老子说:"你来了么?我听说过你,是北方的大贤人,你得道了吗？"孔子说："不曾得道。"老子问："你是怎样求道的呢？"回答说："我从制度名数去求道，五年还没有所得。"老子说："你又从哪里寻求道呢？"答道："我从阴阳二气中去求道，十二年了还没有成就。"

老子说："这就对了。道如果可以拿来行贡，人们就都拿去贡献给自己的君王了；道如果可以进奉，人们就都拿去进奉自己的双亲去了；道如果可以告诉别人，人们就都去告诉自家兄弟了；道如果可以给予人，人们就都拿去给自家子孙了。之所以不可以，没有别的原因，内心无主见天道就不能来停留，外界如果没有纯正的根基天道就无法推行。藏在内心的真知，不为外界所接受的，圣人就不传授；由外界输入的东西，内心无法断定的，圣人便不接受。名誉，是人人都想得到的公器，不可以贪多。仁义，是先王的馆舍，只可以暂住一宿而不能呆的时间太长，否则就会招来责难。

"古代尽善尽美的人，从仁那儿借道，在义那儿寄宿，畅游在自由自在的天地里，凭借粗放简陋的田地吃饭，不向任何人施舍。逍遥自在，就是无所作为；粗放简陋，就容易生存；不向别人施舍，意味着自身没有输出。古人把这叫做采撷真气的游历。

"一心想富有的人，不会将利禄让给别人；看重荣耀的人，不会拿声名让给别人；看重权势的人，不会把权柄让给别人。大权在手则战栗恐惧，丧失权位就悲哀沮丧，一些没有察觉到其中利害，一心盯着不断追求的功名利禄，这些都是应该受到上天诛灭的戮民啊。怨恨、恩惠、索取、施与、劝谏、教化、生养、杀戮，八个方面，是匡正天下的手段，只有顺应天道变化而不拘泥的人才能运用自如。所以说，匡正天下的，必须是自身正直的人。内心认为不是这样的人，天道的大门对他不开。

【原文】

孔子见老聃而语仁义。老聃曰："夫播糠眯目，则天地四方易位矣；蚊虻噆肤，则通昔不寐矣。夫仁义憯然乃愤吾心，乱莫大焉。吾子使天下无失其朴，吾子亦放风而动，总德而立矣，又奚杰然若负建鼓而求亡子者邪？夫鹄不日浴而白，乌不日黔而黑。黑白之朴，不足以为辩；名誉之观，不足以为广。泉涸，鱼相与处于陆，相呴以湿，相濡以沫，不若相忘于江湖！"

孔子见老聃归，三日不谈。弟子问曰："夫子见老聃，亦将何规哉？"

孔子曰："吾乃今于是乎见龙！龙，合而成体，散而成章，乘云气而养乎阴阳。予口张而不能嗋，予又何规老聃哉！"

子贡曰："然则人固有尸居而龙见，渊默而雷声，发动如天地者乎？赐亦可得而观乎？"遂以孔子声见老聃。

老聃方将倨堂而应，微曰："予年运而往矣，子将何以戒我乎？"

子贡曰："夫三王五帝之治天下不同，其系声名一也。而先生独以为非圣人，如何哉？"

老聃曰："小子少进！子何以谓不同？"

对曰："尧授舜，舜授禹，禹用力而汤用兵，文王顺纣而不敢逆，武王逆纣而不肯顺，故曰不同。"

老聃曰："小子少进！余语汝三皇五帝之治天下。黄帝之治天下，使民心一，民有其亲死不哭而民不非也。尧之治天下，使民心亲，民有为其亲杀其杀而民不非也。舜之治天下，使民心竞，民孕妇十月生子，子生五月而能言，不在乎孩而始谁，则人始有夭矣。禹之治天下，使民心变，人有心而兵有顺，杀盗非杀，人自为种而天下耳，是以天下大骇，儒墨皆起。其作始有伦，而今乎妇女，何言哉！余语汝，三皇五帝之治天下，名曰治之，而乱莫甚焉。三皇之知，上悖日月之明，下睽山川之精，中堕四时之施。其知憯于蛎虿之尾，鲜规之兽，莫得安其性命之情者，而犹自以为圣人，不可耻乎，其无耻也？"

子贡蹴蹴然立不安。

【译文】

孔子拜见老子说起仁义。老子说："簸糠眯了眼睛，天地和东西南北就分辨不清了；蚊虫叮咬皮肤，就会彻夜难以入睡。仁义的恶毒激起我心中极大的愤恨，它的祸害太大了。你不妨使天下人保持质朴的天性，您也顺应自然而行事，修养自己的德性而自立于世，又何必急匆匆像背着大鼓找寻走失的儿子一样呢？鹤用不着每天洗澡也是洁白的，乌鸦用不着每天涂染也是乌黑的。黑和白是它们的天然本色，没有必要加以改变；名誉的大小也应当听其自然，不必过分夸大。泉水干涸，鱼都被困在陆地上，彼此呼出湿气让对方呼吸，用口沫相互浸润，哪里比得上在江湖里互相忘怀的好呢！"

孔子从老子那儿回来，三天不说话。弟子们问他："先生见到老子，是怎样规劝的呢？"

孔子说："我现在才见到了龙！那龙，聚合而成其形体，离散则变成鳞彩，乘驾云气采吸阴阳真气来滋养自身。我惊得嘴巴张开都合不拢，又怎么规劝老子呢！"

子贡说："这么说人果真可以外表像僵尸却显现龙的真体，吼声如雷霆而静默如深渊，发动起来像天地一样吗？我可以见见吗？"于是借孔子名义去见老子。

老子坐在堂上回应一声，声音微弱地说："我年纪大了，你有什么指教？"

子贡说："三皇五帝治理天下各不相同，却同样享有盛名。但先生却认为他们不是圣人，为什么呢？"

老子说："年轻人走近些！你凭什么说他们不同呢？"

回答说："尧传位于舜，舜传位于禹，禹用劳力治水而商汤用兵夺权，周文王顺服商纣不敢背叛，周武王叛逆商纣不肯臣服，所以说不同。"

老子说："年轻人再上前一些！我告诉你三皇五帝治理天下的事。黄帝治理天下，使民心单纯，有人死了亲人不悲哭别人也不非议。尧治理天下，使民心相爱，有人为亲人服丧降低等级别人也不非议。舜治理天下，使民心争强好胜，妇女怀胎十月生下孩子，五个月就会说话，等不到会笑就能辨认人，于是人就开始有夭折。禹治理天下，使民心变化不定，人们工于心计，打仗被当做正义的事，杀了强盗不算是杀人，人们结伙谋私却标榜是在为天下，所以天下人们心怀恐惧，儒墨各派都相继兴起。起初还讲点人伦天理，到如今简直像是搔首弄姿的妇女，还能说什么呢！我告诉你，三皇五帝治理天下，名义上是治理，实际上祸患无穷。三皇的心智，上扰乱了日月的光明，下伤害了山川的精灵，中破坏了四季的正常交替。他们的心智比蝎子尾巴和食人猛兽还毒。不能保持安身立命的纯朴天性，还自以为是圣人，不是很可耻吗？太无耻了啊！"

子贡惴惴不安地立在那儿。

【原文】

孔子谓老聃曰："丘治《诗》、《书》、《礼》、《乐》、《易》、《春秋》六经，自以为久矣，孰知其故矣；以奸者七十二君，论先王之道而明周召之迹，一君无所钩用。其矣夫！人之难说也，道之难明邪？"

老子曰："幸矣子之不遇治世之君也！夫六经，先王之陈迹也，岂其所以迹哉！今子之所言，犹迹也。夫迹，履之所出，而迹岂履哉！夫白鶂之相视，眸子不运而风化；虫，雄鸣于上风，雌应于下风而风化；类自为雌雄，故风化。性不可易，命不可变，时不可止，道不可壅。苟得于道，无自而不可；失焉者，无自而可。"

孔子不出三月，复见曰："丘得之矣。乌鹊孺，鱼傅沫，细要者化，有弟而兄啼。久矣夫丘不与化为人！不与化为人，安能化人！"

老子曰："可。丘得之矣！"

【译文】

孔子对老子说："我研究《诗》、《书》、《礼》、《乐》、《易》、《春秋》六经，自以为很久了，熟知其中道理了；便拿来自荐于七十二个国君，论述先王的治国之道以阐明周公、召公的业绩，没有一个君主采用。太过分了！是人们难以说服呢，还是大道难以阐明？"

老子说："幸好你未曾遇到治世明君！六经，是先王过去的事迹，岂是其赖以创造业绩的根源！现在你所说的，好比是脚印。脚印，是鞋踩出的，但脚印难道是鞋！白鹝相互对视，眼珠不动便已成孕；虫子，雄的在上风方向鸣叫，雌的在下风方向应和便能怀孕。'类'一身兼雌雄两性，所以自行成孕。物性不可更改，天命不可改变，时令不可阻止，天道不可壅塞。若果得了道，没有行不通的；若失去道，则没有行得通的。"

孔子三个月不出门，再去见老子说："我明白了。乌鸦和喜鹊孵化而生殖，鱼类靠口沫而繁衍，细腰的蜂靠育化而生息，生下弟弟哥哥因怕失宠而啼哭。我没有顺应自然变化而做人很久了！不能顺应天道的变化而做人，怎么能够教化别人呢！"

老子说："行啊。孔子得道了！"

【成语与典故】

[九洛]　《洛书》九畴的简称。按儒家的说法，大禹治理洪水时，上帝赐给他《洛书》即《尚书·洪范》，其中记述九种治理天下的大法，称作"九畴"或"《洛书》九畴"。

[已陈刍狗]　刍狗，草扎的狗，古时祭祀用的供品。原文为："夫刍狗之未陈也，盛以箧衍，巾以文绣，……及其已陈也，行者践其首脊，……"用陈列过的草狗来比喻孔子之道已经过时，无济于世。后世遂以"已陈刍狗"比喻无用的事物。如宋代沈括《梦溪笔谈》卷十三："盖已陈刍狗，其机已失，恃胜失备，反受其害。"

[推舟于陆]　出自本篇"以舟之可行于水也而求推之于陆，则没世不行寻常……是犹推舟于陆也，劳而无功，身必有殃。"后世演变为"推舟于陆"、"劳而无功"两个成语，比喻做事情不按照客观规律，必然没有成效。

[东施效颦]　出自本篇"故西施病心而颦其里。其里之丑人见而美之，归亦捧心而颦其里"。原意说丑女看到美女西施的病态认为很美，就不加分析地盲目仿效，结果反而显得更丑。后世为丑女冠以东施之名，并把那种片面盲目模仿别人的行为，称作"东施效颦"。

刻　意

方　祎　译

【提要】

　　本篇中心讲养神。作者首先分析了六种人格形态，认为只有"淡然无极而众美从之"的圣人之德才是最理想的；次写圣人的德象及培养这种道德的方法和准则；然后由养神论述到"守神"、"体纯素"，认为这样才可以达到"真人"的境界。

【原文】

　　刻意尚行，离世异俗，高论怨诽，为亢而已矣；此山谷之士，非世之人，枯槁赴渊者之所好也。语仁义忠信，恭俭推让，为修而已矣；此平世之士，教诲之人，游居学者之所好也。语大功，立大名，礼君臣，正上下，为治而已矣；此朝廷之士，尊主强国之人，致功并兼者之所好也。就薮泽，处闲旷，钓鱼闲处，无为而已矣；此江海之士，避世之人，闲暇者之所好也。吹呴呼吸，吐故纳新，熊经鸟申，为寿而已矣；此道引之士，养形之人，彭祖寿考者之所好也。若夫不刻意而高，无仁义而修，无功名而治，无江海而闲，不道引而寿，无不忘也，无不有也，淡然无极而众美从之；此天地之道，圣人之德也。

【译文】

　　克制意欲，崇尚行为，卓尔不群，与众不同，高谈阔论，怨己不遇，非世无道，为了表现清高罢了；这是隐居山谷之士，毁议时世的人，劳苦身体，牺牲生命的人所喜爱的。言谈仁义忠信，恭俭推让，为了修身罢了；这是平时治理社会之士，实施教育的人，有

148

时到处游说、有时定居讲学的人所喜爱的。言谈大功，欲立鸿名，以礼维护君臣关系，端正上下等级，为了治国罢了；这是朝廷之士，推崇君主、强化国家的人，致力于在开拓疆土上立功的人所喜爱的。栖隐湖泽，居住旷野，闲居而从事于钓鱼，无所作为罢了；这是隐居江海之士，避开时世的人，从容闲暇的人所喜爱的。吹嘘呼吸，吐故纳新，像熊一样悬吊在树上，像鸟一样伸展翅膀，为了长寿罢了；这是导通气血、柔和肢体之士，锻炼身体的人，彭祖般长寿的人所喜爱的。至于不克制意欲而高尚，不言谈仁义而身修，不求功名而国治，不隐居江海而清闲，不导通气血、柔和肢体而长寿，一切都无心，一切都能得到，虽无限淡漠，然而一切美好的东西都随之而来；这是天地之道，圣人之德。

【原文】

故曰：夫恬惔寂寞虚无无为，此天地之平而道德之质也。故曰，圣人休休焉则平易矣，平易则恬惔矣。平易恬惔，则忧患不能入，邪气不能袭，故其德全而神不亏。

故曰，圣人之生也天行，其死也物化；静而与阴同德，动而与阳同波；不为福先，不为祸始；感而后应，迫而后动，不得已而后起；去知与故，循天之理。故无天灾，天物累，无人非，无鬼责。其生若浮，其死若休；不思虑，不豫谋。光矣而不耀，信矣而不期。其寝不梦，其觉无忧。其神纯粹，其魂不罢。虚无恬惔，乃合天德。

故曰：悲乐者，德之邪；喜怒者，道之过；好恶者，德之失。故心不忧乐，德之至也；一而不变，静之至也；无所于忤，虚之至也；不与物交，惔之至也；无所于逆，粹之至也。故曰，形劳而不休则弊，精用而不已则劳，劳则竭。

水之性，不杂则清，莫动则平；郁闭而不流，亦不能清；天德之象也。故曰，纯粹而不杂，静一而不变，惔而无为，动而以天行，此养神之道也。

【译文】

所以说：恬惔寂寞，虚无无为，这是天地的准则和道德的本质。所以说：圣人休心息意于此，就会涉危险而平夷，履艰难而简易；平夷简易就会恬惔。平易恬惔，那么忧患就不会进入，邪气自不能侵袭，所以圣人的道德完备而精神不损。

所以说：圣人活着如天道之运行，死了像万物之变化；凝神静虑与阴气同其盛德，应感而动与阳气同其波澜；不做福的先导，不做祸的起始；有所感而后回应，有所逼迫而后行动，不得已而后兴起；抛弃心智伪诈，随顺自然之理，所以没有天灾，没有外物牵累，没有众人非议，没有鬼神责咎。他活着如同浮沤暂起，死去如同疲劳休息，不思索考虑，不预先谋划；光明而不炫耀，信誉若四时而不预期；夜寝而不梦，日觉而无忧；心神清净纯粹，精魂不会疲劳，虚无恬惔，才合乎天地之德。

所以说：悲乐是德的邪妄；喜怒是德的罪过；好恶是德的错误。所以内心没有忧乐，是德的至极，纯一而没有变动，是静的至终；无所乖逆，是虚的至极；不与外物交往，是淡的至极；无所抵触，是粹的至极。所以说：形体劳累而不休息就困弊，精神用尽而不停止就劳损，劳损就枯竭。

水的本性，不混杂就清澈，不搅动就平静；郁积闭塞而不流动，也不会清澈；这是天地之德的表现。所以说：纯粹而不混杂，虚静纯一而不变动，恬惔无为，行动则根据天道的运行，这是养神的方法和准则。

【原文】

夫有干越之剑者，柙而藏之，不敢用也，宝之至也。精神四达并流，无所不极，上际于天，下蟠于地，化育万物，不可为象，其名为同帝。

纯素之道，唯神是守；守而勿失，与神为一；一之精通，合于天伦。野语有之曰："众人重利，廉士重名，贤士尚志，圣人贵精。"故素也者，谓其无所与杂也；纯也者，谓其不亏其神也。能体纯素，谓之真人。

【译文】

持有吴、越产的宝剑，把它放在匣中藏起来，不敢轻易使用，这是因为它最珍贵。精神四通八达，无所不至，上达于天，下及于地，化育万物，不能用尽象来表示，只能说它的功用如同天帝的无为。

纯粹素净之道，惟在守住精神；守住而不丧失，和精神凝聚为一；精通纯一，与自然之理相符合。俗语说："普通大众注重财利，廉洁之士重视声名，贤人君子崇尚志向，圣人则重视思想精神。"因此，所谓素是说它没有和什么相混杂；所谓纯是说它没有亏损精神。能够理解纯粹素净，就可称之为"真人"。

【成语与典故】

[吐故纳新] 语出本篇："吹呴呼吸，吐故纳新，熊经鸟申，为寿而已矣。"本指人体呼吸，吐出二氧化碳，吸进新鲜氧气。这是道家的养生方法。后引申为新陈代谢的意思，比喻扬弃旧的，吸收新的。

[熊经鸟申] 出处同上。古代的一种体育活动，可以养生延寿，状如熊攀树、鸟飞空的样子。

缮　性

松　樵　译

【提要】

　　本篇主要论述关于修身养性的道理。主张进行道德修养要以远古的人们为楷模，而不能追随当世的流俗。认为古人都能顺应天理大道，愈往后代则道德愈加沦丧。反映了厚古薄今、幻想自我超脱的思想意识。

【原文】

　　缮性于俗学，以求复其初；滑欲于俗思，以求致其明；谓之蔽蒙之民。

　　古之治道者，以恬养知；知生而无以知为也，谓之以知养恬。知与恬交相养，而和理出其性。夫德，和也；道，理也。德无不容，仁也；道无不理，义也；义明而物亲，忠也、中纯实而反乎情，乐也；信行容体而顺乎文，礼也。礼乐偏行，则天下乱矣。彼正而蒙己德，德则不冒，冒则物必失其性也。

【译文】

　　用世俗的学问修养心性，而期望能复归自然本性；放纵欲念来附庸世俗的观念，而希望达到明智；就叫做愚昧不化之人。

　　古时候修养道行的人，用恬淡来修养智慧；有了智慧却并不拿去使用，叫做拿智慧涵养恬静。智慧与恬淡相互培养，和顺与天理便在他的秉性中产生。德，就是和顺；道，就是天理。德没有不包容的，这就是仁；道没有不合天理的，就是义；义昭明于天下而万物都来亲附，就是忠；内心纯朴反映到性情上，就是快乐；做事恪守信用、待人宽容而合乎章法，就是礼。礼乐广泛推行，天下就会大乱。持守正道的人收敛自己的德行，德泽就不会滥施，滥施就会使万物丧失天性。

【原文】

古之人，在混芒之中，与一世而得淡漠焉。当是时也，阴阳和静，鬼神不扰，四时得节，万物不伤，群生不夭，人虽有知，无所用之，此之谓至一。当是时也，莫之为而常自然。

逮德下衰，及燧人伏羲始为天下，是故顺而不一。德又下衰，及神农黄帝始为天下，是故安而不顺。德又下衰，及唐虞始为天下，兴治化之流，溁淳散朴，离道以善，险德以行，然后去性而从于心。心与心识知而不足以定天下，然后附之以文，益之以博。文灭质，博溺心，然后民始惑乱，无以反其性情而复其初。

由是观之，世丧道矣，道丧世矣。世与道交相丧也，道之人何由兴乎世，世亦何由兴乎道哉！道无以兴乎世，世无以兴乎道，虽圣人不在山林之中，其德隐矣。

隐，故不自隐。古之所谓隐士者，非伏身而弗见也，非闭其言而不出也，非藏其知而不发也，时命大谬也。当时命而大行乎天下，则反一无迹；不当时命而大穷乎天下，则深根宁极而待；此存身之道也。

【译文】

古代的人，处在混沌迷茫的状态中，一辈子都能恬静淡漠地度过。在那个时候，阴阳二气调和而宁静，鬼魅神祇不来惊扰，四季交替与节令合拍，万物都不受伤害，生命没有夭亡的危险，人们虽然有心智，却派不上用场，这就叫做"纯粹合一"的境界。这个时候，人们不干任何事却始终符合自然天道。

等到道德日益衰败下去，到燧人氏、伏羲氏开始治理天下时，只能顺应民心而不能达到"纯一"境界。道德又继续衰败，到神农氏、黄帝开始治理天下，就只能安抚而不能顺应民心了。道德再衰落，到唐尧、虞舜开始治理天下，大兴教化的风气，使淳厚的民风变得浇薄，涣散了朴实的习俗，背离道而作为，损害德而行事，然后抛弃自然本性而屈服于心念。欲念之心相互交织天下就不能太平了，然后就附加了虚伪繁缛的文辞，增设了广博的学问。文辞泯灭了纯朴的天性，博学毒害了恬淡的心灵，人们就开始迷乱，再也无法保持自然的性情，回复本来的样子了。

由此看来，社会已经丧失了自然天道，天道也已经抛弃了社会。社会与天道互相抛弃，持守天道的人用什么来作为于社会，人世又怎么能靠自然天道而振兴呢！道无法在世上兴盛，世事无法依靠天道而振兴，即使圣人不去躲进深山老林，他们的德泽也会隐藏起来。

隐居，本来就不是连自身都隐匿不见。古时候所说的隐士，不是潜伏身躯不让人看见，不是闭上自己的嘴巴不说话，不是隐藏自己的智慧而不表露，而是由于时世太腐败了。逢着时来运转而能使大道通行于天下，就返回到"纯粹合一"的境界而不露形迹；若时运不济，大道难于推行，便深深扎下根去，保持高度的宁静而等待时机；这就是保全自身的方法。

【原文】

古之行身者，不以辩饰知，不以知穷天下，不以知穷德，危然处其所而反其性已，又何为哉！道固不小行，德固不小识。小识伤德，小行伤道。故曰，正己而已矣。乐全之谓得志。

古之所谓得志者，非轩冕之谓也，谓其无以益其乐而已矣。今之所谓得志者，轩冕之谓也。轩冕在身，非性命也，物之傥来，寄者也。寄之，其来不可圉，其去不可止。故不为轩冕肆志，不为穷约趋俗，其乐彼与此同，故无忧而已矣。今寄去则不乐，由是观之，虽乐，未尝不荒也。故曰，丧己于物，失性于俗者，谓之倒置之民。

【译文】

古时候处世立身的人，不用巧辩点缀智慧，不用智慧拖累天下，不用心智损害德性，独自静坐在自己的住所，向着自然本性复归，除此之外还有什么可干呢？道本来就不应该被狭隘地推行，德本来就不应该煞费苦心去穷究。穷究会伤害德性，狭隘的推行会伤害自然天道。所以说，只要自己行得正就行了。为自然天性的保全而感到高兴，就可称得上得志。

古时候所说的得志，并不是指的高官显爵，而是说自身的快乐无以复加罢了。现今所说的得志，说的是高官显爵。高官显爵在身，并不是自然性命的产物，是身外之物偶然到来暂时寄托在这里罢了。既是寄托，它的到来不可拒绝，它的逝去不可阻止。所以不因为得高官厚禄而骄纵横行，不因为穷困潦倒而趋炎附势。其中快乐彼此是一样的，因此上没有忧愁可言。如今寄托的外物离去便不高兴，由此看来，虽然快乐，却恰恰是自然真性的沦丧。所以说，将自身丧失在物欲中，将真性丧失在世俗中的人，叫做本末颠倒的人。

秋　水

于　夫　译

【提要】

　　本文通过河伯与北海若的对话，推导出庄子的认识论，即将人的认识分为有为的小知与无为的大知，提倡无为的大知，摈斥有为的小知。文末又通过数则寓言说明无为的作用，以及无为而无不为的思想。特别是文中"道无终始?"、"物无贵贱"的思想，包含着朴素的辩证法的因素，是庄子思想中的精华。

【原文】

　　秋水时至，百川灌河，泾流之大，两涘渚崖之间，不辨牛马。于是焉河伯欣然自喜，以天下之美为尽在己。顺流而东行，至于北海，东面而视，不见水端。于是焉河伯始旋其面目，望洋向若而叹曰："野语有之曰：'闻道百以为莫己若者'，我之谓也。且夫我尝闻少仲尼之闻而轻伯夷之义者，始吾弗信；今我睹子之难穷也，吾非至于子之门则殆矣，吾长见笑于大方之家。"

【译文】

　　秋天到了，洪水上涨，百川都汇入黄河，水势很大，涨满了两岸牛马都分辨不清了。河伯于是欣然自得，以为天下之美都在己身。河伯顺流向东而行，到达北海，向东看去，海天茫茫，不见尽头。河伯于是一改其志得意满之态，望着大海对海神若叹息道："俗话说：'有人懂得万分之一便以为别人都不如自己'，我就是这种人啊！我还听说有人看不起孔子的见闻，轻视伯夷的义举，开始我还不信；现在我看到您是这样无边无涯，无穷无尽，真是传言不虚啊！我要是看不到您是这样的无穷无尽，那是太危险了，一定会被天下的有道之士耻笑。"

【原文】

北海若曰："井蛙不可以语于海者，拘于虚也；夏虫不可以语于冰者，笃于时也；曲士不可以语于道者，束于教也。今尔出于崖涘，观于大海，乃知尔丑，尔将可与语大理矣。天下之水，莫大于海，万川归之，不知何时止而不盈；尾闾泄之，不知何时已而不虚；春秋不变，水旱不知。此其过江河之流，不可为量数。而吾未尝以此自多者，自以比形于天地而受气于阴阳，吾在于天地之间，犹小石小木之在大山也，方存乎见少，又奚以自多！计四海之在天地之间也，不似礨空之在大泽乎？计中国之在海内，不似稊米之在大仓乎？号物之数谓之万，人处一焉；人卒九州，谷食之所生，舟车之所通，人处一焉；此其比万物也，人似毫末之在于马体乎？五帝之所连，三王之所争，仁人之所忧，任士之所劳，尽此矣。伯夷辞之以为名，仲尼语之以为博，此其自多也，不似尔向之自多于水乎？"

【译文】

北海若说："不能和井蛙谈大海，因为蛙住在狭井之中；不能和夏虫谈冰雪，因为夏虫到冬天早已死去；不能和孤陋寡闻的人论道，因为他所受的教育有限。你现在沿山循岸而来，看到大海后，便知道自己的不足，这就能够和你谈论大道理了。普天下的水，都没有海大，千万条河流入大海，无休无止，但海水却从未满盈；海水从尾闾泄出，无休无止，但海水却从未减少；海水从不因季节或者水旱的变化而改变。海水超过江河的水量，是不可计算的。但我却从未因此而自满，因为我知道我的形体来自天地，并且禀受了阴阳之气，我在天地之间，就像小石头或小树在大山中一样，我总觉得自己见识少，又怎么敢自满呢？细算起来，四海在天地之间，不是像蚁穴在大泽之中一样吗？而中国之在世界，不也是像一粒小米掉进大海里一样吗？世上有万物，而人只不过是其中之一；人们聚居在九州之内，这里生长着各种粮食作物，到处有舟车通行，而个人只不过是人类中的一个；以个人和万物相比，不过是九牛一毛罢了？五帝相继禅让，三王相争为王，仁人的忧虑，贤士的操劳，其实也都不过是毫末罢了！伯夷以避让取得名声，孔子以言论显示渊博，这就显出他们的自满，不正像你因河水涨溢而感到自满一样吗？"

【原文】

河伯曰："然则吾大天地而小毫末，可乎？"北海若曰："否。夫物，量无穷，时无止，分无常，终始无故。是故大知观于远近，故小而不寡，大而不多，知量无穷；证曏今故，故遥而不闷，掇而不跂，知时无止；察乎盈虚，故得而不喜，失而不忧，知分之无常也；明乎坦涂，故生而不说，死而不祸，知终始之不可故也。计人之所知，不若其所不知；其生之时，不若未生之时；以其至小求穷其至大之域，是故迷乱而不能自得也。由此观之，又何以知毫末之足以定至细之倪！又何以知天地之足以穷至大之域！"

【译文】

河伯说："既如此，我是否可以重视天地之大而忽略毫末之小呢？"北海若说："不可以。因为对于事物来说，数量是没有穷尽的，时间是无休无止的，得失是难以预料的，终始在千变万化之中。所以，大智之人观察事物能够由近及远，不以其小而认为少，也不以其大而认为多，因为他懂得数量是没有穷尽的；通晓古今，不以遥远而烦闷，近在咫尺也不去强求，因为他懂得时间是无休无止的；洞察盈亏之理，所以得到不感到高兴，失去也不会忧伤，因为他懂得得失是难以预料的；明了新陈交替地运行，所以生不以为福，死亦不以为祸，因为他懂得终始是千变万化的。如果计算一下人所知道的知识，远比不上他所不知道的；活在世上的时间，远比不上他不在人间的时间；以有限的智慧去探究无穷大的领域，必然会迷乱而无所收获。由此看来，又怎么能以毫末去衡量极小的事物，又怎么能以天地去比较无穷的宇宙呢？"

【原文】

河伯曰："世之议者，皆曰：'至精无形，至大不可围。'是信情乎？"

北海若曰："夫自细视大者不尽，自大视细者不明。夫精，小之微也；垺，大之殷也；故异便。此势之有也。夫精粗者，期于有形者也；无形者，数之所不能分也；不可围者，数之所不能穷也。可以言论者，物之粗也；可以意致者，物之精也。言之所不能论，意之所不能察致者，不期精粗焉。是故大人之行，不出乎害人，不多仁恩；动不为利，不贱门隶；货财弗争，不多辞让；事焉不借人，不多食乎力，不贱贪污；行殊乎俗，不多辟异；为在从众，不贱佞谄；世之爵禄不足以为劝，戮耻不足以为辱；知是非之不可为分，细大之不可为倪。闻曰：'道人不闻，至德不得，大人无己。'约分之至也。"

【译文】

河伯说："世人议论说：'最细小的东西没有形体，最巨大的东西没有边界。'这话真实吗？"

北海若说："以观察细小事物的角度去观察巨大事物，就看不全面，以观察巨大事物的角度去观察细小事物，就看不分明。大小各异，这是形势决定的。所谓精，指小中之小；所谓垺，指大中之大。精小或者粗大，是指有形迹的东西，至于没有形迹的东西，便是用一般的数量概念难以划分的；没有范围的东西，是不可能以数量来计算的。能够用语言表达的，是事物的粗浅方面；只能意会的，则是事物的精微方面；语言不能表达，思想难以意会的，就更不能以大小而论了。因此，道德高尚的人，不去伤害别人，也不为自己树恩；行动不是为了谋利，也不以守门的差使为卑；不争财物，遇事也不过谦；做事不借助别人之力，不以自事其力为荣，不以贪婪污浊之行为耻；行为与世俗不同，但也不标新立异；行事与众人无异，不鄙视谄媚的小人；高官厚禄不动心，也不以受刑戮为辱；明白是非是难以界定的，大小是漫无边际的。有人说：'有道之人不求显达，有德之人不求报酬，高尚之人无私无己。'这真是约束自己所能达到的最高境界啊！"

【原文】

河伯曰："若物之外，若物之内，恶至而倪贵贱？恶至而倪小大？"

北海若曰："以道观之，物无贵贱；以物观之，自贵而相贱；以俗观之，贵贱不在己。以差观之，因其所大而大之，则万物莫不大；因其所小而小之，则万物莫不小；知天地之为稊米也，知毫末之为丘山也，则差数睹矣。以功观之，因其所有而有之，则万物莫不有；因其所无而无之，则万物莫不无；知东西之相反而不可以相无，则功分定矣。以趣观之，因其所然而然之，则万物莫不然；因其所非而非之，则万物莫不非；知尧桀之自然而相非，则趣操睹矣。昔者尧舜让而帝，之哙让而绝，汤武争而王，白公争而灭。由此观之，争让之礼，尧桀之行，贵贱有时，未可以为常也。梁丽可以冲城，而不可以窒穴，言殊器也。骐骥骅骝，一日而驰千里，捕鼠不如狸狌，言殊技也。鸱鸺夜撮蚤，察毫末，昼出瞋目而不见丘山，言殊性也。故曰：盖师是而无非，师治而无乱乎？是未明天地之理，万物之情者也。是犹师天而无地，师阴而无阳，其不可行明矣。然且语而不舍，非愚则诬也！帝王殊禅，三代殊继。差其时，逆其俗者，谓之篡夫；当其时，顺其俗者，谓之义徒。默默乎河伯！女恶知贵贱之门，小大之家！"

【译文】

河伯说："物体之外，物体之内，用什么来区别贵贱？用什么来区别大小呢？"

北海若说:"从道的观点看来,物体是没有贵贱的;从物体本身来看,均以己贵而以他物为贱;从世俗的观点来看,贵贱不取决于自己。从万物存在着差别的观点来看,只看其大的一面,则万物均大;只看其小的一面,则万物皆小。天地虽大,如果与宇宙相比,也不过是一颗小米;毫末虽小,如果与更微小的东西比,就会像山丘一样大。懂得了上述道理,便是明白了万物之间的差别。从物体的功能来看,如果只看其有用的一面,则万物均有用;如果只看其无用的一面,则万物均无用;懂得东西两个方向相反但却互不可缺的道理,就可以懂得万物的功能是固有的了。从志趣来看,如果只看肯定的一方面,则万物均需肯定;如果只看否定的一方面,则万物均需否定;懂得唐尧和夏桀均以自己为是而互以对方为非的道理,就是懂得了人们的志趣观。从前尧舜皆以禅让而为帝,燕王哙与其相子之却因禅让而国破身亡;商汤和周武王皆以争夺为王,而楚之白公胜却因争夺而灭绝。由此看来,争夺与禅让,唐尧和夏桀之行,孰贵孰贱,是随着时间而转移的,并不是固定不变的。栋梁可以用来冲城,但不可用来塞洞,器物各有各的用处;骐骥骅骝那样的名马,可以一日千里,但捉老鼠却不如野猫,因为它们各有各的技能;猫头鹰夜晚可以捉到跳蚤,可谓明察秋毫,但在白天睁着眼睛也看不到山丘,这是因为生性不同。有人说,效法正确的便不会犯错误,效法法治便不会出现混乱,这话对吗?这是不明白天地间的规律和万物中的事理。这就像只效法天而不效法地,只效法阴而不效法阳那样,是明显行不通的。然而有些人还是喋喋不休地讲这种话,那便不是无知便是诚心胡说八道了。帝王间的禅让,三代间的继承,都各有不同。不合时宜,违反习俗者,人们称之为'篡夫';迎合时代,合乎习俗者,人们称之为'义士'。沉默吧,河伯!你怎么会知道贵贱的不同,大小的区别呢!"

【原文】

河伯曰:"然则我何为乎,何不为乎?吾辞受趣舍,吾终奈何?"

北海若曰:"以道观之,何贵何贱,是谓反衍;无拘而志,与道大蹇。何少何多,是谓谢施;无一而行,与道参差。严乎若国之有君,其无私德;繇繇乎若祭之有社,其无私福;泛泛乎其若四方之无穷,其无所畛域。兼怀万物,其孰承翼?是谓无方。万物一齐,孰短孰长?道无终始,物有死生,不恃其成;一虚一满,不位乎其形。年不可举,时不可止;消息盈虚,终则有始。是所以语大义之方,论万物之理也。物之生也,若骤若驰,无动而不变,无时而不移。何为乎?何不为乎?夫固将自化。"

【译文】

河伯说:"那么,我什么应该做,什么不应该做,对于进退取舍,我到底应该怎么办呢?"

北海若说:"从道的观点看来,无所谓贵,亦无所谓贱,贵贱是反复无常的;无所谓多,亦无所谓少,多少是反复变换的;偏执行事,不符合道的准则。要像严正的国君,公正无私,不偏不倚;要像悠然享受祭祀的社神,公平待人,同样赐福;要像汪洋大海那样,无穷无尽,无边无沿;对万物要兼收并蓄,谁还会单独接受庇护和恩惠呢?这就是不偏向任何一方。万物本来是平等的,有什么长短之分呢?道是无始无终的,而万物却会有死有生,不应以一时的成就而骄傲。万物有虚有满,有盈有亏,没有固定的形状。岁月留不住,时光永不停息;万物此消彼长,盈虚交替,终而复始。这就是道的精髓,万物的自然规律。万物的生长,犹如马在奔驰,无时无刻不在变化。做什么?不做什么?应该听其自然发展。"

【原文】

河伯曰:"然则何贵于道邪?"

北海若曰:"知道者必达于理,达于理者必明于权,明于权者不以物害己。至德者,火弗能热,水弗能溺,寒暑弗能害,禽兽弗能贼。非谓其薄之也,言察乎安危,宁于祸福,谨于去就，莫之能害也。故曰：天在内，人在外，德在乎天。知天人之行，本乎天，位乎得；蹢躅而屈伸，反要而语极。"

【译文】
河伯说："那么为什么以道为贵呢？"
北海若说："懂得道的人必定通晓事理，通晓事理的人必定懂得权变，懂得权变的人必定不会让外物伤害自己。道德高尚的人，火烧不了他，水淹不了他，寒暑害不了他，禽兽伤不了他。并不是说水火禽兽真的不伤害他，而是他能明察安危，安于祸福，进退谨慎，所以能够不受伤害。所以说：'天性蕴于内心，人事显露于外，至德在于顺乎自然。'懂得自然规律和人事的变化，本于自然，安于环境，能进能退，能屈能伸，那就是理解了道的真谛，可以与之论道了。"

【原文】
曰："何谓天？何谓人？"
北海若曰："牛马四足，是谓天；落马首，穿牛鼻，是谓人。故曰：无以人灭天，无以故灭命，无以得殉名。谨守而勿失，是谓反其真。"

【译文】
河伯说："什么叫天然？什么叫人为呢？"
北海若说："牛马生来便有四只脚，这就叫天然，给马头套上辔头，给牛鼻子穿上缰绳，这就叫人为。所以说：不要人为地毁灭自然，不要勉强地去做那些会毁灭性命的事，不要因为贪心而损害自己的名声。谨守此理而不违背，这就是恢复了天真的本性。"

【原文】
夔怜蚿，蚿怜蛇，蛇怜风，风怜目，目怜心。
夔谓蚿曰："吾以一足趻踔而行，予无如矣。今子之使万足,独奈何?"

蚿曰:"不然。子不见夫唾者乎?喷则大者如珠,小者如雾,杂而下者不可胜数也。今予动吾天机,而不知其所以然。"

蚿谓蛇曰:"吾以众足行,而不及子之无足,何也?"

蛇曰:"夫天机之所动,何可易邪?吾安用足哉!"

蛇谓风曰:"予动吾脊胁而行,则有似也。今子蓬蓬然起于北海,蓬蓬然入于南海,而似无有,何也?"

风曰:"然。予蓬蓬然起于北海而入于南海也,然而指我则胜我,鰌我亦胜我。虽然,夫折大木,蜚大屋者,唯我能也,故以众小不胜为大胜也。为大胜者,唯圣人能之。"

【译文】

夔羡慕蚿、蚿羡慕蛇、蛇羡慕风、风羡慕眼,眼羡慕心。

夔对蚿说:"我用一只脚跳跃而行,没有比我更简便的。你现在用上万只脚走路,到底怎么样呢?"

蛇说:"你说得不对。你没见过那吐唾沫的人吗?喷出的唾沫,大的像珠子,小的像细雾,纷纷落下,数不胜数。而我现在的行动只是根据本能,自己也不知道为什么会这样。"

蚿对蛇说:"我用众多的脚行走,却比不上你没有脚走得快,这是什么原因呢?"

蛇说:"这都是天然的本能,怎么能够变更呢?我怎么会用脚呢!"

蛇对风说:"我依靠背脊和两胁的运动行走,却仍像有脚似的。而你从北海呼呼地刮起来,又呼呼地刮向南海,却像没有形体似的,这是什么原因呢?"

风说:"是啊!我是从北海呼呼地刮向南海,但人们如果用手指我,用脚踢我,都能胜过我。虽然如此,但吹断大树,吹毁房屋,却只有我才能做到,因为我不在乎众多小的失利而要取得大的胜利。只有圣人,才能够取得大的胜利。"

【原文】

孔子游于匡,卫人围之数币,而弦歌不惙。子路入见,曰:"何夫子之娱也?"

孔子曰:"来!吾语女。我讳穷久矣,而不免,命也;求通久矣,而不得,时也。当尧舜而天下无穷人,非知得也;当桀纣而天下无通人,非知失也;时势适然。夫水行不避蛟龙者,渔父之勇也;陆行不避兕虎者,猎夫之勇也;白刃交于前,视死若生者,烈士之勇也;知穷之有命,知通之有时,临大难而不惧者,圣人之勇也。由处矣,吾命有所制矣。"

无几何,将甲者进,辞曰:"以为阳虎也,故围之。今非也,请辞而退。"

【译文】

孔子游历到匡地,卫国人将他层层包围了起来,但孔子仍然不停止弹琴唱歌。子路进去见孔子,说:"先生怎么还这样快乐啊?"

孔子说:"你过来!我告诉你。我忌讳穷困已经很久了,但总是避免不了困顿,这是天命啊!我追求闻达也很久了,但总是得不到显达,这是时运啊!尧舜时,天下没有穷困之人,并非因为人们都很聪明;桀纣时,天下没有顺利之人,并非因为人们都很愚笨。是时势造成的。水上航行不躲避蛟龙的,是渔夫之勇;陆上行走不躲避犀虎的,是猎人之勇;刀剑横在面前而能视死如归的,是壮士之勇;明白穷困是由于天命,通达是由于时运,临危不惧的,是圣人之勇。子路,泰然处之吧!我的命运也是受上天支配的!"

过不多一会儿,武士的首领进来请罪,说:"把您当成了阳虎,所以将您包围;现在知道您不是阳虎,我们立即撤退,请恕罪。"

【原文】

公孙龙问于魏牟曰:"龙少学先王之道,长而明仁义之行;合同异,离坚白;然不然,可不可;困百家之知,穷众口之辩;吾自以为至达已。今吾闻庄子之言,汒焉异之。不知论之不及与，知之弗若与？今吾无所开吾喙，敢问其方。"

公子牟隐机大息，仰天而笑曰："子独不闻夫埳井之蛙乎？谓东海之鳖曰：'吾乐与！出跳梁乎井干之上，入休乎缺甃之崖；赴水则接腋持颐，蹶泥则没足灭跗；还虷蟹与蝌蚪，莫吾能若也！且夫擅一壑之水，而跨跱埳井之乐，此亦至矣。夫子奚不时来入观乎？'东海之鳖左足未入，而右膝已絷矣。于是逡巡而却，告之海曰：'夫千里之远，不足以举其大；千仞之高，不足以极其深。禹之时十年九潦，而水弗为加益；汤之时八年七旱，而崖不为加损。夫不为顷久推移，不以多少进退者，此亦东海之大乐也。'于是埳井之蛙闻之，适适然惊，规规然自失也。且夫知不知是非之竟，而犹欲观于庄子之言，是犹使蚊负山，商蚷驰河也，必不胜任矣！且夫知不知论极妙之言，而自适一时之利者，是非埳井之蛙与？且彼方跐黄泉而登大皇，无南无北，奭然四解，沦于不测；无东无西，始于玄冥，反于大通；子乃规规然而求之以察，索之以辩，是直用管窥天，用锥指地也，不亦小乎？子往矣！且子独不闻夫寿陵余子之学行于邯郸与？未得国能，又失其故行矣，直匍匐而归耳！今子不去，将忘子之故，失子之业。"公孙龙口呿而不合，舌举而不下，乃逸而走。

【译文】

公孙龙向魏牟问道："我少年时学习先王之道，成年后懂得了仁义之行；能将事物的同异合而为一，能将物体的坚硬和白色二者区分开来；能将非辩为是，能将不可行的辩为可行；能舌战百家，难倒众人；因此，我认为自己是最通达的人了。现今我听了庄子的言论，感到茫然，不知是我辩不过他呢？还是我的知识不如他？现在我几乎无法开口，请问，这是什么原因呢？"

魏牟倚案叹息，然后又仰天大笑，说："你难道没有听说过浅井里蛤蟆的故事吗？浅井里的蛤蟆对东海的鳖说：'我多么快乐啊！我出来可以在井栏上跳跃，回去可以在井壁的砖缝中休息。井水中游泳,水只达到我的下巴和腋下,跳在泥里,泥才没过我的脚背,无论是孑孓、螃蟹还是蝌蚪,都没有我这么快乐!而且我独占一坑水,独居一口浅井,真是快乐到极点了。先生,你为什么不随时进来看看呢?'东海鳖左脚还没有伸进去,右脚就被绊住了。于是,东海鳖慢慢退回,并将大海的情形告诉这浅井中的蛤蟆:'千里之遥,不能形容海之广大;千仞之高,难以测出海之深。夏禹时十年九涝,但海水并未增加;商汤时八年七旱,但海水并不减少,海岸仍和原来一样。不因时间的长短而发生变化,水量不因雨水的多少而增减,这就是东海的巨大快乐。'浅井中的蛤蟆听说后,大惊失色,茫然不知如何是好。你的才智并未达到通晓是非的境界,却想窥测庄子的高妙言论,这就像要让蚊子去背山,让马蚿虫去渡河一样,肯定是不能胜任的!你的才智不足以了解博大精深的理论,却喜欢表现自己的口舌之利,这不是像那只浅井中的蛤蟆一样吗?庄子的理论由地至天,不分南北,四通八达,深不可测;不分东西,起于幽深玄远的境界,又回到无所不通的大道;而你却以为随随便便地便可以登堂入室,以为仅凭口舌之能便能领悟大道,那就像以管观天、以锥量地那样,不是太渺小了吗?你快走吧!你难道没听说过那位燕国少年邯郸学步的故事吗?不但没学会赵国的走法,连他自己原来的走法也忘掉了,最后只好爬着回去。你现在不快走,也会忘掉原来的本领,丢掉本身的行业的。"

公孙龙听后口都吓得合不拢,舌头也僵直不能动,于是赶忙逃走了。

【原文】

庄子钓于濮水,楚王使大夫二人往先焉,曰:"愿以境内累矣!"

庄子持竿不顾,曰:"吾闻楚有神龟,死已三千岁矣,王巾笥而藏之庙堂之上。此龟者,宁其死为留骨而贵乎?宁其生而曳尾于涂中乎?"

二大夫曰:"宁生而曳尾涂中。"

庄子曰:"往矣!吾将曳尾于涂中。"

【译文】

庄子在濮水上钓鱼,楚威王派了两位大夫去向他致意,说:"想有劳先生掌管国家大事。"

庄子手持钓竿,头也不回地说:"我听说楚王有一神龟,已经死去三千多年了,楚王仍将它用布包裹,用竹盒盛着,珍藏于庙堂之内。请问,这只龟是宁愿死了留下骨头受人尊崇呢?还是愿意拖着尾巴自由自在地在泥里爬呢?"

两位楚大夫说:"那自然是宁愿拖着尾巴自由自在地在泥里爬啊!"

庄子说:"那你二人就请回吧!我也是愿意拖着尾巴自由自在地在泥里爬的那种人啊!"

【原文】

惠子相梁,庄子往见之。或谓惠子曰:"庄子来,欲代子相。"于是惠子恐,搜于国中三日三夜。

庄子往见之,曰:"南方有鸟,其名为鹓鶵,子知之乎?夫鹓鶵,发于南海而飞于北海,非梧桐不止,非练实不食,非醴泉不饮。于是鸱得腐鼠,鹓鶵过之,仰而视之曰'吓!'今子欲以子之梁国而吓我邪?"

【译文】

惠施在魏国为相,庄子要去相访。有人对惠施说:"庄子这次来,是准备代你为相。"惠施听后不安,派人在国内搜查了三天三夜。

庄子主动去见惠施,说:"你知道南方有一种名叫鹓鶵的鸟吗?鹓鶵从北海飞到南海,途中不是梧桐树它不栖,不是竹实它不吃,不是甘泉它不饮。有次猫头鹰找到了一只死鼠,恰好看到鹓鶵飞过,害怕鹓鶵来争,便急忙抬头大叫一声'吓!'现在你难道也要用你的魏相来吓我吗?"

【原文】

庄子与惠子游于濠梁之上。庄子曰:"儵鱼出游从容,是鱼之乐也。"惠子曰："子非鱼，安知鱼之乐?"庄子曰："子非我，安知我不知鱼之乐?"惠子曰："我非子，固不知子矣；子固非鱼也；子之不知鱼之乐，全矣。"庄子曰："请循其本。子曰：'汝安知鱼乐'云者，既已知吾知之而问我。我知之濠上也。"

【译文】

庄子与惠施同游于濠水桥上。庄子说："鲦鱼自由自在地游水，这就是鱼的快乐啊。"惠施说："你不是鱼，怎么知道鱼儿快乐呢?"庄子说："你不是我，怎么晓得我不知道鱼的快乐呢?"惠施说："我不是你，当然不了解你；你更不是鱼，那么你肯定不知道鱼儿的快乐了。"庄子说："让我们从头说起。当你说'你怎么知道鱼儿快乐'的时候，你就已经知道我晓得鱼儿快乐才来问我的，而我知道鱼儿快乐正是在濠水桥上啊!"

【成语与典故】

[望洋兴叹] 语出"河伯始旋其面目，望洋向若而叹"句。若，海神名。这句原意是说河伯沾沾自喜，但当见到汪洋大海时，才感到自己渺小。现在一般用此成语形容做事力不从心，无可奈何。

[井底之蛙] 语出"井蛙不可以语于海者，拘于虚也"。蛙，即蛤蟆。虚，指住所。原意是说，井底之蛙没见过海，自以为是。现在用这个成语比喻目光短浅的人。

[以管窥天] 旧说语出《汉书·东方朔传》："以管窥天，以蠡测海"，实际上乃是出自《庄子·秋水篇》："是直用管窥天，用锥指地也。"比喻所见狭小短浅，看问题不全面。

[邯郸学步] 语出"且子独不闻夫寿陵余子之学行于邯郸与?未得国能，又失其故行矣"。这个故事说有位燕国少年到赵国学走路，结果不但没学会赵国的走路方式，连本国的走路方式也忘了，最后不得不爬回去。现在用"邯郸学步"比喻模仿别人不成，连自己原来固有的技能也给忘掉了。

至　乐

淡　泊　译

【提要】

至乐篇讨论人生最大的快乐和生死观的问题。作者通过本篇叙述的几个寓言，说明生死与疾病都是自然的变化，人只要顺应自然规律的变化，超脱于世俗常情之外，做到无欲无为，就可以得到最大的快乐。

【原文】

天下有至乐无有哉？有可以活身者无有哉？今奚为奚据？奚避奚处？奚就奚去？奚乐溪恶？

夫天下之所尊者，富贵寿善也；所乐者，身安厚味美服好色音声也；所下者，贫贱夭恶也；所苦者，身不得安逸，口不得厚味，形不得美服，目不得好色，耳不得音声。若不得者，则大忧以惧，其为形也亦愚哉！

夫富者，苦身疾作，多积财而不得尽用，其为形也亦外矣。夫贵者，夜以继日，思虑善否，其为形也亦疏矣。人之生也，与忧俱生，寿者惛惛，久忧不死，何苦也！其为形也亦远矣。烈士为天下见善矣，未足以活身。吾未知善之诚善邪，诚不善邪？若以为善矣，不足活身；以为不善矣，足以活人。故曰："忠谏不听，蹲循勿争。"故夫子胥争以残其形；不争，名亦不成。诚有善无有哉？

今俗之所为与其所乐，吾又未知乐之果乐邪？果不乐邪？吾观夫俗之所乐，举群趣者，诓诓然如将不得已，而皆曰乐者，吾未之乐也，亦未之不乐也。果有乐无有哉？吾以无为诚乐矣，又俗之所大苦也。故曰："至乐无乐，至誉无誉。"

天下是非果未可定也。虽然，无为可以定是非。至乐活身，唯无为几存。请尝试言之：天无为以之清，地无为以之宁，故两无为相合，万物皆化生。芒乎芴乎，而无从出乎！芴乎芒乎，而无有象乎！万物职职，皆从无为殖。故曰："天地无为也而无不为也。"人也孰能得无为哉！

【译文】

天下有没有最大的快乐呢？有没有养活身体和生命的方法呢？如果有，该做些什么，依据什么？回避什么，留意什么？随顺什么，舍弃什么？喜欢什么，厌恶什么？

世界上所尊贵的是富有、高贵、长寿、仁善的名声；所喜好的是身体的安适、丰盛的食物、华丽的服饰、漂亮的颜色与悦耳的声音；所厌弃的是贫穷、卑贱、夭折、恶名；所苦恼的是身体得不到安逸，嘴里吃不到美味佳肴，身上穿不到华丽服饰，眼睛看不到美好漂亮的颜色，耳朵听不到动听的声音。如果得不到这些，就大为忧虑害怕，这样保养形体不是太愚昧了吗？

富贵的人使身体劳苦，辛勤工作，虽积聚了很多钱财，却不能完全享尽，这样来保养自己的形体不是太外行了吗？尊贵的人日夜不停地忧虑着如何保住权位，这样对于保养形体不就疏忽了吗？人一出生，忧虑愁苦就随着一块产生了。长寿的人整天昏昏沉沉，长期受忧愁的折磨却死不了，多么痛苦啊！这样保养形体不是也差得远吗？烈士为天下人所称赞，却保不住自己的性命。我不知道这种好名声究竟是完善呢？还是不完善呢？假如说是完善的，却保不住自己的性命；假如说是不完善的，却能救活别人。所以说："忠诚的谏告不被听取，那就退后不要力争。"伍子胥因为谏诤而遭到残戮；不强诤直谏，又不会成名。究竟有没有真正的完善啊？

现在世人所追求的与他们所感到快乐的，我不知道他们感觉的快乐果真是快乐吗？还是不快乐呢？我看到凡世人认为快乐的，成群结伙的跑去追求，争先恐后地好像不由自己；而大家都说这是快乐的，我没有感到快乐，也没有感到不快乐。果真有快乐没有呢？

171

我认为清净无为才是真正的快乐,但这又是世人所大感苦恼的。所以说:"最大的快乐就是无所谓快乐,最大的荣誉就是无所谓荣誉。"

天下的是非确实还难以下定论。虽然是这样,然而无为的理论可以定论是非。最大的快乐能存活身命,而只有清净无为最接近于存活身命之道啊!请让我试着叙述:天"无为"因此清虚,地"无为"因此宁静,天与地这两个无为的合一,才孕育出万物的存在。恍恍惚惚,不知道它们从哪里生出来!惚惚恍恍,找不出一点迹象来!万物繁多,都从无为的状态中产生。所以说:"天地无心作为,却没有一样东西不是从它们之中生出来的。"谁能够学到这种"无为"的道理呢!

【原文】

庄子妻死,惠子吊之,庄子则方箕踞鼓盆而歌。

惠子曰:"与人居,长子、老身,死不哭亦足矣,又鼓盆而歌,不亦甚乎!"

庄子曰:"不然。是其始死也,我独何能无概然!察其始而本无生,非徒无生也而本无形,非徒无形也而本无气。杂乎芒芴之间,变而有气,气变而有形,形变而有生,今又变而之死,是相与为春秋冬夏四时行也。人且偃然寝于巨室,而我噭噭然随而哭之,自以为不通乎命,故止也。"

【译文】

庄子的妻子死了,惠子去吊丧,看到庄子却正蹲坐在地上敲着瓦盆唱歌。

惠子说:"你和妻子居住生活在一起,生儿育女,一直到老,现在死了,不哭也就够了,还要敲着盆子唱歌,这岂不太过分了吗?"

庄子说:"不是这样。在她刚死的时候,我怎能没有感伤?然而推究起来她起初本来是没有生命的,不仅没有生命而且也没有形体,不仅没有形体而且原本也没有气息。在恍恍惚惚若有若无之间,无为之道变化而有了气,气变化而成形,形变化而有了生命,现在又变化而为死,这种生来死往的变化就像春夏秋冬四季交替运行一样。人家静静地安息在天地之间,而我还在啼啼哭哭,我以为这是不通晓生命的道理,所以不再哭泣。"

【原文】

支离叔与滑介叔观于冥伯之丘,昆仑之虚,黄帝之所休。俄而柳生其左肘,其意蹶蹶然恶之。

支离叔曰:"子恶之乎?"

滑介叔曰:"亡,予何恶!生者,假借也;假之而生生者,尘垢也。死生为昼夜。且吾与子观化而化及我,我又何恶焉!"

【译文】

忘形叔与忘智叔一同到混沌恍惚的冥伯丘陵和遥远的昆仑山野去游览,那是黄帝曾经休息过的地方。一会儿忘智叔左臂上长了一个瘤,他显得惊愕不安像是厌恶它的样子。

忘形叔说:"你厌恶它吗?"

忘智叔说:"不!我为什么厌恶?生命不过是道的一时寄托罢了;而借附生命的形骸而生的肿瘤,不过是灰尘罢了。死生就像白天和黑夜一样交替。我和你观察万物的变化,现在变化涉及到我,我又为什么要厌恶呢?"

【原文】

庄子之楚,见空髑髅,髐然有形,撽以马捶,因而问之,曰:"夫子贪生失理而为此乎?将子有亡国之事,斧钺之诛,而为此乎?将子有不善之行,愧遗父母妻子之丑,而为此乎?将子有冻馁之患,而为此乎?将子之春秋故及此乎?"

于是语卒,援髑髅,枕而卧。夜半,髑髅见梦曰:"子之谈者似辩士。视子所言,皆生人之累也,死则无此矣。子欲闻死之说乎?"

庄子曰:"然。"

髑髅曰:"死,无君于上,无臣于下;亦无四时之事,从然以天地为春秋,虽南面王乐,不能过也。"

庄子不信,曰:"君使司命复生子形,为子骨肉肌肤,反子父母、妻子、闾里、知识,子欲之乎?"

髑髅深矉蹙頞曰:"吾安能弃南面王乐而复为人间之劳乎!"

【译文】

庄子到楚国,看见一个骷髅,空枯成形,他就用马鞭敲打它,问说:"先生是因为贪生怕死而违背情理以至于死的呢?还是国破家亡,遭到斧钺的砍杀而死于战乱的呢?先生是做了坏事,以致玷辱父母羞见妻子儿女而自杀的呢?你是因冻饿的灾难而致死的呢?你还是阳寿尽了而自然老死的呢?"

这样说完了话,就拉着骷髅当枕头枕着睡觉。睡到半夜里,庄子梦见骷髅向他说:"听你讲起来好像是个能言善辩的人。听你所说的话,都是人生的拖累祸患,死了就没有这些忧虑拖累了。你想不想听听人死后的情形呢?"

庄子说:"好。"

骷髅说:"人死了,上面没有君主,下面没有臣仆;也没有一年四季的冷冻热晒,从容自得地与天地共存,即就是面南做国王的快乐,也不可能超过这种自由自在的快乐。"

庄子不相信骷髅的话,说:"我让掌管生命的神灵恢复你本来的形体,还给你骨肉肌肤,把你送还到你的父母妻子故乡朋友那里去,你愿意不愿意?"

骷髅听了庄子的话,眉目之间露出忧愁的神色说:"我怎么能抛弃国王般的快乐而再去受人间的劳苦呢!"

【原文】

颜渊东之齐,孔子有忧色,子贡下席而问曰:"小子敢问,回东之齐,夫子有忧色,何邪?"

孔子曰:"善哉汝问!昔者管子有言,丘甚善之,曰:'褚小者不可以怀大，绠短者不可以汲深。'夫若是者，以为命有所成而形有所适也，夫不可损益。吾恐回与齐侯言尧、舜、黄帝之道，而重以燧人、神农之言。彼将内求于己而不得，不得则惑，人惑则死。

"且女独不闻邪？昔者海鸟止于鲁郊，鲁侯御而觞之于庙，奏九韶以为乐，具太牢以为膳。鸟乃眩视忧悲，不敢食一脔，不敢饮一杯，三日而死。此以己养养鸟也，非以鸟养养鸟也。夫以鸟养养鸟者，宜栖之深林，游之坛陆，浮之江湖，食之鳅鲦，随行列而止，委蛇而处。彼唯人言之恶闻，奚以夫譊譊为乎！咸池九韶之乐，张之洞庭之野，鸟闻之而飞，兽闻之而走，鱼闻之而下入，人卒闻之，相与还而观之。鱼处水而生，人处水而死，彼必相与异，其好恶故异也。故先圣不一其能，不同其事。名止于实，义设于适，是之谓条达而福持。"

【译文】

颜渊东到齐国去，孔子面色显得忧愁。子贡离开座位上前问道："学生大胆请教，颜渊东去齐国，先生面色忧愁，为什么呢？"

孔子说："你问得很好！从前管仲有句话，我觉得很好，他说：'小布袋不可以藏大的东西，短绳索不能汲深井的水。'如果是这样，认为生命各有它形成的道理，而形状各有它适宜的地方，这是不可以改变的。我恐怕颜回向齐侯讲尧、舜、黄帝的道理，而强调燧人与神农的言论。齐侯听了会内求自己而不得了解，不了解就会产生疑惑，起了疑惑甚至要死的。

"你难道没有听说过这个故事吗？从前有只海鸟飞落在鲁国的郊外，鲁侯把它迎进太庙，送酒给它饮，演奏起九韶的音乐给它听，宰来牛羊肉给它吃。海鸟目光迷惑而心中悲愁，不敢吃一块肉，不敢饮一杯酒，到了第三天就死了。这是用自己享受的方法去养鸟，不是用养鸟的方法去养鸟。用养鸟的方法去养鸟，就应该让鸟在茂深的树林里栖息，在沙滩上漫游，在江湖中漂浮，吃小鱼和泥鳅，随鸟群行列活动止息，自由自在的生活。鸟类最怕听到人类的声音,为什么还要这般喧哗呢!如果在洞庭的野外演奏咸池、九韶的音乐,鸟听见了就会飞去,野兽听见了就会逃走,鱼听见了会沉入深水中,然而人们听见了,却会围过来观赏。鱼在水中才能生存,人在水里就会淹死,人和鱼的生存必备条件各自不同,所以好恶也就不同了。因此先圣不要求人具有同等的才能,不要求他们做同等的事。名要和实际相符,事理的确定应该适合于各自的特性,这就叫'条理通达而福分常在'。"

【原文】

列子行食于道从,见百岁髑髅,攓蓬而指之曰:"唯予与汝知而未尝死,未尝生也。若果养乎?予果欢乎?"

【译文】

列子旅途中在路旁吃饭,看见一个上百年的骷髅,拨开茅草而指着它说:"只有我和你知道没有死,也没有生的道理。你果真忧愁吗?我果真欢乐吗?"

【原文】

种有几,得水则为继,得水土之际则为蛙蠙之衣,生于陵屯则为陵舄,陵舄得郁栖则为乌足,乌足之根为蛴螬,其叶为蝴蝶。蝴蝶胥也化而为虫,生于灶下,其状若脱,其名为鸲掇。鸲掇千日为鸟,其名为干余骨。干余骨之沫为斯弥,斯弥为食醯。颐略生乎食醯,黄𮓦生乎九猷,瞀芮生乎腐蠸。羊奚比乎不笋,久竹生青宁,青宁生程,程生马,马生人,人又反入于机。万物皆出于机,皆入于机。

【译文】

物种中有一种非常微小的生物名叫几,它得到水以后就变成了继续如丝的水棉草,在水与土并得时就变成青苔,生在高地上就变成车前草,车前草得到粪土以后就变成乌足草,乌足草的根变为蝎子，乌足草的叶子又变为蝴蝶。蝴蝶不久就变化为虫，这种虫生在火灶底下，形状好像蜕化了皮似的，它的名叫鸲掇。鸲掇虫过了一千年后就变成鸟，名叫干余骨。干余骨的唾沫变为斯弥虫，斯弥虫变成蠛蠓虫。颐辂虫又从蠛蠓变生出来，黄䡝虫由九猷虫变生出来，瞀芮虫由萤火虫变生出来。羊奚草和不笋久竹结合生出青宁虫，青宁虫变生出赤虫，赤虫变生出马，马生出人，人又复归于自然。万物都从自然机运中生出，又都回归于自然机运。

【成语与典故】

[夜以继日] 出自"夫贵者，夜以继日，思虑善否"。这里本意是讲显达尊贵的人为了保住自己的权位，夜晚接着白天，日夜不停地考虑怎样对自己有利，怎样对自己不利。这样就顾不上保养形体了。带有贬义。后多以"夜以继日"形容学习或工作的勤奋和勤劳。多带褒意。

[鼓盆之戚] 源于"庄子妻死，惠子吊之，庄子则方箕踞鼓盆而歌"。庄子妻子死了，惠子去吊祭。而庄子则认为人的生和死都是道的一种变化。死不过是复归于自然，哭泣是不通于生命变化的情理，所以敲击着瓦盆唱歌。后来多以"鼓盆"、"鼓盆之戚"或"鼓盆之悲"来代称丧妻。蒲松龄《聊斋志异·小谢》："家慕贫，又有鼓盆之戚。"鼓盆又作鼓缶（瓦盆）。《颜氏家训·勉学》："苟奉倩丧妻，神伤而卒，非鼓缶之情也。"

[以己养养鸟] 源于"以己养养鸟也，非以鸟养养鸟也"。这是作者借孔子之口讲的一个寓言中的结论。说有一只大海鸟栖落在鲁国都城的郊外，鲁侯将它请进太庙，并且拿酒给它喝，奏音乐给鸟听，宰牛羊给它吃。结果大海鸟既不吃也不喝，反而忧惧悲切，只过了三天就死了。这是鲁侯用自己享受的方法来养鸟，而不是用养鸟的方法来养鸟。寓言的原意在于讽刺鲁侯行事主观简单，后遂用来比喻那些不遵循事物的客观规律，脱离实际，主观武断的做法。

达　生

淡　泊　译

【提要】

达生篇是谈养生的。"达生"就是养神健身，畅达生命。作者在本篇中强调了精神的作用，提倡人们把生死看破，排除杂念，简食节欲，全精、养神、守气，保持心地的纯朴专一并顺乎天理自然，这样就可以获得成功。

【原文】

达生之情者，不务生之所无以为；达命之情者，不务知之所无奈何。养形必先之以物，物有余而形不养者有之矣；有生必先无离形，形不离而生亡者有之矣。生之来不能郤，其去不能止。悲夫！世之人以为养形足以存生；而养形果不足以存生，则世奚足为哉！虽不足为而不可不为者，其为不免矣。

夫欲免为形者，莫如弃世。弃世则无累，无累则正平，正平则与彼更生，更生则几矣。事奚足弃而生奚足遗？弃事则形不劳，遗生则精不亏。夫形全精复，与天为一。天地者，万物之父母也，合则成体，散则成始。形精不亏，是谓能移；精而又精，反以相天。

【译文】

明白人生情理的，不追求人生没有办法做到的事情；通晓命运实情的，不追求命运无能为力的东西。保养形体必然先用物资，可是有的人物资富余而形体却保养不好。保存生命首先必须使形体不离散，可是有些人形体虽然未曾离散但生命却已结束了。生命的来临无法拒绝，生命的离去也无法阻止。可悲啊！世上的人认为保养形骸便是保存生命，但是保养形骸确实并不能完全保存生命，那么世间的事情还有什么值得去做呢！虽然不值得做却又不能不去做，这样勉强去做就免不了受累了。

要想避免为形骸所累，不如舍弃俗世。脱俗弃世就没有拖累，没有拖累就心正气平，心正气平就和自然共同变化，和自然共同变化就接近于道了。为什么俗事值得舍弃而人生也值得遗忘？舍弃俗事形体就不会受累，忘记人生，精神就不会亏损。形体健全，精神饱满，便能和自然合而为一。天地是产生万物的根源，（天地两无为）相合便生成万物的形体，离散则成为另一次相合的开始。形体精神不亏损，就能随自然变化而更新；如能使精神进一步达到无为的境界，返回过来就有助于自然的发展。

【原文】

子列子问关尹曰："至人潜行不窒，蹈火不热，行乎万物之上而不栗。请问何以至于此？"

关尹曰："是纯气之守也，非知巧果敢之列。居，予语女！凡有貌象声色者，皆物也，物与物何以相远？夫奚足以至乎先？是形色而已。则物之造乎不形而止乎无所化，夫得是而穷之者，物焉得而止焉！彼将处乎不淫之度，而藏乎无端之纪，游乎万物之所终始，壹其性，养其气，合其德，以通乎物之所造。夫若是者，其天守全，其神无郤，物奚自入焉！

"夫醉者之坠车，虽疾不死。骨节与人同而犯害与人异，其神全也。乘亦不知也，坠亦不知也，死生惊惧不入乎其胸中，是故遻物而不慴。彼得全于酒而犹若是，而况得全于天乎？圣人藏于天，故莫之能伤也。复仇者不折镆干，虽有忮心者不怨飘瓦，是以天下平均。故无攻战之乱，无杀戮之刑者，由此道也。

"不开人之天，而开天之天。开天者德生，开人者贼生。不厌其天，不忽于人，民几乎以其真！"

【译文】

列子问关尹说:"至人潜行水中不感觉窒息,脚踏踩在火上不觉得炙热,行走在万物之上而不害怕。请问怎样才能达到这样的程度?"

关尹说:"这是由于保守纯正平和之气的缘故,不是凭着智巧果敢所能做到的。坐下,我来告诉你:凡是有形象声色的,都是事物,事物与事物能有多大差别?有的(人)为什么能超越到一般(人)的前面,同样都是具有形体和相貌的(人)。但是万物产生于自然而且最终又回归于自然,如果能够通晓这个道理而又能穷理尽性,认真修养道德的人,外物怎能干扰他呢!至人要处于不过分的限度,藏心于循环往复的境地,神游于万物由它产生并最终回归于它的无为之境,纯洁本性,调养精神,使自己的德行符合于无为之道,与天地化为一体。如果是这样,那么他的天性完备,他的精神凝聚充沛,外物怎能侵入呢!

"喝醉的人从车上坠下,虽然受伤,却不会摔死。骨节和别人一样而伤害却和别人不同,这是由于他的精神凝聚,乘上车他也不知道,摔下车他也不知道,死生惊惧进不了他的心中,所以触外物而不惊惧。那个因喝醉酒而得以保全的人尚且可以这样,更何况是归化于自然之道因而得以保全的人呢?圣人化藏于自然,所以外物伤害不了他。复仇的人不折断利剑,虽有怨恨,却不怨恨飘落的瓦片,所以天下人人平等相处。因此没有攻击争战的动乱,没有被残杀屠戮的人,就是由于这个道理。

"不要人为的创造局势,而应顺应自然的发展;顺应自然的规律能修养天性道德,人为的创造局势就会产生残害之心。不满足于道德的修养,不疏忽人为的祸患,人就能接近自然的规律。"

【原文】

仲尼适楚,出于林中,见痀偻者承蜩,犹掇之也。

仲尼曰:"子巧乎!有道邪?"

曰:"我有道也。五六月累丸二而不坠,则失者锱铢;累三而不坠,则失者十一;累五而不坠,犹掇之也。吾处身也,若橛株拘；吾执臂也，若槁木之枝；虽天地之大，万物之多，而唯蜩翼之知。吾不反不侧，不以万物易蜩之翼，何为而不得！"

孔子顾谓弟子曰："用志不分，乃凝于神，其佝偻丈人之谓乎！"

【译文】

孔子南到楚国去，经过一片树林中，看见一个驼背的老人在粘蝉，粘起来就像拾取一样容易。

孔子说："你是有技巧呢？还是有道？"

回答说："我有道。经过五六个月训练，在竿头上摞叠两个泥丸而不掉下来，那么粘蝉时失手的机会就很少；摞叠三个泥丸而不掉下来，那么粘蝉时失手的机会只有十分之一；摞叠五个泥丸而不掉下来，粘蝉就好像拾取一样容易。我心安神静，犹如木桩；我用手臂执竿，如同枯槁树枝；虽然天地广大，万物众多，我心中却只惦记着蝉翼。我心无二念，不肯以万物来换取蝉翼，为什么会得不到呢？"

孔子向弟子说："专心致志，聚精会神，不就是说这位驼背老人吗！"

【原文】

颜渊问仲尼曰："吾尝济乎觞深之渊，津人操舟若神。吾问焉，曰：'操舟可学邪？'曰：'可。善游者数能。若乃夫没人，则未尝见舟而便操之也。'吾问焉而不吾告，敢问何谓也？"

仲尼曰："善游者数能，忘水也。若乃夫没人之未尝见舟而便操之也，彼视渊若陵，视舟之覆犹其车却也。覆却万方陈乎前而不得入其舍，恶往而不暇！以瓦注者巧，以钩注者惮，以黄金注者殙。其巧一也，而有所矜，则重外也。凡外重者内拙。"

【译文】

颜渊问孔子说："我曾经在觞深渊渡河，摆渡的人操舟如神。我问说：'操舟可以学习吗？'摆渡的人回答说：'可以，会游泳的人很快就学会了。要是会潜水的人,即使没见过船也会驾驶。'我再问他,他不再告诉我,请问这是怎么一回事?"

孔子说:"会游泳的很快就能学会操舟,这是因为他适应水性。像会潜水的人没有见过船也会行驶,这是因为他视深渊如同高地,视船的覆没如同车的倒退。覆没倒退的万种景象呈现在他眼前,也不会搅扰他的内心,到哪儿他不从容呢!用瓦做赌注的人便心思灵巧,用带钩做赌注的人便心神畏惧,用黄金做赌注的人便心智昏乱。他们的技巧还是一样,但是心中有所顾忌惜怜,便重视外在的事物。凡是重视外在事物的,内心就笨拙糊涂。"

【原文】

田开之见周威公。威公曰:"吾闻祝肾学生,吾子与祝肾游,亦何闻焉?"

田开之曰:"开之操拔篲以侍门庭,亦何闻于夫子!"

威公曰:"田子无让,寡人愿闻之。"

开之曰:"闻之夫子曰:'善养生者,若牧羊然,视其后者而鞭之。'"

威公曰:"何谓也?"

田开之曰:"鲁有单豹者,岩居而水饮,不与民共利,行年七十而犹有婴儿之色;不幸遇饿虎,饿虎杀而食之。有张毅者,高门县薄,无不走也,行年四十而有内热之病以死。豹养其内而虎食其外,毅养其外而病攻其内,此二子者,皆不鞭其后者也。"

仲尼曰:"无入而藏,无出而阳,柴立其中央。三者若得,其名必极。夫畏涂者,十杀一人,则父子兄弟相戒也,必盛卒徒而后敢出焉,不亦知乎!人之所取畏者,衽席之上,饮食之间;而不知为之戒者,过也。"

【译文】

田开之见到周威公。周威公说:"我听说祝肾学习养生,你跟祝肾学习，曾听到过什么吗？"

田开之说："我拿扫帚打扫门庭，哪里听得到先生的教导！"

威公说："请田先生不要谦虚，我很愿意听听。"

田开之说："听先生说：'善于养生的，就像放牧羊群一样，看见落后的就鞭策它。'"

威公说："这是什么意思？"

田开之说："鲁国有个名叫单豹的人，居住在山里而每天只饮水，从不和别人争利，行年七十还像婴儿的颜色，不幸遇到饿虎，被饿虎吃了。有个叫张毅的人，无论是富有的高门大户人家，还是贫穷的小户人家，没有不与他往来的，四十岁却得了内热病死了。单豹调养内心却被老虎吃掉了他的肉身，张毅供养形体却被病魔侵袭了他的内在机制，这两个人都是不能弥补自己的不足。"

孔子说："不要太深入而潜藏，不要太表露而显扬，要像枯木一样无心而立于动静之中。三种都可以做到，就可称至人。要是路有劫贼，行人畏怯，十人中有一人被杀害，于是父子兄弟就会互相告诫警惕，必定要多人结伙并做好防卫准备才敢外出，不是也很聪明么！人所最应该畏惧的，是在枕头卧席之上，饮食之间；可是人们往往不知道警戒，这是个错误呀！"

【原文】

祝宗人玄端以临牢筴，说彘曰："汝奚恶死！吾将三月犓汝，十日戒，三日齐，藉白茅，加汝肩尻乎雕俎之上，则汝为之乎？"为彘谋，曰不如食以糠糟而错之牢筴之中，自为谋，则苟生有轩冕之尊，死得于腞之上、聚偻之中则为之。为彘谋则去之，自为谋则取之，所异彘者何也？

【译文】

祭祀官穿着礼服来到猪舍，对猪说："你为什么讨厌死？我要喂养你三个月，然后戒忌十天，斋醮三天，铺上白色的茅草，把你的肩和臀放在雕刻着花纹的木板上，你愿意吗？"替猪打算，不如用糟糠来喂养，放在猪栏里。为自己打算，就希望生时有钟鼎玉食、轩冕朱户的荣华富贵，死后能放在雕刻着花饰的柩车上面，殓卧于彩饰的棺椁之中。替猪打算就应抛弃这些白茅草和雕花案板，为自己打算却真正想争取轩冕柩车，这祭祀官和猪有什么不同呢？

【原文】

桓公田于泽，管仲御，见鬼焉。公抚管仲之手曰："仲父何见？"对曰："臣无所见。"

公反，诶诒为病，数日不出。齐士有皇子告敖者曰："公则自伤，鬼恶能伤公！夫忿滀之气，散而不反，则为不足；上而不下，则使人善怒；下而不上，则使人善忘；不上不下，中身当心，则为病。"

桓公曰："然则有鬼乎？"

曰："有。沈有履，灶有髻。户内之烦壤，雷霆处之；东北方之下者，倍阿鲑蠪跃之；西北方之下者，则泆阳处之。水有罔象，丘有峷，山有夔，野有彷徨，泽有委蛇。"

公曰："请问，委蛇之状何如？"

皇子曰："委蛇，其大如毂，其长如辕，紫衣而朱冠。其为物也，恶闻雷车之声，则捧其首而立。见之者殆乎霸。"

桓公𬣙然而笑曰："此寡人之所见者也。"于是正衣冠与之坐，不终日而不知病之去也。

【译文】

齐桓公在一个叫泽的地方打猎，管仲为他驾着马车，看见了鬼。桓公抓住管仲的手说："仲父见到了什么？"管仲回答说："臣子我没有看见什么！"

桓公回去以后，因受惊吓而生了病，几天不能出门。齐国士人皇子告敖说："您是自己忧虑感伤所致，鬼哪能伤害你呢！要是凝结的真气，散发而不回还，人就精力不足。真气只上升而不向下流通，就容易使人发怒；真气向下游集而不向上升，就容易使人遗忘；

真气既不向上升也不向下流通,闭塞在心中,人就要生病。"

桓公说:"那么有没有鬼呢?"

皇子告敖说:"有。泥沟中有履神,灶有髻神。户内扰攘处,有雷霆神居住;东北方墙下,有倍阿鲑蠪神居住;西北方墙下,有泆阳神居住。水中有罔象神,丘陵有峷神,大山中有夔神,荒野外有彷徨神,大泽中有委蛇神。"

桓公说:"请问,委蛇的形状是什么样子?"

皇子告敖说:"委蛇神,如同车毂一样大,如同车辕一样长,穿着紫色的衣服,戴着红色的帽子。这种鬼神,害怕听雷车的声音,听到便捧着头站着。见到他的人将成为霸主。"

桓公高兴地笑着说:"这就是我所见到的东西。"于是整整衣帽和皇子告敖座谈,不到一天时间而不知不觉地病已经好了。

【原文】

纪渻子为王养斗鸡。

十日而问:"鸡可斗已乎?"曰:"未也,方虚憍而恃气。"

十日又问,曰:"未也。犹应向景。"

十日又问,曰:"未也。犹疾视而盛气。"

十日又问,曰:"几矣。鸡虽有鸣者,已无变矣,望之似木鸡矣,其德全矣,异鸡无敢应,见者反走矣。"

【译文】

纪渻子替周宣王养斗鸡。

过了十天问:"鸡可以斗了吗?"回答说:"不行,还骄傲自恃勇气。"

过了十天又问,回答说:"不行,听到声音见到影像就有反应。"

过了十天又问,回答说:"不行,现在还怒目而视,盛气凌人。"

过了十天又问,回答说:"差不多了。别的鸡虽然鸣叫,却不为所动,看起来像只木鸡,可是它精神凝聚,其他的鸡不敢应战,见到它回头就走了。"

【原文】

孔子观于吕梁，县水三十仞，流沫四十里，鼋鼍鱼鳖之所不能游也。见一丈夫游之，以为有苦而欲死也，使弟子并流而拯之。数百步而出，被发行歌而游于塘下。

孔子从而问焉，曰："吾以子为鬼，察子则人也。请问，蹈水有道乎？"

曰："亡，吾无道。吾始乎故，长乎性，成乎命。与齐俱入，与汩偕出，从水之道而不为私焉。此吾所以蹈之也。"

孔子曰："何谓始乎故，长乎性，成乎命？"

曰："吾生于陵而安于陵，故也；长于水而安于水，性也；不知吾所以然而然，命也。"

【译文】

孔子在吕梁游山玩水，有一道高悬的瀑布飞落二十多丈，激流溅沫四十里，鼋鼍鱼鳖都无法上游。看见一个男子在水中游，以为是有难处想自杀的，就叫弟子顺着水流赶去捞救他。可是那人潜入水中好几百步才浮游出来，披着发吟着歌而游到岸下。

孔子跟过去问他说："我以为你是鬼，仔细看看却是人，请问，游水有特别的方法吗？"

那人回答说："我没有特别的方法。我起初只是出于习惯，时间长了就具备这种习性，有所成就是因为顺其自然。和漩涡一起漏入，和勇流一起浮出，顺着水势而不挽和自己主张，这就是我的游水。"

孔子说："什么叫起初是习惯，时间长了就具备了习性，有所成是顺其自然？"

那人回答说："我生在高地而安居于高地，这就是习惯；成长于水边而安居于水边，这就是习性；我不知道为什么要这样做而这样做，就是顺乎自然。"

【原文】

梓庆削木为鐻，鐻成，见者惊犹鬼神。鲁侯见而问焉，曰：

"子何术以为焉？"

对曰："臣，工人，何术之有！虽然，有一焉。臣将为镰，未尝敢以耗气也，必齐以静心。齐三日，而不敢怀庆赏爵禄；齐五日，不敢怀非誉巧拙；齐七日，辄然忘吾有四枝形体地。当是时也，无公朝，其巧专而外滑消；然后入山林，观天性，形躯至矣，然后成见镰，然后加手焉；不然则已。则以天合天，器之所以疑神者，其由是与！"

【译文】

有位名叫庆的木工削木制做一种名叫镰的乐器，镰做成了，看见的人惊奇地以为是鬼斧神工。鲁侯见了问庆说："你用什么技巧做成的呢？"

庆回答说："我是个工人，哪里有什么技巧！虽然是这样，却也有一点不同于众人。我要做镰的时候，不敢耗费精神，必定斋戒来使心灵安静下来。斋戒三天，不敢怀着邀功请赏的心念；斋戒五天，不敢存有一点毁誉巧拙的意念；斋戒七天，不再想到我有四肢形体。到了这个时候，我心中连公朝都不存在，心窍神思专一而外部的干扰全消失了；然后进入山林，观察树木的质性，看到形态极合适的，一个形成的镰钟就宛然呈现在眼前，然后加以施工，不是这样就不做。这样以我的自然神气来配合树木的自然形态，乐器所以被疑为神鬼所做成的，就是这个道理吧！"

【原文】

东野稷以御见庄公，进退中绳，左右旋中规。庄公以为文弗过也，使之钩百而反。

颜阖遇之，入见曰："稷之马将败。"公密而不应。

少焉，果败而反。公曰："子何以知之？"

曰："其马力竭矣。而犹求焉，故曰败。"

【译文】

东野稷因为善于驾驭马车得以进见鲁庄公，进退往来如绳一般的笔直,左右旋转如圆规画的一样圆。庄公以为画图也不过如此,要他转够一百个圈圈再回来。

颜阖正巧遇见,进来见庄公说:"东野稷的马快支持不住了。"庄公默不出声。

过了一会,果然因马支持不住而返回。庄公说:"你怎么知道?"

颜阖回答说:"马已精疲力竭,还强要它奔走,所以知道它会支持不住。"

【原文】

工倕旋而盖规矩,指与物化而不以心稽,故其灵台一而不桎。忘足,屦之适也;忘要,带之适也;知忘是非,心之适也;不内变,不外从,事会之适也;始乎适而未尝不适者,忘适之适也。

【译文】

工倕用手旋转就像用圆规画出来的一样,手指和所用东西变化为一体,而不需要用心思来估量。所以他的心灵专一而不受拘束。忘记了脚,鞋子就会合适;忘记了腰围,腰带就会合适;忘记了是是非非,心灵就会安稳舒适;内心坚定不移,不受外物影响,处境就会安稳舒适。本性常安适而又从来没觉得不安适,便是忘记了安适的安适。

【原文】

有孙休者,踵门而诧于扁庆子曰:"休居乡不见谓不修,临难不见谓不勇。然而田原不遇岁,事君不遇世,宾于乡里,逐于州部,则胡罪乎天哉?休恶遇此命也?"

扁子曰:"子独不闻夫至人之自行邪?忘其肝胆,遗其耳目,芒然彷徨乎尘垢之外,逍遥乎无事之业,是谓为而不恃,长而不宰。今汝饰知以惊愚,修身以明汙,昭昭乎若揭日月而行也。汝得全而形躯,具而九窍,无中道夭于聋盲跛蹇而比于人数亦幸矣，又何暇乎天之怨哉！子往矣！"

孙子出。扁子入，坐有间，仰天而叹。弟子问曰："先生何为叹乎？"

扁子曰："向者休来，吾告之以至人之德，吾恐其惊而遂至于惑也。"

弟子曰："不然。孙子之所言是邪？先生之所言非邪？非固不能惑是。孙子所言非邪？先生所言是邪？彼固惑而来矣，又奚罪焉！"

扁子曰："不然。昔者有鸟止于鲁郊，鲁君说之，为具太牢以飨之，奏九韶以乐之。鸟乃始忧悲眩视，不敢饮食。此之谓以己养养鸟也。若夫以鸟养养鸟者，宜栖之深林，浮之江湖，食之以鳅鲦，委蛇而处，则安平陆而已矣。今休，款启寡闻之民也，吾告以至人之德，譬之若载鼷以车马，乐鴳以钟鼓也。彼又恶能无惊乎哉！"

【译文】

有一个名叫孙休的人，亲自到扁庆子的门上，感叹地对他说："我居住在乡村之中，没有听别人说过我德行不好，碰到危难，也没听到过有人说我不勇敢。然而我耕种的土地却总遇不到丰收的年景，为国家做事又因遇不到圣明君主而不被重用，同时又遭到乡里的排斥，为地方官长所放逐，那么我什么地方得罪了上天？为什么我会碰到这样恶劣的命运？"

扁子说："难道你没有听到过圣人的作为吗？他忘掉了自己的肝胆，他抛弃了自己的耳目，好像无知无识的自由自在地生活在尘世之外，逍遥自得地生活在无所作为之中，这就叫做虽有本领而不恃才傲物；虽有建树而不居功。现在你装着自己很有智慧而哗众取宠，提高自己的德行，以便显示别人的污秽和低下，将自己的才能显扬在外面就像太阳和月亮在照耀一样。这样，你能够得以保全自己的身躯，使你的九窍能够完备无损，没有半道夭折在耳聋、眼瞎、腿瘸上，能和正常人一样活下来，这已经是很幸运的了，哪里还有空闲去怨天尤人呢？你可以走开了！"

孙休走了后，扁子走进来，坐了一会，抬起头来望着天空叹息。弟子问道："先生为什么叹息呢？"扁子说："刚才孙休到这儿来，我告诉他圣人的品德，我恐怕他感到惊异，因而更加迷惑。"弟子说："不是这样，如果孙先生所说的话是对的，而先生说的话是不对的，那错误的本来就不能迷惑正确的。如果孙先生说的是不对的，而先生所说的话是对的，那么他本来就是因为有了疑问才来的，你又有什么过错呢？"

扁子说："不是这样。过去有一只鸟停在鲁国国都的郊野，鲁国的国君非常高兴，为这只鸟准备了太牢一般的丰盛食物来招待它，奏起九韶的音乐使它高兴。于是这只鸟便开始忧愁起来而头晕眼花，不敢吃也不敢喝。这就叫做用养自己的办法来养鸟。假如用养鸟的办法来养鸟，那就应该把它放在深广的森林之中和江湖之上，让它吃着泥鳅一类的食物，这不过是平常的道理而已。现在孙休是一个孤陋寡闻的人，我告诉他至人的品德，打个比方说，这就好像用安车驷马载着小鼠，用钟鼓的乐声来让小鸟高兴一样。他怎么能够不感到惊异呢？"

【成语与典故】

［佝偻承蜩］　源于"仲尼适楚，出于林中，见佝偻者承蜩，犹掇之也"。原意是讲一个佝偻老人在粘蜩之先，先受五到六个月的严格训练，然后在具体干的时候，集中全部注意力，心神一丝一毫都不敢分散，天地虽然很大，但似乎只知道蝉的翅膀，所以没一个蝉失漏掉。后以"佝偻承蜩"或"承蜩之巧"比喻人们做事，必须专心专意，才能成功。

［呆若木鸡］　源于"望之似木鸡矣，其德全矣"。本意是指驯养的斗鸡达到神气内敛、形似木鸡的程度。后以"呆若木鸡"比喻人在遇到意外的事变而反应迟钝，意态死板的样子，含贬义。

［进退中绳］　源于"东野稷以御见庄公，进退中绳，左右旋中规"。绳：绳墨，规则。此言进与退都合乎规则。后以"进退中绳"

比喻一举一动都符合礼法制度。也作"进退中度"。《吕氏春秋·士容》："被服中法，进退中度。"

[**神工鬼斧**] 源于本篇"梓庆削木为鐻。鐻成，见者惊犹鬼神"。本意是说工艺精细绝伦，简直像是神鬼所为，而非人力能及。后世即以"神工鬼斧"（或作"鬼斧神工"）来比喻制作的精巧奇妙。

[**昭然若揭**] 原文为："昭昭乎若揭日月而行也。"本意说明显得像高举着太阳月亮走路一样。后演变为成语，形容真相全部暴露，一切都明明白白。

山　木

淡　泊译

【提要】

《山木篇》言乱世多患，易于受害。只有抛弃权位名利，洗心寡欲，忍让屈从，顺天安命，才能免祸保身。

【原文】

庄子行于山中，见大木，枝叶盛茂，伐木者止其旁而不取也。问其故，曰："无所可用。"庄子曰："此木以不材得终其天年！"

夫子出于山，舍于故人之家。故人喜，命竖子杀雁而烹之。竖子请曰："其一能鸣，其一不能鸣，请奚杀？"主人曰："杀不能鸣者。"

明日，弟子问于庄子曰："昨日山中之木，以不材得终其天年；今主人之雁，以不材死；先生将何处？"

庄子笑曰："周将处乎材与不材之间。材与不材之间，似之而非也，故未免乎累。若夫乘道德而浮游则不然。无誉无訾，一龙一蛇，与时俱化，而无肯专为；一上一下，以和为量，浮游乎万物之祖；物物而不物于物，则胡可得而累邪！此神农、黄帝之法则也。若夫万物之情，人伦之传，则不然。合则离，成则毁；廉则挫，尊则议，有为则亏，贤则谋，不肖则欺。胡可得而必乎哉！悲夫，弟子志之，其唯道德之乡乎！"

【译文】

庄子在山中游览，看见一棵很大的树，枝叶长得很茂盛，伐木工人停歇在树旁而不去砍伐它。学生问他这是什么缘故，庄子回答说："因为它没有什么用处。"庄子又说："这棵树因为不成材所以能享尽自然的寿命。"

庄子从山里出来，到朋友家去休息。朋友很高兴，叫童仆去杀一只鹅来招待庄子。童仆问主人说："一只鹅会鸣叫，另一只鹅不会鸣叫，请问主人杀哪一只？"主人说："杀那一只不会叫的鹅。"

第二天，学生又问庄子说："昨天山中的大树因为不成材所以能享尽自然的寿命；现在主人的鹅却因为没有鸣叫的才能被杀掉。请问先生将怎样自处呢？"

庄子笑着说："我将选择'有材'和'无材'之间。'有才能'和'无才能'之间，似乎是最妥当的中间位置，其实则不然，这样最终还是不能幸免于祸患。如果能顺其自然而处世，就不是这样了。既不会被赞誉，也不会被毁辱，既能像龙一样飞腾显现，又能像蛇一样蛰伏潜藏，顺着时令气候而变化，而不停滞固定于一点；时进时退，以顺和自然为原则，神游于产生万物的无为境界；主宰外物而不被外物所役使，这样又怎么会产生祸患呢？这是神农和黄帝处世的法则啊！若按万事万物情理和人类的习惯就不是这样了：聚合的必然会分离，成功的必然会毁灭，锐利的必然会受挫折，崇高的必然会倾覆，有作为必然会受损害，贤能的必然会被谋算，不肖的又必然被欺侮，怎么可以偏执一方呢？可悲啊！弟子记住，处世只有顺其自然啊！"

【原文】

市南宜僚见鲁侯，鲁侯有忧色。市南子曰："君有忧色，何也？"

鲁侯曰："吾学先王之道，修先君之业；吾敬鬼尊贤，亲而行之，无须臾居；然不免于患，吾是以忧。"

市南子曰："吾之除患之术浅矣！夫丰狐文豹，栖于山林，伏于岩穴，静也；夜行昼居，戒也；虽饥渴隐约，犹且胥疏于江湖之上而求食焉，定也；然且不免于罔罗机辟之患，是何罪之有哉？其皮为之灾也。今鲁国独非吾之皮邪？吾愿君刳形去皮,洒心去欲,而游于无人之野。南越有邑焉,名为建德之国。其民愚而朴,少私而寡欲;知作而不知藏,与而不求其报;不知义之所适,不知礼之所将;猖狂妄行,乃蹈乎大方;其生可乐,其死可葬。吾愿君去国捐俗,与道相辅而行。"

君曰:"彼其道远而险,又有江山,我无舟车,奈何?"

市南子曰:"君无形倨,无留居,以为君车。"

君曰:"彼其道幽远而无人,吾谁与为邻?吾无粮,我无食,安得而至焉?"

市南子曰:"少君之费,寡君之欲,虽无粮而乃足。君其涉于江而浮于海,望之而不见其崖,愈往而不知其所穷。送君者皆自崖而反,君自此远矣!故有人者累,见有于人者忧。故尧非有人,非见有于人也。吾愿去君之累,除君之忧,而独与道游于大莫之国。方舟而济于河,有虚船来触舟,虽有惼心之人不怒;有一人在其上,则呼张歙之;一呼而不闻,再呼而不闻,于是三呼邪,则必以恶声随之。向也不怒而今也怒,向也虚而今也实。人能虚己以游世,其孰能害之!"

【译文】

市南宜僚去看望鲁侯,鲁侯脸上带着忧虑的神情。市南宜僚问道:"您面色忧虑,为的是什么原因呢?"

鲁侯说:"我学习先王的道理,继承先君的事业;我敬奉鬼神,尊重贤能,身体力行,没有片刻的休息;然而还是免不了灾难祸患,因此我感到忧虑。"

市南宜僚说:"您避免祸患的方法太简单了!例如皮毛丰美的狐狸和身上长花纹的豹子,栖息在深山密林,潜藏在山洞,这能安静了吧;夜里出来行走,白天留在山洞里,这够警惕了吧;虽然为饥渴逼困,但对于到江湖上去求食仍然很谨慎,这够稳当吧;然而还是免不了遭到被罗网和机关捕捉的祸患。它们有什么过错呢?是它们的皮引来了祸患。现在鲁国难道不是鲁侯您的皮吗?我盼望您现在能忘掉自身的利害,抛弃权位的皮毛、清净内心,弃除欲望,邀游于没有人的旷野。南越有个地方名叫建树道德国。那里的人民单纯质朴,私心和物欲都很少;知道耕作而不知道私藏,喜欢帮助别人却不求别人报答,不知道什么叫符合义,不知道怎样做算是礼;无目的随意行事,但都符合于大道。他们活着始终很快乐,死了都能得到安葬。我希望您能舍弃国位,抛开俗务,与大道相互辅助而行事。"

鲁侯说:"到那里路程既遥远又险峻,又有高山大江阻挡,我没有车辆和船只,怎么办呢?"

市南宜僚说:"您不要高傲自大,不要留恋权位,以此作为您的车辆。"

鲁侯说:"那里道路幽远又没有人民,谁和我相邻做伴?我没有粮食,我没有食物,怎么能够到那里呢?"

市南宜僚说:"减少您的花费,节制您的物欲,虽然没有粮食但也能满足。您渡过江到海上航行,广阔的海望不见岸边,愈向前航行却愈不知道它的穷尽处。给您送行的人都只到岸边就回去了,您从此就远离尘世的烦恼祸患了。所以统治役用别人就有拖累负担;被人统治役用就有忧愁苦难。所以尧不役使别人,也不被别人役使。我希望您舍弃您的拖累的苦处,除去您的忧患,只随同无为的道畅游于广漠无边的境界。两只船并起来渡河,有一只空船撞碰上来,虽然有性急的人也不会发怒。如果有一个人在撞来的船上,并船渡河的人就会大喊大叫起来。若果喊了一声听不见回答,再喊一声仍然听不到回声,于是第三声就一定会恶声恶气地骂起来。起先不生气而现在生气,是因为起先空船无人而现在有人。人如果能像空船一样用'虚己'的态度游戏于人世间,谁还能够伤害他呢!"

【原文】

北宫奢为卫灵公赋敛以为钟,为坛乎郭门之外,三月而成上下之县。

王子庆忌见而问焉,曰:"子何术之设?"

奢曰:"一之间无敢设也。奢闻之,'既雕既琢,复归于朴。'侗乎其无识，傥乎其怠疑；萃乎芒乎，其送往而迎来；来者勿禁，往者勿止；从其强梁，随其曲傅，因其自穷，故朝夕赋敛而毫毛不挫，而况有大涂者乎！"

【译文】
北宫奢为卫灵公募捐铸造编钟，先在城门外建起坛场，三个月就建成了上下两层的钟架。

王子庆忌见到了问北宫奢说："你采用的是什么方法？"

北宫奢说："专心致志地铸钟，没有其他的办法。我听说：'既已雕刻琢磨，最终要返朴归真。'纯朴得如同无知识一样天真，又好像不会思虑一样迟钝呆笨；任由人们聚在一起，送往迎来分辨不清；来的人不拒绝，去的人不挽留；不愿意捐献的人任他自去，愿意赞助我的人随他自便；依着各人自己的能力，所以虽然朝夕募捐，但人民一丝一毫都不受损害，更何况随顺天道的人呢？"

【原文】
孔子围于陈蔡之间，七月不火食。

大公任往吊之，曰："子几死乎？"曰："然。"

"子恶死乎？"曰："然。"

任曰："予尝言不死之道。东海有鸟焉，其名为意怠。其为鸟也，翂翂翐翐，而似无能；引援而飞，迫胁而栖；进不敢为前，退不敢为后；食不敢先尝，必取其绪。是故其行列不斥，而外人卒不得害，是以免于患。直木先伐，甘井先竭。子其意者饰知以惊愚，修身以明汙，昭昭乎如揭日月而行，故不免也。昔吾闻之大成之人曰：'自伐者无功，功成者堕，名成者亏。'孰能去功与名而还与众人！道流而不明居，德行而不名处；纯纯常常，乃比于狂；削迹捐势，不为功名。是故无责于人，人亦无责焉。至人不闻，子何喜哉？"

孔子曰："善哉！"辞其交游，去其弟子，逃于大泽；衣裘褐，食杼栗；入兽不乱群，入鸟不乱行。鸟兽不恶，而况人乎！

【译文】

孔子被围困在陈、蔡两国交界的地方，连着七天没有生火做饭吃。

大公任去慰问他，说："你大概快要饿死了吧！"

孔子回答说："是的。"

大公任说："你厌恶死吗？"

孔子回答说："是的。"

大公任说："让我试着说说不死的方法。东海有只鸟，名叫意怠。这只鸟飞行起来很缓慢，好像没有一点本领；它跟随鸟群一块飞行，栖息时它挤在众鸟中间；前进时不敢飞到前面，退回不敢落在后边；吃食物不敢争先，一定吃剩余的残食。所以在鸟群中它不受排斥，而外人也始终无法伤害它，因此它能避免灾祸。笔直成材的树木先被砍伐，甘甜的水井先被汲干。你的心意是想通过显扬才能智慧来惊醒愚昧的众人，通过修德洁身来显露别人的污浊，名扬四海就像举着太阳和月亮行走一样，所以你难免要招来祸患。我曾经听过道德修养极高的人说：'自己夸耀自己的反而无功，功成名就而身犹不退的就要堕败，名声昭彰的就要受到损伤。'谁能够舍弃功名而返回到众人之中！大道通行而不显耀自居，德行广布而不追求名声；纯朴而平凡，如同愚昧无知一样；削灭形迹舍弃权势，不追求功名。因此对别人没有要求，别人也就对我没有要求。最有道德的人都不追求名声，你为何还喜欢追求名声呢？"

孔子说："好极了！"于是辞别了朋友，遣散了他的学生，逃到荒野山泽之中，穿粗布衣服，吃橡实和野果；走进兽群，野兽不惊乱，走进鸟群，群鸟不会因惊怕而乱了行列。鸟兽都不厌恶他，更何况人呢！

【原文】

孔子问子桑雽曰："吾再逐于鲁，伐树于宋，削迹于卫，穷于商周，围于陈蔡之间。吾犯此数患，亲交益疏，徒友益散，何与？"

子桑雽曰:"子独不闻假人之亡与?林回弃千金之璧,负赤子而趋。或曰:'为其布与?赤子之布寡矣;为其累与?赤子之累多矣;弃千金之璧,负赤子而趋,何也?'林回曰:'彼以利合,此以天属也。'夫以利合者,迫穷祸患害相弃也;以天属者,迫穷祸患害相收也。夫相收之与相弃亦远矣。且君子之交淡若水,小人之交甘若醴;君子淡以亲,小人甘以绝。彼无故以合者,则无故以离。"

孔子曰:"敬闻命矣!"徐行翔佯而归,绝学捐书,弟子无挹于前,其爱益加进。

异日,桑雽又曰:"舜之将死,真泠禹曰:'汝戒之哉!形莫若缘,情莫若率。缘则不离,率则不劳;不离不劳,则不求文以待形;不求文以待形,固不待物。'"

【译文】
孔子问子桑雽说:"我两次被鲁国驱逐出境,在宋国又蒙受了伐树威胁的屈辱,在卫国被禁止停留,在商、周之地穷困潦倒没有出路,在陈、蔡两国交界的地方又被围困。我遇到这么多患难,亲戚世交更加疏远我了,学生和朋友也不断地离开了我,这是什么原因?"

子桑雽说:"你难道没有听说过假国人逃亡的故事吗?林回丢弃了价值千金的玉璧,背着小孩逃走。有人说:'为了钱财呢?小孩子的价值少得很;为了减少累赘吗?小孩子的麻烦累赘更多;舍弃了价值千金的玉璧,背着小孩逃走,为的是什么?'林回回答说:'我与玉璧是利的结合,我和小孩是天性的关属。'因为利益关系而结合的,在困难灾祸逼迫的时候就会相互抛弃;因为天性而联系的,在灾难窘迫时就会互相收留。互相收留和互相遗弃相差太远了。而且有道德的人的交情淡泊如水,贪图利惠的小人之间的交情却和甜酒一样;有道德的人之间的关系虽然淡泊却能愈来愈亲密,而贪图利惠的人们之间关系虽然甜蜜却容易断绝。所以凡是无缘无故而聚合的,也会无缘无故地离散。"

孔子说:"我很诚心地接受您的指导!"于是轻松而悠闲地漫步

回去，停止教学，抛开书本，不让学生在他面前行揖拜的礼节，但学生对他的敬爱却更深了一层。

有一天，桑雽又说："舜快要死的时候，告诫禹说：'你要谨慎啊！形体莫如随顺，感情莫如纯朴率真。随顺了就不会离失万物，纯朴率真了就不会劳心费神；不离失万物，不劳累心神，就不需要用虚文冗礼来矫饰自己的形体。不用虚文冗礼来矫饰形体的人，本来也就用不着任何外物。'"

【原文】

庄子衣大布而补之，正摩系履而过魏王。魏王曰："何先生之惫邪？"

庄子曰："贫也，非惫也。士有道德不能行，惫也；衣弊履穿，贫也，非惫也；此所谓非遭时也。王独不见夫腾猿乎？其得柟梓豫章也，揽蔓其枝而王长其间，虽羿、蓬蒙不能眄睨也。及其得柘棘枳枸之间也，危行侧视，振动悼栗；此筋骨非有加急而不柔也，处势不便，未足以逞其能也。今处昏上乱相之间而欲无惫，奚可得邪？此比干之见剖心徵也夫！"

【译文】

庄子穿着带补丁的粗布衣服，理正腰带，系好鞋子，去见魏王。魏王说："先生为什么这样颓废潦倒呢？"

庄子回答说："是贫穷啊，并不是颓废潦倒！读书人有道德理想不能实行，这才是颓废潦倒；衣服破旧鞋子破烂，这是贫穷，不是颓废潦倒；这就叫生不逢时啊！你难道没有看见跳跃的猿猴吗？当它碰到楠、梓、豫樟等大树时，攀扯着这些树的枝干，在那里像国王一样自在快乐，这时即使是善于射箭的羿和蓬蒙也对它无可奈何。等到它跳落在柘、棘、枳、枸等多刺的树木中间时，尽管它小心谨慎，但内心还是战栗不已；这并不是它的筋骨变得僵硬而不灵活了，而是所处的环境不利，无法来施展它跳跃攀援的才能啊！我现在处在君上昏庸无道、辅臣胡作非为的时代，想要不颓废潦倒，怎么可能呢？在这方面，像比干被破腹剖心便是明证啊！"

【原文】

孔子穷于陈、蔡之间，七月不火食，左据槁木，右击槁枝，而歌猋氏之风，有其具而无其数，有其声而无宫角，木声与人声，犁然有当于人之心。

颜回端拱还目而窥之。仲尼恐其广己而造大也，爱己而造哀也，曰："回，无受天损易，无受人益难。无始而非卒也，人与天一也。夫今之歌者其谁乎！"

回曰："敢问无受天损易。"

仲尼曰："饥渴寒暑，穷桎不行，天地之行也，运物之泄也，言与之偕逝之谓也。为人臣者，不敢去之。执臣之道犹若是，而况乎所以待天乎！"

"何谓无受人益难？"

仲尼曰，"始用四达，爵禄并至而不穷，物之所利，乃非己也，吾命其在外者也。君子不为盗，贤人不为窃。吾若取之，何哉！故曰，鸟莫知于鹢鹠，目之所不宜处，不给视，虽落其实，弃之而走。其畏人也，而袭诸人间，社稷存焉尔。"

"何谓无始而非卒？"

仲尼曰："化其万物而不知其禅之者，焉知其所终？焉知其所始？正而待之而已耳。"

"何谓人与天一邪？"

仲尼曰："有人，天也；有天，亦天也。人之不能有天，性也，圣人晏然体逝而终矣！"

【译文】

孔子被围困在陈国和蔡国交界的地方，七天没有生火烧饭。他左手臂靠着枯树，右手敲着枯树枝，唱起神农时代的歌谣来，有打击的器具却没有节奏，有唱歌的声音却没有音律；枯树枝敲击的声音和人唱的声音悠然而深沉，很适合人们的心情。

颜回拱手站着，回过目光来看孔子。孔子怕颜回过分尊崇自己而把困难看得严重，过分敬爱自己而内心深怀哀伤，便说："回啊，不受自然的损伤还容易，不受人为的好处却难。没有一个只是开始而又不是终结的，人为和自然是一样的。现在唱歌的人是谁呢？"

颜回问："请问先生什么是不受自然的损伤还容易？"

孔子说："饥饿、干渴、寒冷、暑热、穷困不通，都是天地自然的运行，气数和万物的迁移变化，说的就是随着天地万物的变化而变化啊。做为人臣，不敢逃避国君的使命。遵循为臣准则的尚且是这样，更何况对待天命呢？"

颜回又问："不受人为的好处却难怎么讲？"

孔子说："初次被任用就百事顺利，爵位俸禄全都来了，无穷无尽，但是这些外物的利益，并不是我自身所有，而只是我的机遇得到了这些外物罢了！君子不做盗窃的事，贤人不做偷窃的事，而我却要去求取它，为什么呢？所以说：鸟儿没有比燕子更聪明的，看到有不适宜的地方，就不再看第二眼，即使口中的食物失落在这些地方，也舍弃了而走。它畏惧人，却又入人屋舍，只是它的巢在那儿罢了。"

颜回又问："什么是没有一个开始而不是结局的？"

孔子说："万物变化而不知道谁是替代者，怎能知道它的终结？又怎能知道它的开始呢？平静的随顺自然的变化罢了。"

颜回又问："什么是人和自然都一样呢？"

孔子说："人为是出于自然的事；自然的事，也是出于自然的。人为其所以不能保全自然，也是由人们的本性决定的。只有圣人才能安然地顺任自然而变化。"

【原文】

庄周游于雕陵之樊，睹一异鹊自南方来者，翼广七尺，目大运寸，感周之颡而集于栗林。庄周曰："此何鸟哉，翼殷不逝，目大不睹？"褰裳躩步，执弹而留之。睹一蝉，方得美荫而忘其身；螳螂执翳而搏之，见得而忘其形；异鹊从而利之，见利而忘其真。庄周怵然曰:"噫!物固相累,二类相召也!"捐弹而反走,虞人逐而谇之。

庄周反入,三月不庭。蔺且从而问之:"夫子何为顷间甚不庭乎?"

庄周曰:"吾守形而忘身,观于浊水而迷于清渊。且吾闻诸夫子曰,'入其俗,从其令。'今吾游雕陵而忘吾身,异鹊感吾颡,游于栗林而忘真,栗林虞人以吾为戮,吾所以不庭也。"

【译文】

庄周到雕陵栗园里游玩,看见一只奇异的鹊子从南方飞了来,翅膀有七尺宽,眼睛的直径有一寸长,碰到了庄周的额头便飞落在栗树林中休息。庄周说:"这是只什么鸟呢?翅膀大却不能飞远,眼睛大却不能看见物体。"于是撩起衣裳快步走过去,拿起弹弓来观察它的动静。这时看见一只蝉,正因找到了一片好树叶荫蔽的地方而忘记了自身;有只螳螂借着树叶的隐蔽而捉住了它,而螳螂因为有所得便忘了自己的形体;异鹊跟着又乘机搏捉住了螳螂,可是这只奇异的鹊子因为贪图了私利而丧失了性命。庄周看了惊惧地说:"唉,物类原来是互相累害,彼此互相招引牵连的啊!"于是扔下弹弓回头就走,管栗园的人(以为他偷了栗子)追赶着他而责骂他。

庄周回去以后,三天都感到不愉快。学生蔺且问他说:"先生为什么近来非常不愉快呢?"

庄周说:"我为了只顾看守外物的形体而忘记了自身的安危,看见了混浊的水却被清渊迷惑了。而且我听先生说:'到了一个地方,就要顺从这个地方的禁令。'现在我到雕陵游玩而忘记了自身。当异鹊碰了我的额头,我在栗林里游玩,却又忘记了性命,以致管栗园的人以为我干了不光彩的事而责辱我,我因此感到不愉快。"

【原文】

阳子之宋,宿于逆旅。逆旅人有妾二人,其一人美,其一人恶,恶者贵而美者贱。阳子问其故,逆旅小子对曰:"其美者自美，吾不知其美也；其恶者自恶，吾不知其恶也。"

阳子曰："弟子记之！行贤而去自贤之心，安往而不爱哉！"

【译文】

阳子来到宋国，住在旅舍。旅舍的主人有两个妻妾，一个长得很漂亮，一个长得很丑。长得丑的受尊宠，长得漂亮的被冷落。阳子问这是什么原因，旅舍的伙计回答说："那个漂亮的自己认为自己很漂亮，但是我不觉得她漂亮；那个长得丑的自己认为自己很丑，但是我并不觉得她长得丑。"

阳子说："弟子们记住！行为善良端正却不能去掉自认为贤能良善的心理，到哪里能博得人的喜爱呢？"

【成语与典故】

[自伐无功] "自伐者无功，功成者堕，名成者亏。"这里本是讲自己夸耀自己不会成功，反而会削弱已取得的成绩和损伤原来的好名声。后来遂用"自伐无功"形容自我表现、自我吹捧、自己给自己涂脂抹粉的客观作用。

[螳螂捕蝉，黄鹊在后] 源于"睹一蝉者，方得美荫而忘其身；螳螂执翳而搏之，见得而忘其形，异鹊从而利之，见利而忘其真"。此言比喻只贪图眼前利益，不知将有后患。

[君子之交淡若水] 源于"君子之交淡若水，小人之交甘若醴；君子淡以亲，小人甘以绝"。这里本意是讲有道德的人的交情淡泊而长久，高尚而可信赖。因贪图利惠而产生的交情虽然像甜酒一样香甜密切却不长久，不可依赖，随时会因利益的不同而决裂。后遂以"君子之交淡若水"来比喻不掺杂个人名利欲念的道义上的交往与友情。

田 子 方

淡 泊 译

【提要】

本篇主要阐述为人应突破俗规冗礼的约束，听任自然，无为寡欲，忘记外在得失，游心于"物之初"的境界。本篇各节互不联系，属杂记体。

【原文】

田子方侍坐于魏文侯，数称谿工。

文侯曰："谿工，子之师邪？"

子方曰："非也，无择之里人也。称道数当，故无择称之。"

文侯曰："然则子无师邪？"

子方曰："有。"

曰："子之师谁邪？"

子方曰："东郭顺子。"

文侯曰："然则夫子何故未尝称之？"

子方曰："其为人也真，人貌而天，虚缘而葆真，清而容物。物无道，正容以悟之，使人之意也消，无择何足以称之！"

子方出，文侯傥然，终日不言。召前立臣而语之曰："远矣，全德之君子！始吾以圣知之言仁义之行为至矣，吾闻子方之师，吾形解而不欲动，口钳而不欲言。吾所学者，直土梗耳！夫魏真为我累耳！"

【译文】

田子方坐在魏文侯那里陪伴，几次称赞溪工。

文侯说："溪工是先生的老师吗？"

田子方说:"不是的,是我的同乡。他的言论见解常常很正确,所以我称赞他。"

文侯说:"那么先生没有老师吗?"

子方说:"有。"

文侯说:"先生的老师是谁呢?"

子方说:"东郭顺子。"

文侯说:"那么先生为什么没有称赞他?"

子方说:"他为人纯真,容貌长得和一般人一样但内心却融合于自然,顺应于人而保守天真,清净而能容纳万物。如遇无道的人,能正容而开悟他,使人的邪念自然消除。我哪里配称赞他!"

子方走后,文侯惆怅地整天不说话。召唤面前侍立的臣子告诉他们说:"太高远了,全德的君子!起初我以为圣智的言论、仁义的行为是最高了,我听到了子方说老师的话,我的身体脱散而不想动,嘴巴闭着而不想说。我所学的不过是粗浅的皮毛而已,魏国真是我的包袱啊!"

【原文】

温伯雪子适齐,舍于鲁。鲁人有请见之者,温伯雪子曰:"不可。吾闻中国之君子,明乎礼仪而陋於知人心,吾不欲见也。"

至于齐,反舍于鲁,是人也又请见。温伯雪子曰:"往也蕲见我,今也又蕲见我,是必有以振我也。"

出而见客,入而叹。明日见客,又入而叹。其仆曰:"每见之客也,必入而叹,何耶?"

曰:"吾固告子矣:'中国之民,明乎礼仪而陋乎知人心。'昔之见我者,进退一成规一成矩,从容一若龙一若虎。其谏我也似子,其道我也似父,是以叹也。"

仲尼见之而不言。子路曰:"吾子欲见温伯雪子久矣,见之而不言,何耶?"

仲尼曰:"若夫人者,目击而道存矣,亦不可以容声矣。"

【译文】

温伯雪子前往齐国,歇足在鲁国的旅舍。鲁国有人请求见他,温伯雪子说:"不行。我听说中国的君子,重视礼仪而不善于了解人心,我不想接见。"

到了齐国后,回归的路途中歇息在鲁国,那个人又请求见他。温伯雪子说:"上次请求见我,现在又来求见,一定有什么启发我的。"

出去见了客人,回来就叹息。第二天见了客人,回来又叹息。他的仆人问说:"每次见到这个客人,回来就必定叹息,为什么呢?"

回答说:"我原来告诉你了:中国的人明了礼仪却不善于了解人心。刚才来看我的那位,进退完全合乎规矩,举动就像龙虎。他劝告我,好像儿子对待父亲,他开导我,如同父亲对待儿子,所以叹息。"

孔子见了他不说话。子路问:"先生想见温伯雪子很久了,见了面不说话,为什么呢?"

孔子说:"像这样的人,一见就知天道体现在他身上,也不容再出声了。"

【原文】

颜渊问于仲尼曰:"夫子步亦步,夫子趋亦趋,夫子驰亦驰;夫子奔逸绝尘,而回瞠若乎后矣!"

仲尼曰:"回,何谓邪?"

曰:"夫子步,亦步也;夫子言,亦言也;夫子趋,亦趋也;夫子辩,亦辩也;夫子驰,亦驰也;夫子言道,回亦言道也;及奔逸绝尘而回瞠若乎后者,夫子不言而信,不比而周,无器而民滔乎前,而不知所以然而已矣。"

仲尼曰:"恶!可不察与!夫哀莫大于心死,而人死亦次之。日出东方而入于西极,万物莫不比方,有目有趾者,待是而后成功。是出则存,是入则亡。万物亦然,有待也而死,有待也而生。吾一受其成形,而不化以待尽,效物而动,日夜无隙,而不知其所终；熏然其成形，知命不能规乎其前，丘以是日徂。

"吾终身与汝交一臂而失之，可不哀与？女殆著乎吾所以著也。彼已尽矣，而女求之以为有，是求马于唐肆也。吾服女也甚忘，女服吾也亦甚忘。虽然，女奚患焉！虽忘乎故吾，吾有不忘者存。"

【译文】

颜回问孔子说："先生慢行我也慢行，先生快走我也快走，先生奔跑我也奔跑；先生奔跑绝尘，而我却只能瞪着眼睛落在后边了。"

孔子说："回，说什么呢？"

颜回说："先生慢行，我也慢行；先生讲，我也讲；先生快走，我也快走；先生辩论，我也辩论；先生奔跑，我也奔跑；先生论道，我也论道；等到奔跑绝尘而我却直瞪着眼落在后面。先生不说话而能取信，不与人接近而能亲近于人，没有权位而人们都前来相聚，却不知为什么能够这样。"

孔子说："啊！这还不明白么？最悲哀的莫过于心死，而身死还是次要的。太阳从东方出来而落入西方，万物都顺着这个方向，有眼睛有脚的人，见日出而后才有所作为。日出而作，日入而息。万物也是这样，有的等待着死亡，有的等待着降生。我一旦禀受了天道赋予的形体，不变化而等待气尽，随着外物而活动，日夜不停，而不知道自己的归宿；顺着自然自动成形，知道命运是不可能预知的，我因此天天随着变化。

"我一直和你这样接近而你却不了解这个道理，难道不是悲哀吗？你大概只看到我显著的地方。它们已经消失了，而你以为还存在而追寻，这就如在空市场上寻求马一样。我做的；你很快就忘记；你做的，我也很快就忘记。虽然是这样，你还忧虑什么？即使忘记了过去的我，我还有不会被忘记的东西存在。"

【原文】

孔子见老聃，老聃新沐，方将被发而干，慹然似非人。孔子便而侍之。少焉见，曰："丘也眩与？其信然与？向者先生形体掘若槁木，似遗物离人而立于独也。"

老聃曰："吾游心于物之初。"

孔子曰："何谓邪？"

曰："心困焉而不能知，口辟焉而不能言，尝为汝议乎其将。至阴肃肃，至阳赫赫；肃肃出乎天，赫赫发乎地；两者交通成和而物生焉，或为之纪而莫见其形。消息满虚，一晦一明，日改月化，日有所为，而莫见其功。生有所乎萌，死有所乎归，始终相反乎无端而莫如乎其所穷。非是也，且孰为之宗！"

孔子曰："请问游是。"

老聃曰："夫得是，至美至乐也。得至美而游乎至乐，谓之至人。"

孔子曰："愿闻其方。"

曰："草食之兽不疾易薮，水生之虫不疾易水。行小变而不失其大常也，喜怒哀乐不入于胸次。夫天下也者，万物之所一也。得其所一而同焉，则四肢百体将为尘垢，而死生终始将为昼夜而莫之能滑，而况得丧祸福之所介乎？弃隶者若弃泥涂，知身贵于隶也，贵在于我而不失于变。且万化而未始有极也，夫孰足以患心？已为道者解乎此。"

孔子曰："夫子德配天地，而犹假至言以修心，古之君子，孰能脱焉！"

老聃曰："不然。夫水之于汋也，无为而才自然矣。至人之于德也，不修而物不能离焉。若天之自高，地之自厚，日月之自明，夫何修焉！"

孔子出，以告颜回曰："丘之于道也，其犹醯鸡与！微夫子之发吾覆也，吾不知天地之大全也。"

【译文】

孔子去见老子，老子刚洗完头。正披散头发等待干，一动不动地好像木头人。孔子退出来等他。过了一会见了面说："我是眼花了呢，还是真的如此呢？刚才先生形体直立不动有如枯木，好像超然物外脱离人世而独自存在。"

老子说："我的心思在最初产生万物的虚无之境游历。"

孔子说："怎么说呢？"

老子说："心困顿而不能知晓，口合而不能言说。试着为你说个大概。至阴寒冷，至阳炎热。寒冷出于天，炎热出于地；两者互相交流融合而万物生，存在为万物生成变化的规律，却看不见形象。死生盛衰，时隐时现，日迁月移，每日都有作为，却不见它的功绩。生有所萌发之地，死有所归返之境，始终循环往复，既无开端，也不知道它运行的穷尽处。如果不是这样，那么什么又是它的本始呢！"

孔子说："请问心思游历此境的情景。"

老子说："到达这种境界，是最美好最快乐的，能体会最美好而游历在最快乐的境界，称为至人。"

孔子说："很愿意听听用什么方法。"

老子说："吃草的动物不怕变换草地，在水中生活的虫不怕变换池沼，只作小的变换而没有失去其根本的需要，喜怒哀乐的情绪不会侵入心中。天下的万物都有其共同性。理解了它们的共同性而同等看待，那样四肢百骸便如同尘垢，而死生终始就如同昼夜一样的变化，因而就没有什么能使他受干扰，更何况在得失祸福之间呢！舍弃奴隶如同舍弃泥土，知道自身比奴隶可贵，可贵在我自身不因变换而丧失。何况千变万化而没有终极，有什么值得忧心？修养道德的懂得这点。"

孔子说："先生德配天地，还借用至人的言论来修养心性，古时的君子，有谁能超过呢！"

老子说："不是的。像水的涌流，天为而自然。至人的道德，不需要修饰而万物自然受影响，就像天自然而然的高，地自然而然的厚，日月自然而然的明亮，哪里需要培养修饰呢！"

孔子出去，把这些告诉颜回说："我对于大道的了解，不就像那种小飞虫！要没有先生启发我的蒙昧，我真不知道天地的大全！"

【原文】

庄子见鲁哀公。哀公曰:"鲁多儒士,少为先生方者。"

庄子曰:"鲁少儒。"

哀公曰:"举鲁国而儒服,何谓少乎?"

庄子曰:"周闻之,儒者冠圜冠者,知天时;履句屦者,知地形;缓佩玦者,事至而断。君子有其道者,未必为其服也;为其服者,未必知其道也。公固以为不然,何不号于国中曰:'无此道而为此服者,其罪死。'"

于是哀公号之五日,而鲁国无敢儒服者,独有一丈夫儒服而立乎公门。公即召而问以国事,千转万变而不穷。

庄子曰:"以鲁国而儒者一人耳,可谓多乎?"

【译文】

庄子去见鲁哀公。哀公说:"鲁国有许多儒士,却很少有学先生道德之术的。"

庄子说:"鲁国的儒士很少。"

哀公说:"全国都穿儒者的服装,怎能说少呢?"

庄子说:"我听说,儒者戴圆帽子的,知道天时;穿方鞋的,知道地形;用五色丝绳系玉玦的,遇到事能当即决断。君子有这种道术的,未必穿戴儒者的服装;穿儒者服装的,未必有这种道术。你既然不这样认为,为何不在国中发布号令说:'不懂得这种道术而穿这种服装的,处以死罪。'"

于是哀公发布号令后五天,而鲁国就没有人敢再穿儒服的。只有一个男的穿着儒服站在宫门。哀公召来询问国事,千变万化而总对答不穷。

庄子说:"整个鲁国只有一个儒士,可以说多吗?"

【原文】

百里奚爵禄不入于心,故饭牛而牛肥,使秦穆公忘其贱,与之政也。有虞氏死生不入于心,故足以动人。

【译文】

百里奚不把爵禄放在心上，所以养牛而牛肥，使秦穆公忘记了他的卑贱，将政务交给他。虞舜心中不考虑生死，所以能够感动别人。

【原文】

宋元君将画图，众史皆至，受揖而立，舐笔和墨，在外者半。有一史后至者，儃儃然不趋，受揖不立，因之舍。公使人视之，则解衣般礴羸。君曰："可矣，是真画者也。"

【译文】

宋元公要画图，众画师都来到了，接受命令拜谢后站在桌旁，濡笔调墨，在外面的画师还有一半。有一个后来的画师，自在安闲而并不向前争挤，他受命拜揖却并不站立，随即就返回住所。国君派人去看他，见他脱掉衣服光着身子盘腿而坐。国君说："行啊，他才是真正的画师。"

【原文】

文王观于臧，见一丈人钓，而其钓莫钓；非持其钓有钓者也，常钓也。

文王欲举而授之政，而恐大臣父兄之弗安也；欲终而释之，而不忍百姓之无天也。于是旦而属之大夫曰："昔者寡人梦见良人，黑色而䫇，乘驳马而偏朱蹄，号曰：'寓而政于臧丈人，庶几乎民有瘳乎！'"

诸大夫蹴然曰："先君王也。"

文王曰："然则卜之。"

诸大夫曰："先君之命，王其无它，又何卜焉！"

遂迎臧丈人而授之政。典法无更，偏令无出。三年，文王观于国，则列士坏植散群，长官者不成德，斔斛不敢入于四竟。列士坏植散群，则尚同也；长官者不成德，则同务也；斔斛不敢入于四竟，则诸侯无二心也。

文王于是焉以为大师，北面而问曰："政可以及天下乎？"臧丈人昧然而不应，泛然而辞，朝令而夜遁，终身无闻。

颜渊问于仲尼曰："文王其犹未邪？又何以梦为乎？"

仲尼曰："默，汝无言！夫文王尽之也，而又何论刺焉！彼直以循斯须也。"

【译文】

文王在渭水游历，看见一位老者在钓鱼，不是拿着钓鱼竿真心钓鱼的人，只是常拿着钓竿而已。

文王想推举他而把政事委托给他，但是又怕引起大臣父兄们的不安；最后想放弃这想法，却又不忍百姓得不到庇荫。于是清晨就告诉大夫们说："昨夜我梦见一位贤良的人，面色稍黑而有胡须，骑着杂色的马而马蹄半边是红色的，对我发号令说：'把你的政事委托臧地老人，这样人民的灾难或许有救。'"

诸位大夫惊惧地说："这是君王的父亲。"

文王说："虽然是这样，但还是占卜看看。"

诸位大夫说："君主父亲的命令，不必生疑，又何用占卜呢！"

于是文王迎接臧地老人而把政事委托给他。典章制度没有更改，半个政令也没有发布。三年以后，文王考察国境，见列士不结朋党，官吏不显功德，别的度量衡也不再进入四境。列士不立朋党，却同心协力；长官不显功德，但却群策群力；别的度量衡不再进入四境，证明诸侯没有异心。

于是文王拜他为太师，北面站立而请教说："政事可以推及天下吗？"臧地老人默默地不回答，漫不经心地拒绝了，早上还在行使政令而晚上就悄悄地告辞了，从此永远销声匿迹了。

颜回问孔子说："文王难道还不能取信于人吗？又何必假托是梦呢？"

孔子说："别作声，你不要说话！文王已经做得很完善了，你又何必讥刺他呢！他不过是民情一时的需要罢了。"

【原文】

列御寇为伯昏无人射,引之盈贯,措杯水其肘上,发之,适矢复沓,方矢复寓。当是时,犹象人也。

伯昏无人曰:"是射之射,非不射之射也。尝与汝登高山,履危石,临百仞之渊,若能射乎?"

于是无人遂登高山,履危石,临百仞之渊,背逡巡,足二分垂在外,揖御寇而进之。御寇伏地,汗流至踵。

伯昏无人曰:"夫至人者,上窥青天,下潜黄泉,挥斥八极,神气不变。今汝怵然有恂目之志,尔于中也殆矣夫!"

【译文】

列御寇给伯昏无人表演射箭,他拉满了弓弦,在臂肘上放杯水,射出去,箭准确地命中靶子,第二箭又连着命中目标。在这时候,他就像个木偶人一般安定。

伯昏无人说:"这是有心要射那种射,不是无心要射那种射。我想与你登上高山,踩着危险的石头,身临百丈深渊,你还能射吗?"

于是昏伯无人就登上高山,踩着危险的石头,身临百丈深渊,背对着深渊往后退步,脚的十分之二悬在山石外,邀请列御寇上前,列御寇害怕地伏到地上,汗水一直流到脚跟。

伯昏无人说:"至人,上可观察青天,下可以潜入黄泉、放纵奔驰于八方,而神色不变。现在你恐惧的眼神都眩乱了,你能射中的可能也太少了。"

【原文】

肩吾问于孙叔敖曰:"子三为令尹而不荣华,三去之而无忧色。吾始也疑子,今视子之鼻间栩栩然,子之用心独奈何?"

孙叔敖曰:"吾何以过人哉!吾以其来不可却也,其去不可止也,吾以为得失之非我也,而无忧色而已矣。我何以过人哉!且不知其在彼乎,其在我乎?其在彼邪?亡乎我,在我邪?亡乎彼。方将踌躇,方将四顾,何暇至乎人贵人贱哉!"

仲尼闻之曰："古之真人，知者不得说，美人不得滥，盗人不得劫，伏戏、黄帝不得友。死生亦大矣，而无变乎己，况爵禄乎！若然者，其神经乎大山而无介，入乎渊泉而不濡，处卑细而不惫，充满天地，既以与人，己愈有。"

【译文】

肩吾问孙叔敖说："你三次做令尹而不感到荣耀，三次辞去令尹职务而没有忧虑之色。我起初还怀疑你，现在看你脸上神色轻松自然，你的心里是怎么想的？"

孙叔敖说："我有什么与人不同呢！我认为爵位的来不可推却，它的失去也不可阻止，我认为得失不关乎我，因而没有忧虑之色。我有什么超过别人的呢？况且贵贱得失是在令尹之职呢？还是在我呢？如果是在于令尹，就和我无关；如果是在于我，就和令尹无关。我心满意足，正轻松地向四方观望，哪里顾得人间的贵贱呢！"

孔子听到说："古时候的真人，智慧的人不能游说他，美人不能使他淫乱，强盗不能劫持他，伏羲和黄帝不能与他亲近。死生是件极大的事情，却不能影响他，何况是爵禄呢！像这样的人，他的精神穿过大山而不受阻碍，进入深渊而不会淹没，处于卑贱而不觉困顿，他的精神充满天地之间，他愈是给与别人，自己反而愈加充足。"

【原文】

楚王与凡君坐，少焉，楚王左右曰凡亡者三。凡君曰："凡之亡也，不足以丧吾存。夫'凡之亡不足以丧吾存'，则楚之存不足以存存。由是观之，则凡未始亡而楚未始存也。"

【译文】

楚王和凡君同坐，一会儿，楚王左右的人三次来说凡国灭亡了。凡君说："凡国的灭亡，不足以使我心中存在的凡国丧失掉，要是凡国的灭亡不足以丧失我心中凡国的存在，那么楚国的存在也不足以保存我心中楚国的存在。这样看来，可以说凡国不曾灭亡而楚国不曾存在。"

【成语与典故】

［哀莫大于心死］ 源于"仲尼曰：'……夫哀莫大于心死，而人死亦次之。'"本意是指意志完全消沉，才是最悲哀的事，而人身体的死亡还是次一等的。后世用以比喻丧失意志的悲哀。也有用来喻指人沉迷于错误的思想行为而不可救药。章炳麟《〈华国月刊〉发刊辞》："哀莫大于心死，可为长惧深戚者此也。"

［亦步亦趋］ 出自本篇"夫子步亦步，夫子趋亦趋"，原意是颜回表述自己追随孔子，认真学习其师的为人。后世转为贬意，以"亦步亦趋"形容事事简单地摹仿别人，引申为事事都听命于别人。

知 北 游

松 樵 译

【提要】

本篇取起首三字为题,意思是拟人的知(即"智")向北方巡游。全文采用寓言手法,通过各种方式的问道来论道。反复说明道存在于一切场所,包容世间万物,却又没有形体,找不到踪迹;既不能言传,也没有必要去请教别人。人只有无心无念,顺应自然、清静无为,才能得道并成为大彻大悟的"至人"。

【原文】

知北游于玄水之上,登隐弅之丘,而适遭无为谓焉。知谓无为谓曰:"予欲有问乎若:何思何虑则知道?何处何服则安道?何从何道则得道?"三问而无为谓不答也,非不答,不知答也。

知不得问,反于白水之南,登狐阕之上,而睹狂屈焉。知以之言也问乎狂屈。狂屈曰:"唉!予知之,将语若。"中欲言而忘其所欲言。

知不得问,反于帝宫,见黄帝而问焉。黄帝曰:"无思无虑始知道,无处无服始安道,无从无道始得道。"

知问黄帝曰:"我与若知之,彼与彼不知也,其孰是邪?"

黄帝曰:"彼无为谓真是也,狂屈似之;我与汝终不近也。夫知者不言,言者不知,故圣人行不言之教。道不可致,德不可至。仁可为也,义可亏也,礼相伪也。故曰,'失道而后德,失德而后仁,失仁而后义,失义而后礼。礼者,道之华而乱之首也。'故曰,'为道者日损,损之又损之以至于无为,无为而无不为也。'今已为物也,欲复归根,不亦难乎!其易也,其唯大人乎!

"生也死之徒,死也生之始,孰知其纪!人之生,气之聚也;聚则为生,散则为死。若死生为徒,吾又何患!故万物一也,是其所美者为神奇,其所恶者为臭腐;臭腐复化为神奇,神奇复化为臭腐。故曰,'通天下一气耳。'圣人故贵一。"

知谓黄帝曰:"吾问无为谓,无为谓不应我,非不我应,不知应我也。吾问狂屈,狂屈中欲告我而不我告,非不我告,中欲告而忘之也。今予问乎若,若知之,奚故不近?"

黄帝曰:"彼其真是也,以其不知也;此其似之也,以其忘之也;予与若终不近也,以其知之也。"

狂屈闻之,以黄帝为知言。

【译文】

知向北游历到玄水岸边,登上隐弅山,正好碰到无为谓。知对无为谓说:"我正想请教你:怎样思索怎样考虑才能了解道?怎样修行才能接近道?通过什么途径才能够得道呢?"问了三遍无为谓都不回答。不是不回答,而是不知道回答。

知得不到答案,便返回白水南岸,登上狐阕丘,见到狂屈。知用同样的话问狂屈。狂屈说:"唉!我知道,想告诉你。"内心要说却忘了要说的话。

知得不到解答,回到帝宫,见到黄帝又问。黄帝说:"不思索不考虑才能了解道,不用修行就能接近道,不遵循一定的途径才能得道。"

知问黄帝说:"我与你知晓,无为谓与狂屈不知,谁对呢?"

黄帝说:"无为谓是真正对的,狂屈也差不多;我和你永远无缘得道。知道的不说,说的人不知道,所以圣人推行不置一言的教育。道不可以得到,德也没有途径可达。仁政可以推行,主持正义可以有所扬弃,礼仪是相互欺瞒的伪饰。所以说,'无道然后才去求德,丧失德而后存仁,不仁而后取义,无义然后才有礼。礼是道的虚华、祸乱的开端。'所以说,'求道的人每天减损世俗的物欲,不断地减损,直至达到无为的境界。无为才能无所不为。'现在既然追求物欲,要想归依本根,不是很难吗!要想容易除非是尽善尽美的'至人'啊!

"生是死的继续,死是生的开端,谁能知晓其中规律呢!人生活在世间,只是气的集聚;聚合就是生,消散即是死。既然生死不停地循环,我又何必忧虑呢!所以万物本同一理,认为美好的就看做神奇,所厌恶的便当做腐臭;腐臭可以变为神奇,神奇也可以变为腐臭。所以说'贯通天下万物的就是一个气。'圣人因而很珍视这种合一。"

知对黄帝说:"我问无为谓,无为谓不回答我,不是不回答,是不知道回答。我问狂屈,狂屈内心想告诉我却没有说,不是不回答我,是心中要说却忘记要说什么了。现在我问你,你知道,为什么说不能接近道呢?"

黄帝说:"说那个真对,是因其不知道;说这个差不多,是因为他忘记了要说的话;我与你永远不能接近道,是因为知道。"

狂屈听说了,认为黄帝所说是真知灼见。

【原文】

天地有大美而不言,四时有明法而不议,万物有成理而不说。圣人者,原天地之美而达万物之理,是故至人无为,大圣不作,观于天地之谓也。

合彼神明至精,与彼百化,物已死生方圆,莫知其根也,扁然而万物自古以固存。六合为巨,未离其内;秋豪为小,待之成体。天下莫不沉浮,终身不故;阴阳四时运行,各得其序。惛然若亡而存,油然不形而神,万物畜而不知。此之谓本根,可以观于天矣。

【译文】

天地有伟大的功德而不言语,四季有分明的节律而不议论,万物有本来的机理而不说明。所谓圣人,就是效法天地的美德而通达万物的机理。所以"至人"无所作为,圣贤不求进取,就是在向天地看齐啊。

天地神明精妙非常，参与天地间千变万化，万物或死或生，或方或圆，难以知晓它的根源，翩翩然呈现万般情态，自古以来就存在着。天地四方那样巨大，也不能超出它的界限；微细像秋天的毫毛，也要倚待它才能成其形体。天下万物都在浮沉演变，永远不会固守老样子；阴阳四季的变化，各有自己的顺序。昏昏茫茫像是虚无却又存在，隐隐约约不露真形而神韵盎然，万物接受它的养育却不知不觉。这就是最根本的道理，懂得了这一点就可以与天地看齐了。

【原文】

啮缺问道乎被衣，被衣曰："若正汝形，一汝视，天和将至；摄汝知，一汝度，神将来舍。德将为汝美，道将为汝居，汝瞳焉如新生之犊而无求其故！"

言未卒，啮缺睡寐。被衣大说，行歌而去之，曰："形若槁骸，心若死灰，真其实知，不以故自持。媒媒晦晦，无心而不可与谋。彼何人哉！"

【译文】

啮缺向被衣请教道的学问，被衣说："你端正你的形体，专注你的视觉，天道和顺便会来到你身上；收敛你的智聪，使你的心神专一，神明就会依附在你身上。道德将为你增加光彩，天道将与你同在，你将稚拙得像初生牛犊不思寻根追源！"

话未说完，啮缺就睡着了。被衣很高兴，一路唱着歌离开了他，说："形体像枯槁的骨骸，心如死灰般沉静，才是真正懂得道的真谛，不迷恋逝去的一切。懵懵懂懂，无心无念，旁人很难与他交流。这是何等人物啊！"

【原文】

舜问乎丞曰："道可得而有乎？"曰："汝身非汝有也，汝何得有夫道？"舜曰："吾身非吾有也，孰有之哉？"曰："是天地之委形也；生非汝有，是天地之委和也；性命非汝有，是天地之委顺也；孙子非汝有，是天地之委蜕也。故行不知所往，处不知所持，食不知所味。天地之强阳气也，又胡可得而有邪！"

【译文】

舜问他的辅相："道可以得到并占有吗？"回答说："你的身体尚且非你所有，你怎么能占有道呢？"舜问："我的身体不属于我，那么属于谁呢？"回答说："是天地造化赋予你的浮形；降生世间并不是你的本事，是天地真气的和合聚结；性命不属于你，是天地真气的运行；子孙不属于你，是天地真气的衍生蜕变。所以出行不知要到哪里去，居住不知身在何处，饮食不知道滋味。都是天地真气的作用，又怎么能得到并占有呢！"

【原文】

孔子问于老聃曰："今日晏闲，敢问至道。"

老聃曰："汝齐戒，疏瀹而心，澡雪而精神，掊击而知！夫道，窅然难言哉！将为汝言其崖略。

"夫昭昭生于冥冥，有伦生于无形，精神生于道，形本生于精，而万物以形相生，故九窍者胎生，八窍者卵生。其来无迹，其往无崖，无门无房，四达之皇皇也。邀于此者，四肢强，思虑恂达，耳目聪明，其用心不劳，其应物无方。天不得不高，地不得不广，日月不得不行，万物不得不昌，此其道与！

"且夫博之不必知，辩之不必慧，圣人以断之矣。若夫益之而不加益，损之而不加损者，圣人之所保也。渊渊乎其若海，巍巍乎其终则复始也，运量万物而不匮。则君子之道，彼其外与！万物皆往资焉而不匮，此其道与！

"中国有人焉，非阴非阳，处于天地之间，直且为人，将反于宗。自本观之，生者，喑醷物也。虽有寿夭，相去几何？须臾之说也。奚足以为尧桀之是非！果蓏有理，人伦虽难，所以相齿。圣人遭之而不违，过之而不守。调而应之，德也；偶而应之，道也；帝之所兴，王之所起也。

"人生天地之间，若白驹之过郤，忽然而已。注然勃然，莫不出焉；油然漻然，莫不入焉。已化而生，又化而死，生物哀之，人类悲之。解其天弢，堕其天袠，纷乎宛乎，魂魄将往，乃身从之，乃大归乎！不形之形，形之不形，是人之所同知也，非将至之所务也，此众人之所同论也。彼至则不论，论则不至。明见无值，辩不若默。道不可闻，闻不若塞。此之谓大得。"

【译文】

孔子问老子说："今天安闲，请讲讲至道。"

老子说："你斋戒，疏通你的心灵，净化你的精神，抛弃你的智聪。道这东西，深奥而难以言传！我只给你说说它的大概。

"昭然明晰来自冥迷混沌，有形产生于无形之中，精神来源于天道，形体又本生于精神，万物因形态的不同而有各种产生方式，所以九窍的生灵胎生，八窍的动物卵生。到来不见踪迹，离去没有边际，没有门户没有房舍，四通八达广阔无限。达到这种地步，就能肢体强健，思维敏捷，耳聪目明，用心思虑不会感到劳顿，处事接物不墨守一定的成规。天空自然崇高，大地自然广阔，日月自然运行，万物自然昌盛，这就是道吧！

"博学不一定睿智，善辩不一定聪慧，圣人已经断言了。像那增加而不见多，减损而不见少的，才是圣人所要信守的。深沉如大海，巍然如山终而复始，运行吞纳万物无所遗漏。可见君子之道，不过是外在的东西！万物都源源从此汲取营养而不匮乏，这才是道啊！

"世间的人，阴阳集于一身，处在天地之间，暂时看来是人，还会返回到他的本原。从根本上看，生命就像呼出的气一样。虽然有长寿短命之分，又有多大差别呢？都是一瞬间罢了，何必对唐尧和夏桀谁是谁非呢！瓜果有自身纹理，人伦关系繁难，彼此很相像。圣人碰上了就不违拗，错过了的也不拘守。有心协调而顺应，是德；听其自然而顺应，才是道；帝业倚赖它而兴盛，王道倚赖它而发起。

"人生活在天地之间，就像白驹过隙，一刹那罢了。蓬蓬勃勃，万物竞相生长；悄无声息，万物都化为乌有。已经变化而出生，再经变化而死去，生物为它哀痛，人类为它悲哭。解除自然天作的约束，捣毁与生俱来的束缚，纷纭宛转，魂魄先自离去，躯体接踵跟随，这不是很好的归宿吗！无形到有形，从有形到无形，这是人人都熟知的，不是快要得道的人所追求的，是一般人所共同谈论的。那些得道的人是不议论的，议论的人则没有得道。看得清楚其实等于没有看见，善辩不如沉默。道不可以听说，听说不如塞耳不闻，这就叫做最大的得道。"

【原文】

东郭子问于庄子曰："所谓道，恶乎在？"庄子曰："无所不在。"东郭子曰："期而后可。"庄子曰："在蝼蚁。"曰："何其下邪？"曰："在稊稗。"曰："何其愈下邪？"曰："在瓦甓。"曰："何其愈甚邪？"曰："在屎溺。"

东郭子不应。庄子曰："夫子之问也，固不及质。正获之问于监市履狶也，每下愈况。汝唯莫必，无乎逃物。至道若是，大言亦然。周遍咸三者，异名同实，其指一也。

"尝相与游乎无何有之宫，同合而论，无所终穷乎！尝相与无为乎！澹而静乎！漠而清乎！调而闲乎！寥已吾志，无往焉而不知其所至，去而来而不知其所止，吾已往来焉而不知其所终；彷徨乎冯闳，大知入焉而不知其所穷。物物者与物无际，而物有际者，所谓物际者也；不际之际，际之不际者也。谓盈虚衰杀，彼为盈虚非盈虚，彼为衰杀非衰杀，彼为本末非本末，彼为积散非积散也。"

【译文】

东郭子问庄子:"所说的道,在哪里呢?"庄子说:"无所不在。"东郭子说:"请举例说明。"庄子说:"在蝼蚁身上。"问:"怎么如此卑下呢?"答道:"在稊稗草里。"问:"怎么更加卑下呢?"答:"在砖瓦堆中。"问:"怎么越发过甚了呢?"答道:"在屎溺中。"

东郭子默不作声。庄子说:"您的问话,本来就没有触及道的本质。司正、司获去问监市官怎样辨别猪的肥瘦,回答是越往猪的下身揣摸越能摸出猪的肥瘦。你不要想得太绝对,道不会脱离具体事物。不仅道是这样,伟大的言论也是如此。'周'、'遍'、'咸'三种讲法,字面上不同而实际一样,内在的含义是相同的。

"试着一同遨游那虚空的幻境吧,总的说来,那是无边无际的啊!试着无所作为吧!淡泊而宁静吧!漠然而清静吧!和谐而闲适吧!我的内心是这样空虚,将去时不清楚要去哪里,返回来也不知归宿何处,我来去往返不知哪里是个头;驰骋在广阔虚无的境地,大智的人进来也搞不清边际。道与物是没有界限的,物与物却有界限,就是所谓的物的界限。没有界限的道又有界限,是因为有界限的物中包含着无界限的道。说到充盈、虚亏、衰败肃杀,道使万物有充盈虚亏的变化而本身没有充盈虚亏,使万物衰败肃杀而本身没有衰败肃杀,使万物有本末之分而自身却没有本末之分,使万物出现聚散变化而本身却没有聚散变化。"

【原文】

妸荷甘与神农同学于老龙吉。神农隐几阖户昼瞑,妸荷甘日中奓户而入曰:"老龙死矣!"神农隐几拥杖而起,嚗然放杖而笑,曰:"天知予僻陋慢訑,故弃予而死。已矣夫子!无所发予之狂言而死矣夫!"

弇堈吊闻之,曰:"夫体道者,天下之君子所系焉。今于道,秋豪之端万分未得处一焉,而犹知藏其狂言而死,又况夫体道者乎!视之无形,听之无声,于人之论者,谓之冥冥,所以论道,而非道也。"

【译文】

妸荷甘与神农一起就学于老龙吉。神农靠着案几,大白天关起门睡觉,妸荷甘中午开门进来说:"老龙死了!"神农拄着拐杖站起来,又啪一下将拐杖丢下放声大笑,说:"先生知道我孤僻愚陋又荒唐,所以撇下我死去。先生去了!还没留下启发我的嘉言善语就溘然长逝了啊!"

弇㘨吊听说了,说:"那些领悟了大道的人,是天下的君子所依赖的。于今对于道,连毫毛尖的万分之一都没有领会的人,尚且知道把嘉言埋藏在心底而死,何况领悟了大道的人呢!看上去没有形状,听起来没有声音,人们言谈中,常把这叫做'冥冥',所以常被议论的道,就不是道。"

【原文】

于是泰清问乎无穷曰:"子知道乎?"无穷曰:"吾不知。"又问乎无为。无为曰:"吾知道。"曰:"子之知道,亦有数乎?"曰:"有。"曰:"其数若何?"无为曰:"吾知道之可以贵,可以贱,可以约,可以散,此吾所以知道之数也。"

泰清以之言也问乎无始曰:"若是,则无穷之弗知与无为之知,孰是而孰非乎?"

无始曰:"不知深矣,知之浅矣;弗知内矣,知之外矣。"

于是泰清中而叹曰:"弗知乃知乎!知乃不知乎!孰知不知之知?"

无始曰:"道不可闻,闻而非也;道不可见,见而非也;道不可言,言而非也。知形形之不形乎!道不当名。"

无始曰:"有问道而应之者,不知道也。虽问道者,亦未闻道。道无问,问无应。无问问之,是问穷也;无应应之,是无内也。以无内待问穷,若是者,外不观乎宇宙,内不知乎大初,是以不过乎昆仑,不游乎太虚。"

【译文】

这时太清问无穷:"你懂得道吗?"无穷说:"我不懂。"又问无为。无为说:"我懂。"问道:"你所懂得的道,有没有名数?"答道:"有。"问:"它的名数是什么?"无为说:"我知道道可以尊贵,可以卑贱,可以集合,可以离散,这就是我所了解的道的名数。"

泰清拿这话去问无始说:"像这样的话,那么无穷的不懂和无为的懂得,谁对谁错呢?"

无始说:"不懂的才是莫测高深,懂得的就肤浅了;不懂得的是领会了内涵,懂得的只略知道一些皮毛。"

于是泰清仰天叹息说:"不懂的是懂得!懂得的是不懂!谁能知晓不懂得的懂得呢?"

无始说:"道不可以闻听,听到的就不是道;道不可以观看,看见的就不是道;道不可以言说,说出来的就不是道。知道使有形之物具有形体的无形之道么!道是没有名数的。"

无始说:"别人问道而应答的人,是不懂得道。问道的人,也是不曾听说过道的。道不需要问,问了也没有必要回答。没有必要问而问,是白问;没有必要应答而应答,是内心空洞的表现。用腹中空空应对徒劳的提问,像这样,外不能观照宇宙太空,内不能知悟万物本原,因而不可能超越昆仑高山,不能遨游于太虚幻境。"

【原文】

光曜问乎无有曰:"夫子有乎?其无有乎?"

光曜不得问,而孰视其状貌,窅然空然,终日视之而不见,听之而不闻,搏之而不得也。

光曜曰:"至矣!其孰能至此乎!予能有无矣,而未能无无也;及为无有矣,何从至此哉!"

【译文】

光曜问无有:"你是有呢?还是没有呢?"

光曜得不到回答,便详细观察其形状面貌,只觉得幽远而空寂,整天看也看不见,听也听不到,触摸也摸不到。

光曜说:"妙极了!谁能达到这一步呢!我只能达到'有无',

却不能做到'无无'；等到做到无，则又成'有'了，如何能达到这一步呢！"

【原文】

大马之捶钩者，年八十矣，而不失豪芒。大马曰："子巧与？有道与？"

曰："臣有守也。臣之年二十而好捶钩，于物无视也，非钩无察也。是用之者，假不用者也以长得其用，而况乎无不用者乎！物孰不资焉！"

【译文】

大司马有个锻打钩剑的工人，年届八十岁了，干起活来竟然没有丝毫差错。大司马问："你是靠技巧呢，还是由于得道的缘故？"

他回答说："我是有所信守。我从二十岁起就喜好锻打钩剑，对别的事情不看一眼，除了钩剑什么都不理会。这样用来锻剑的精力借用了没有派作他用的那部分精力，所以可以长期用之不竭，更何况什么都不干，全部精力没有用不上的呢！万物哪个不来资助呢！"

【原文】

冉求问于仲尼曰："未有天地可知邪？"

仲尼曰："可。古犹今也。"

冉求失问而退，明日复见，曰："昔者吾问'未有天地可知乎？'夫子曰：'可。古犹今也。'昔日吾昭然，今日吾昧然，敢问何谓也？"

仲尼曰："昔之昭然也，神者先受之；今之昧然也，且又为不神者求邪？无古无今，无始无终。未有子孙而有子孙，可乎？"

冉求未对。仲尼曰："已矣，未应矣！不以生生死，不以死死生。死生有待邪？皆有所一体。有先天地生者物邪？物物者非物。物出不得先物也，犹其有物也。犹其有物也，无已。圣人之爱人也终无已者，亦乃取于是者也。"

【译文】

冉求问孔子道:"开天辟地以前的情形能知道吗?"

孔子说:"可以。古今是一样的。"

冉求无话再问而告退,第二天又见孔子,说:"昨天我问'未有天地前可以知道吗?'您说:'可以。古今一样。'当时我心里明白,今天却糊涂了,请问是什么原因?"

孔子说:"昨天明白,是心神先领会;今天糊涂,是被心神之外的东西所迷惑吧?没有古就没有今,没有开始就没有终结。没有子孙世代繁衍就有后代,能行吗?"

冉求无以对答。孔子说:"行了,不用说了!不会因为出生而使死去的也复生,也不会因为死亡而把活着的也死掉。生和死是相对的吧?又都可以共处一体。有在天地之先产生的物吗?最早产生物的并不是物。物的产生不可能先于造物,天道产生了万物。天道产生万物永远没有穷尽。圣人爱人永无止境,也就是取法于此啊。"

【原文】

颜渊问乎仲尼曰:"回尝闻诸夫子曰:'无有所将,无有所迎'。回敢问其游。"

仲尼曰:"古之人,外化而内不化,今之人,内化而外不化。与物化者,一不化者也。安化安不化,安与之相靡,必与之莫多。狶韦氏之囿,黄帝之圃,有虞氏之宫,汤武之室。君子之人,若儒墨者师,故以是非相赍也,而况今之人乎!圣人处物不伤物。不伤物者,物亦不能伤也。唯无所伤者,为能与人相将迎。山林与!皋壤与!使我欣欣然而乐与!乐未毕也,哀又继之。哀乐之来,吾不能御,其去弗能止。悲夫,世人直为物逆旅耳!夫知遇而不知所不遇,知能能而不能所不能。无知无能者,固人之所不免也。夫务免乎人之所不免者,岂不亦悲哉!至言去言,至为去为。齐知之所知,则浅矣。"

227

【译文】

颜回问孔子说:"我曾听您说:'无所谓送去,无所谓迎来。'请问这其中道理。"

孔子说:"古代的人,外表随外物变化而内心却恬静少变,现代的人,内心游移而外表不变。顺应万物而行事的人,内心与外表都宁静不变。任凭外界变与不变,都能泰然处之,非得施与时也不会过当。狶韦氏的苑囿,黄帝的园圃,有虞氏的宫阙,商汤周武的屋宇。身为君子,像儒学墨家的师祖,尚且用你是我非相互诋毁,何况现代的人呢!圣人与物相处而不伤害物。不伤害物的人,物也不能伤损他。只有什么都不伤损的人,才能与他人迎送往来。山林啊!原野啊!使我欣然而快乐!欢乐未完,悲哀接踵而来到。悲哀与欢乐的到来,我不能阻拦,它要离去我也不能挽留。可悲啊,世人不过是外物的暂栖之所啊!只知道所遇到的而不知道不曾遇到的事,能做到所能的而不能做所不能的事。有不知道和不能做到的事,本来就是人们所难以避免的。总想避免人们所不能避免的事,岂不是很可悲吗!最好的言语是放弃言论,最好的作为是放弃作为。什么都知道,所知道的必定很肤浅。"

【成语与典故】

[白驹过隙] 原文为:"人生天地之间,若白驹之过隙,忽然而已。"意思是说人生活在世上,就像日光掠过缝隙一样,一晃就过去了,比喻人生的短暂。后世多沿用"白驹过隙"来形容光阴过得很快。

[每况愈下] 原文为:"正获之问于监市履狶也,每下愈况。"本意是监督市场的官员要揣摸猪的肥瘦,越往猪的下身部位摸越能判断得准确;也喻指用来比方"道"的处所越是卑下("道在屎溺"),就越能反衬出"道"的无所不在。后世将"每下愈况"用为"每况愈下",比喻景况越来越不景气。

◇ 杂　篇 ◇

庚　桑　楚

王双怀　译

【提要】

　　本篇从"大道"出发，主要讲述修身养性的方法。全文由四部分组成。第一部分叙述庚桑楚治理畏垒的故事，通过庚桑楚与弟子的对话，批判尧、舜标榜贤能的作法，指出一切成就都是遵循自然规律的结果，统治者不能贪求功名，而应深隐其形。第二部分描写南荣趎向庚桑子和老子学道的故事，通过庚桑子和老子之口，说明要达到"至人"的境界，就要排除杂念，恢复自己的天性，尊重自然，同波共流，像婴儿那样天真烂漫、无拘无束。第三部分，进一步发挥，具体论述修炼的问题，认为一切皆源于道，以有形的躯体效法无形的大道，就可避免形神分离的悲剧，就可以调和阴阳，游心于"有"和"无"的境地。第四部分实际上是第三部分的延续，指出不能随心所欲要求去掉自己不喜欢的东西，而要达到天人合一；去掉拖累自己的二十四种因素，才能做到安静明彻，顺应自然。顺应自然似乎是无所作为，实际上没有什么事情是办不成的。

【原文】

　　老聃之役，有庚桑楚者，偏得老聃之道，以北居畏垒之山。其臣之画然知者去之，其妾之挈然仁者远之；拥肿之与居，鞅掌之为使。居三年，畏垒大壤。畏垒之民相与言曰："庚桑子之始来，吾洒然异之。今吾日计之而不足，岁计之而有余。庶几其圣人乎！子胡不相与尸而祝之，社而稷之乎？"

庚桑子闻之，南面而不释然。弟子异之。庚桑子曰："弟子何异于予"夫春气发而百草生，正得秋而万宝成。夫春与秋，岂无得而然哉？天道已行矣。吾闻至人，尸居环堵之室，而百姓猖狂不知所如往。今以畏垒之细民而窃窃焉欲俎豆予于贤人之间，我其杓之人邪？吾是以不释于老聃之言。"

弟子曰："不然。夫寻常之沟，巨鱼无所还其体，而鲵鳅为之制；步仞之丘陵，巨兽无所隐其躯，而孽狐为之祥。且夫尊贤授能，先善与利，自古尧舜以然，而况畏垒之民乎！夫子亦听矣！"

庚桑子曰："小子来！夫函车之兽，介而离山，则不免于罔罟之患；吞舟之鱼，砀而失水，则蚁能苦之。故鸟兽不厌高，鱼鳖不厌深。夫全其形生之人，藏其身也，不厌深眇而已矣！且夫二子者，又何足以称扬哉！是其于辨也，将妄凿垣墙而殖蓬蒿也。简发而栉，数米而炊，窃窃乎又何足以济世哉！举贤则民相轧，任知则民相盗。之数物者，不足以厚民。民之于利甚勤，子有杀父，臣有杀君，正昼为盗，日中穴阫。吾语女：大乱之本，必生于尧、舜之间，其末存乎千世之后。千世之后，其必有人与人相食者也。"

【译文】

老子的门徒当中，有个叫庚桑楚的高足，在较多的掌握了老聃的道术以后，前往北方，住在畏垒山上。辞退炫耀聪明的仆隶，疏远标榜仁义的侍女；与纯朴善良的人朝夕相处，用勤劳勇敢的人办事。这样过了三年，畏垒获得大丰收。百姓们见面都说："庚桑子刚来的时候，我就对他感到诧异。从短期来看，他清静无为；但从长远来看，他功德无量。他大概是个圣人吧！你为什么不与大家一起来推他为主，为他建立社稷，而来敬奉他呢？"

庚桑子听说百姓要他南面称君，心里很不高兴。他的弟子觉得奇怪。庚桑子说："你们奇怪什么？春来百草丛生，秋到万物成熟。

难道春季和秋季无故就会如此吗？那是天道运行的结果啊！我听说最有修养的人，静居方丈小室，而老百姓自由自在，无拘无束。现在畏垒的百姓联谋，要把我敬奉于贤人之列，难道我是爱出风头、引人注目的人吗？回想老子的教诲，我对此感到十分不安。"

弟子说："我不认为这样。大鱼在小水沟里不能转动身体，小鱼却会来去自如；巨兽在小丘陵上无法隐蔽自己，狐狸却能兴妖作怪。尊贤授能，赏善兴利，自尧、舜以来就是如此，何况畏垒的老百姓呢！老师，您就答应他们吧。"

庚桑子听罢说道："真是年轻人啊！腹能含车的巨兽，如果独自离开山林，就难免网罗之患；口能吞舟的大鱼，如果游荡出水，就会被蝼蚁所困。因此，鸟兽不厌天高，鱼鳖不厌水深。全身养性的人，隐匿自己，也是不厌深远的。至于尧、舜二人，又有什么值得称道的呢？他们分辨善恶贤愚，就像妄凿垣墙来种植蓬蒿一般。择发而梳，数米而煮，都是些烦琐无聊的事，凭这些又怎么能够救世呢！举贤任能，老百姓就相互倾轧；使智用谋，老百姓便易于为盗。这些方法都不足以淳厚民俗，如果百姓贪利心切，子杀父，臣杀君，白日抢劫，正午破墙的事就会发生。我告诉你：天下大乱的根源，必定生于尧、舜统治期间，而其流弊将存于千载之后。千载以后，必然会有人吃人的事了。"

【原文】

南荣趎蹴然正坐曰："若趎之年者已长矣，将恶乎托业以及此言邪？"

庚桑子曰："全汝形，抱汝生，无使汝思虑营营。若此三年，则可以及此言矣！"南荣趎曰："目之与形，吾不知其异也，而盲者不能自见；耳之与形，吾不知其异也，而聋者不能自闻；心之与形，吾不知其异也，而狂者不能自得。形之与形亦辟矣，而物或间之邪？欲相求而不能相得。今谓趎曰：'全汝形，抱汝生，勿使汝思虑营营。'趎勉闻道达耳矣！"庚桑子曰："辞尽矣。奔蜂不能化藿蠋，越鸡不能伏鹄卵，鲁鸡固能矣。鸡之与鸡，其德非不同也。有能与不能者，其才固有巨小也。今吾才小，不足以化子。子胡不南见老子！"

南荣趎赢粮，七日七夜至老子之所。老子曰："子自楚之所来乎？"南荣趎曰："唯。"老子曰："子何与人偕来之众也？"南荣趎惧然顾其后。老子曰："子不知吾所谓乎？"南荣趎俯而惭，仰而叹曰："今者吾忘吾答，因失吾问。"老子曰："何谓也？"南荣趎曰："不知乎人谓我朱愚，知乎反愁我躯；不仁则害人，仁则反愁我身；不义则伤彼，义则反愁我己。我安逃此而可？此三言者，趎之所患也。愿因楚而问之。"老子曰："向吾见若眉睫之间，吾因以得汝矣。今汝又言而信之。若规规然若丧父母，揭竿而求诸海也。女亡人哉！惘惘乎，汝欲反汝情性而无由入，可怜哉！"

南荣趎请入就舍，召其所好，去其所恶。十日自愁，复见老子。老子曰："汝自洒濯，熟哉郁郁乎！然而其中津津乎犹有恶也。夫外韄者不可繁而捉，将内揵；内韄者不可缪而捉，将外揵"；外内韄者，道德不能持，而况放道而行者乎！"南荣趎曰："里人有病，里人问之，病者能言其病，病者犹未病也。若趎之闻大道，譬犹饮药以加病也。趎愿闻卫生之经而已矣。"

老子曰："卫生之经，能抱一乎！能勿失乎！能无卜筮而知吉凶乎！能止乎！能已乎！能舍诸人而求诸己乎！能翛然乎！能侗然乎！能儿子乎！儿子终日嗥而嗌不嗄，和之至也；终日握而手不掜，共其德也；终日视而目不瞚，偏不在外也。行不知所之，居不知所为，与物委蛇而同其波。是卫生之经已。"

南荣趎曰："然则是至人之德已乎？"曰："非也。是乃所谓冰解冻释者，能乎？夫至人者，相与交食乎地而交乐乎天，不以人物利害相撄，不相与为怪，不相与为谋，不相与为事，翛然而往，侗然而来。是谓卫生之经已。"曰："然则是至乎？"曰："未也。吾固告汝曰：'能儿子乎！'儿子动不知所为，行不知所之，身若槁木之枝而心若死灰。若是者，祸亦不至，福亦不来。祸福无有，恶有人灾也！"

【译文】

南荣趎正襟危坐，恭恭敬敬地问庚桑子："像我这样的人年纪已经大了，怎样才能达到您所说的至人境界呢？"

庚桑子答道："爱护身体，保持天性，不要思虑过度，想入非非。这样三年，你就可以达到上述境界了。"南荣趎说："人们眼睛的形状，我不知道彼此有什么不同，盲人却不能看见物体；耳朵的形状，我看不出彼此有什么区别，聋子却不能听到声音；心脏的形状，我不晓得彼此有什么两样，狂人却不能自我控制。常人与至人的形体也很相似，或许是由于什么东西阻隔的缘故，想达到至人的境界却不能自得。现在您对我说，'爱护身体，保持天性，不要想入非非'，就可以成为至人，我约略记下了您的教诲，但却不能理解其中的奥妙。您能不能进一步为我指点迷津？"庚桑子说："我的话已经说尽了。螺蠃不能养育毛毛虫，越鸡不能孵化天鹅蛋，但鲁鸡却能。越鸡与鲁鸡，本质并不差异，之所以有能与不能之分，乃是才能大小不同的缘故。我的才能太小，不足以教你。你为什么不到南边去向老子请教？！"

南荣趎担着食物向南进发，走了七天七夜，到达老子的住所。老子问道："你是从庚桑楚那里来的吗？"南荣趎回答说："是。"老子又问："你为什么带这么多人来？"南荣趎以为身后真的有人，惊异地回过头去。老子说："你不明白我的意思吗？"南荣趎羞愧地低下头去，仰面叹道："我现在忘记了自己的答案，因此也忘记了应该提出的问题。"老子问："什么问题？"南荣趎说："没有智慧，别人会说愚昧；有了智慧，反而苦累自身。不行仁将伤害他人；行仁便会伤害自己。不行义将嫁祸他人；行义便会转祸自己。这三点是我最头疼的问题。我怎样才能摆脱这背道伤性、进退维谷的境地？希望您看在庚桑楚的面子上，允许我向您请教。"老子说："我刚才看到你脸上的表情，便掌握了你的心事，现在又从你的话语中得到证实。看你那神不守舍的样子，就像丢失了父母而拿着竹竿去大海打捞一样。你活像个流浪汉，多迷惘啊！你想恢复你的天性而不知门径，真可怜啊！"

南荣趎请求留在老子的馆舍闭门思过，求其所好，弃其所恶。过了十天，感到困惑，又去拜见老子。老子说："你正在去伪存真，自我反省，为什么还闷闷不乐呢？可见心中仍有恶念滋生。被外物束缚的人，不可患得患失，惊惶失措，只要心神内守，便可从内部解脱。被心事缠累的人，不可焦虑烦躁，急于求成，只要开阔胸襟，便可从外部解脱。内心和外界都有牵累的人，即便富有道德，也不能超然获释，何况是刚刚学道的人呢！"南荣趎说："村里有人生病，邻里前去看他，他能说出自己的病情，说明他还没有真病。而我就不同了。未闻大道，就很糊涂；听了大道，更觉无知。就像有病吃药，反而加重病情一样，真是病入膏肓，不可救药。现在，我能听一听养生的原则就行了。"

老子说："养生之道么，你能专心致志吗？能坚持不懈吗？能不卜自知吗？能适可而止吗？能清心寡欲吗？能舍人求己吗？能无拘无束吗？能纯真无邪吗？能像婴儿那样天真吗？婴儿整天哭号嗓子却不沙哑，是因为阴阳气合；整天握拳小手却不蜷曲，是因为顺乎自然；整天视物眼睛却完好无损，是因为注意力并不偏重于所看的物体。行动时自由自在，不知所往；居住时无牵无挂，不知所为；尊重自然，同波共流。这就是养生的原则。"

南荣趎问："那么，这就是至人的境界吗？"老子说："不是。这只是所谓冰解冻释，茅塞顿开，怎么能算是至人的境界呢？至人邀食于地而与天同乐，不为功名利禄所扰。不标新立异，各执己见；不勾心斗角，尔虞我诈；不相互结交，制造事端。纯真无邪而来，无拘无束而去。这才是他们的养生之法。"南荣趎又问："要是这样的话，是不是就达到最高境界了呢？"老子回答说："还没有啊！我不是告诉过你'能像婴儿'吗，婴儿天真烂漫，举动无知，身似枯木，心如死灰。这样既不招福，也不惹祸，方为至境。祸和福都不存在，哪里还有人为的灾害呢！"

【原文】

宇泰定者，发乎天光。发乎天光者，人见其人，物见其物。人有修者，乃今有恒。有恒者，人舍之，天助之，人之所舍，谓之天民；天之所助，谓之天子。

学者，学其所不能学也？行者，行其所不能行也？辩者，辩其所不能辩也？知止乎其所不能知，至矣！若有不即是者，天钧败之。备物以将形，藏不虞以生心，敬中以达彼。若是而万恶至者，皆天也，而非人也，不足以滑成，不可内于灵台。灵台者有持，而不知其所持而不可持者也。

不见其诚已而发，每发而不当；业入而不舍，每更为失。为不善乎显明之中者，人得而诛之；为不善乎幽间之中者，鬼得而诛之。明乎人、明乎鬼者，然后能独行。

券内者，行乎无名；券外者，志乎期费。行乎无名者，唯庸有光。志乎期费者，唯贾人也。人见其跂，犹之魁然。与物穷者，物入焉；与物且者，其身之不能容，焉能容人！不能容人者无亲，无亲者尽人。兵莫憯于志，镆铘为下；寇莫大于阴阳，无所逃于天地之间。非阴阳贼之，心则使之也。

【译文】

天地大定时，能发出自然之光。发出自然之光时，人现其形，物现其状，都呈现出他们的本来面目。能够守静修炼的人，才能具有德性。有德性的人，能赢得人心，老天也会帮助他。人心所向的，叫做天民；老天佑助的，称为天子。

学习的人，学他所不能学的吗？做事的人，干他所不能干的吗？辩论的人，辩他所不能辩的吗？对知识的探求到达不能知的地步就是顶点了。如果不遵循这一点的话，自然注定是要失败的。备万物以滋养身体，除杂念以安养心神，敬修内性以通达外物，在这种情况下各种灾祸仍然降临，那就是天意，而不是自己的过错，不足以扰乱已经养成的德性，因此不必挂在心上。心灵具有操持的功能，但却不知所持是不该持的。

没有弄清灾祸的原因就做出判断，往往不够准确；把这种不准确的判断操持在心，更是错上加错。在光天化日之下作恶，会受到人的惩罚；在阴间地府作恶，会受到鬼的制裁。只有做到坦然地对待人，对待鬼，光明正大，问心无愧，才能够无忧无虑地独往独来。

务内的人，行无名迹；务外的人，唯利是图。行无名迹的人，清心寡欲，充满活力。唯利是图的人，贪得无厌，实同商人，标榜仁义，似乎很了不起，其实都是骗人的。胸怀宽广的人，容易接纳事物；心胸狭窄的人，连自己都不能相容，哪里还能容纳别人！不能容人的人没有亲朋。没有亲朋等于自绝于人。兵器没有比心志更锐利的东西，即使是莫邪利剑也赶不上它；伤人的大敌莫过于阴阳，因为它充满于天地之间。但并不是阴阳在伤害你，而是你的心志不能调和阴阳，行为没有顺应自然。

【原文】

道通。其分也成也，其成也毁也。所恶乎分者，其分也以备。所以恶乎备者？其有以备。故出而不反，见其鬼。出而得，是谓得死。灭而有实，鬼之一也。以有形者象无形者而定矣！出无本，入无窍，有实而无乎处，有长而无乎本剽，有所出而无窍者有实。有实而无乎处者，宇也；有长而无本剽者，宙也。有乎生，有乎死；有乎出，有乎入。入出而无见其形，是谓天门。天门者，无有也。万物出乎无有。有不能以有为有，必出乎无有，而无有一无有。圣人藏乎是。

古之人，其知有所至矣。恶乎至？有以为未始有物者，至矣，尽矣，弗可以加矣！其次以为有物矣，将以生为丧也，以死为反也，是以分已。其次曰始无有，既而有生，生俄而死。以无有为首，以生为体，以无为尻。孰知有无死生之一守者，吾与之为友。是三者虽异，公族也。昭景也，著戴也；甲氏也，著封也：非一也。

【译文】

大道始终是相通的。任何事物有分就有成，有成就有毁。厌恶分离的，以分而求全；厌恶完备的，也会达到完备。因此，心神外驰而不返，等于一步步接近了死期；接近死期反以为有所收获，可以说就是步入死地了。灭绝本性而徒具形骸，犹如行尸走肉，与鬼有什么两样！但是如果以有形的形体效法无形的大道，就可以避免形神分离的悲剧。生无根，灭无迹，有实体而无处所，有成长而无始终的东西是存在着的。有实体而无处所的是宇；有成长而无始终的是宙。有生，有死，有出，有入，来无踪，去无影的，是天门。所谓天门，就是"无有"。万物生于"无有"。"有"不能从"有"生出，必定生于"无有"，而"无有"是"无"和"有"的统一。圣人游心于这种境界。

古人对事物有一定的认识，这种认识达到什么样的程度呢？有人认为未曾产生物质。这种观点最精辟，最深刻，是当时认识的最高境界。其次，有人认为物质产生了，并且把生看做失落，把死看做回归。虽然把二者等同起来，但已经是有所区分了。再次，有人认为，起初空空如也，后来有了生命，但生命又很快消亡。把无有当做头颅，把生命当做躯干，把死亡当做尾巴；可惜不知道有、无、生、死是一道的。三者虽有差别，但皆同源于道。正如昭氏、景氏以职任著称，甲氏以封地闻名，姓氏不一而属公族。

【原文】

有生䵩也，披然曰"移是"。尝言"移是"，非所言也。虽然，不可知者也。腊之者有膍胲，可散而不可散也；观室者周于寝庙，又适其偃焉！为是举"移是"。请尝言"移是"：是以生为本，以知为师，因以乘是非。果有名实，因以己为质，使人以为己节，因以死偿节。若然者，以用为知，以不用为愚；以彻为名，以穷为辱。"移是"，今之人也，是蜩与学鸠同于同也。

蹍市人之足，则辞以放骛，兄则以妪，大亲则已矣。故曰：至礼有不人，至义不物，至知不谋，至仁无亲，至信辟金。彻志之勃，解心之谬，去德之累，达道之塞。贵富显严名利六者，勃志也；容动色理气意六者，谬心也；恶欲喜怒哀乐六者，累德也；去就取与知能六者，塞道也。此四六者不荡胸中则正，正则静，静则明，明则虚，虚则无为而无不为也。

【译文】

有人生了面痣，大家都劝他说："把它去掉。"有人虽然说"把它去掉"不是别人应当说的，但又讲不清其中的道理。我先举个例子，然后谈谈"把它去掉"的问题。腊祭时，祭品中有牛胃和牛蹄，这些东西都是无用的，但却不能去掉；参观居室的人主要是想参观寝庙，无意参观厕所，但厕所也不能不去。由此可见，如果以天性为根本，以智慧为导师，来判断是非，就会名实相符，不违物性。反之，如果以己为主，要求别人符合自己，甚至为符合自己而死，就必然是以对自己有利为聪明，以顺其自然为愚蠢，以显达为光荣，以穷困为耻辱。说"把它去掉"的是现代人啊！现代人动不动要求去掉不符合自己意愿的东西，就像蝉与学鸠自以为是一样，没有一点见识。

踩了生人的脚，要赔礼说自己太放肆；踩了兄长的脚，只需爱怜地说一声哎哟；踩了父母的脚，连一声哎哟也不必说。可见至礼不分彼此，至义不辨你我，至知不用谋略，至仁不露爱迹，至信不质金银。所以，应当理顺意志的紊乱，解开心灵的枷锁，去除德性的拖累，沟通大道的障碍。高贵、殷富、显达、威严、功名、利禄六者，是错乱意志的；容貌、举动、色彩、情理、辞气、意志六者，是束缚心灵的；憎恶、偏爱、喜悦、愤怒、悲哀、欢乐六者，是拖累德性的；舍弃、依从、获取、给与、知虑、技能六者，是阻碍大道的。只要这四方面所包含的二十四种内容不在胸中作怪，就可以做到内心的平正。内心平正就能安静，安静就能明彻，明彻就能顺应自然。顺应自然似乎是无所作为，但实际上没有什么事情是办不成的。

【原文】

道者，德之钦也；生者，德之光也；性者，生之质也。性之动谓之为，为之伪谓之失。知者，接也；知者，谟也。知者之所不知，犹睨也。动以不得已谓德，动无非我之谓治，名相反而实相顺也。羿工乎中微而拙乎使人无己誉；圣人工乎天而拙乎人。夫工乎天而俍乎人者，唯全人能之。虽虫能虫，虽虫能天。全人恶天，恶人之天，而况吾天乎人乎！一雀适羿，羿必得之，威也。以天下为之笼，则雀无所逃。是故汤以胞人笼伊尹，秦穆公以五羊之皮笼百里奚。是故非以其所好笼之而可得者，无有也。介者拸画，外非誉也。胥靡登高而不惧，遗死生也。夫复谵不馈而忘人，忘人，因以为天人矣！故敬之而不喜，侮之而不怒者，唯同乎天和者为然。出怒不怒，则怒出于不怒矣；出为无为，则为出于无为矣！欲静则平气，欲神则顺心。有为也欲当，则缘于不得已。不得已之类，圣人之道。

【译文】

道是德的主体；生是德的光辉；性是生的本质。性的活动叫做为；为与道相背叫做失。知是事物在人脑中的反映，是人对事物的谋虑和思索。人的认识是有限的，正如斜视的人有许多东西没有看到一样。但只要他的举动是被动而无心的，是不得已的，就算有德；只要他的行为没有背离自己的天性，就是合理。这两者在表面上似乎是相反的，实际上却是一致的。后羿善于射中微小的目标而不善于使人不奉承自己；圣人善于顺应天时而不善于处理人事；只有全人才能做到上应天德而下契人性。即使人们把全人当做虫子，他也会这样看待自己；虽然把自己看做虫子，也是完全符合自然的。全人讨厌"天"是讨厌人为的"天"，何况把天理与人性对立起来呢！一只麻雀向羿飞来，羿必然能够将它射落。但若麻雀不飞进他的射程，就有逃脱的可能性。要是扩大范围，把天下当做鸟笼，麻雀就无处脱逃了。所以，商汤以厨工笼络伊尹，秦穆公用五张羊皮笼络百里奚，都是因人之情，顺其所好。如果不投其所好，想笼络人心，那是不可能的。残废不修边幅，是因为已经把人们对他在容貌上的赞美或非议置之度外。犯人登高而不害怕，是因为他们根本不把生死放在心上。解除了惧怕的心理，精神上毫无负担，就会忘记自己"人"的属性。不把自己当"人"看待，一切听天由命，就算是"天人"了。因此，把自己混同在与自然的统一之中而达到天人合一的人，能够做到受崇敬而不喜，遭侮慢而不怒。怒气虽发而不是有心发怒，那么，这怒气就是无怒而发，在无为的情况下有所作为，所作所为就是出于无为了。要安静就要平气，要通灵就要顺心。要使自己的作为合乎天道，就要寄托于不得已。不得已而作，才是圣人之道。

【成语与典故】

［吞舟之鱼］ 原意是说鱼体甚大。后世多用来比喻重大罪犯。《史记·酷吏列传》云："汉兴，破觚而为圜，斫雕而为朴，网漏于吞舟之鱼，而吏治烝烝，不至于奸，黎民艾安。"所谓"网漏于吞舟之鱼"，即指刑罚疏阔，使重大犯罪分子逍遥法外。

［数米而炊］ 本指过分计较琐碎小事，事倍功半，得不偿失。后世多用此意并有吝啬的意思。如刘安《淮南子》："量粟而舂，数米而炊，可以治家，不可以治国。"也有以此形容生活穷困，节衣缩食的。如冯梦龙《警世通言·吕大郎还金完骨肉》："积财聚谷，日不暇给，真个是数米而炊，称柴而爨。"

［冰解冻释］ 比喻困难或障碍像冰冻融化那样被克服了。后代多作"冻解冰释"。如《朱子全书·中庸》云："复取程氏书，虚心平气而读之，未及数行，冻解冰释。"

徐 无 鬼

续 之 译

【提要】

本篇的目的在于传道解惑，使人迷途知返。

本篇可分为十一个部分，内容比较复杂。第一部分是隐士徐无鬼说魏武侯，说明如果沉溺在声色犬马之欲望中，内心却向往仁义，结果会越陷越深，难以自拔。第二部分通过黄帝和小童的对话，说明无为是治天下的道理。第三部分说明社会上形形色色的人为追逐名利而劳心劳力，迷途而不知返。第四部分是庄子对惠施等辩士的评论。第五部分是庄子以鲍叔牙和隰朋对比，说明了治国的合适人选。第六部分叙述猕猴逞能而毙命，说明过于自信和骄傲自大只能自取灭亡。第七部分通过南伯子綦的自述，说明了修身修道的过程。第八部分说明怎样才能无惑，接着又通过于綦之子捆的不幸遭遇，说明天命不可改变。第九部分说明仁义、贤人都是有害于天下的。第十部分说明自鸣得意者，苟且偷安者、劳苦自甘者都是有所蒙蔽的人，只有顺应自然者才是真人。第十一部分说明人或物都受到一定的局限，大智若愚，以静而应万变，才不至于糊涂。

【原文】

徐无鬼因女商见魏武侯，武侯劳之曰："先生病矣！苦于山林之劳，故乃肯见于寡人。"

徐无鬼曰："我则劳于君，君有何劳于我！君将盈耆欲，长好恶，则性命之情病矣；君将黜耆欲，掔好恶，则耳目病矣。我将劳君，君有何劳于我！"武侯超然不对。

少焉，徐无鬼曰："尝语君，吾相狗也。下之质执饱而止，是狸德也；中之质若视日；上之质若亡其一。吾相狗，又不若吾相马也。吾相马,直者中绳,曲者中钩,方者中矩,圆者中规,是国马也,而未若天下马也。天下马有成材,若䘏若失,若丧其一。若是者,超轶绝尘,不知其所。"武侯大悦而笑。

【译文】

魏国隐士徐无鬼通过宰臣女商的引见去拜谒魏武侯,武侯向他表示慰问说:"先生太疲倦了!山林生活过于清苦劳累,所以先生才肯来见我。"

徐无鬼说:"我之所以要来,正是向您表示慰问的,您有什么要慰问我的呢!您如果要满足无穷的嗜好欲望,增长好恶之心,那么主导性命的精神就会受到伤害;您要是断然去掉嗜好欲望,抑制好恶之心,这样见目闻耳声色的享乐就会受到妨碍。所以我正要来慰问您的,您没有什么要慰问我的!"武侯听了,怅然若有所失,默不回答。

停了一会儿,徐无鬼说:"现在我试着告诉您,我有相狗的本领。下等质地的狗,只要一天吃饱肚子就行了,这是与狸猫一般的货色;中等质地的狗,凝视着太阳趾高气扬;上等质地的狗,看上去好像忘掉了自己,神色安然不动。我相狗的本领,又比不上我相马的能耐。我相马的时候,看马的体形应该平直的地方像紧拉的绳子一样,应该弯曲的地方像钩子一样,应该方正的地方像矩尺一样,应该滚圆的地方像用圆规画出来的圆一样,这样的马是一个国家的良马,但还不是天下的良马。至于天下的良马,是天生的良材,跑起来像飞腾一样,飘飘然像忘掉了己身一样,这样的马,超轶绝伦、出类拔萃,像是不知道有需要停下休息的地方。"武侯听了,非常高兴地笑了。

【原文】

徐无鬼出,女商曰:"先生独何以说吾君乎?吾所以说吾君者,横说之则以《诗》、《书》、《礼》、《乐》,从说之则以《金板》、《六弢》,奉事而大有功者不可为数,而吾君未尝启齿。今先生何以说吾君,使吾君说若此乎?"

徐无鬼曰:"吾直告之吾相狗马耳。"

女商曰:"若是乎?"

曰:"子不闻夫越之流人乎?去国数日,见其所知而喜;去国旬月,见所尝见于国中者喜;及期年也,见似人者而喜矣;不亦去人滋久,思人滋深乎?夫逃空虚者,藜藋柱乎鼪鼬之迳,踉位其空,闻人足音跫然而喜矣,又况乎昆弟亲戚之謦欬其侧者乎!久矣夫莫以真人之言謦欬吾君之侧乎!"

【译文】

徐无鬼见了魏武侯出来,女商对他说:"先生单独用什么办法劝说我们君主呢?我们用来劝说君主的道理,从横的方面是用《诗》、《书》、《礼》、《乐》,从纵的角度是用《金板》、《六弢》等书中的道理,这些书中载有事奉君主建立功勋的内容简直无以数计,但是我们的君主从来没有开口说好。今天先生用什么办法劝说君主,使他这样高兴呢?"

徐无鬼说:"我直接告诉他我相狗相马的方法而已。"

女商说:"就是这些吗?"

徐无鬼说:"您没有听说被流放到边远地方去的人吗?他们离开了自己的故乡仅有几天,碰到了自己平日所熟知的人就很高兴;离开故乡几个月,见到了在故乡中曾经见过面的人就很高兴;至于离开了故乡一年,哪怕是碰到像是故乡的人就很高兴了;这不就是离开熟知的人越久,思念他们就越深吗?再比如那些逃窜在空谷中的人,往来于野草丛生的黄鼠狼出没的小径上,长久居住在荒山漠无人烟的地方,听到人走路的脚步声就喜不自禁,更何况兄弟手足亲戚朋友在身旁谈笑的声音呢!时间这么久了,谁能用正人之言论在君主身旁谈笑!"

【原文】

徐无鬼见武侯,武侯曰:"先生居山林,食芧栗,厌葱韭,以宾寡人,久矣夫!今老邪?其欲干酒肉之味邪?其寡人亦有社稷之福邪?"

徐无鬼曰:"无鬼生于贫贱,未尝敢饮食君之酒肉,将来劳君也。"

君曰:"何哉,奚劳寡人?"

曰:"劳君之神与形。"

武侯曰:"何谓邪?"

徐无鬼曰:"天地之养也一,登高不可以为长,居下不可以为短。君独为万乘之主,以苦一国之民,以养耳目鼻口,夫神者不自许也。失神者,好和而恶奸;夫奸,病也,故劳之。唯君所病之,何也?"

武侯曰:"欲见先生久矣。吾欲爱民而为义偃兵,其可乎?"

徐无鬼曰:"不可。爱民,害民之始也;为义偃兵,造兵之本也;君自此为之,则殆不成。凡成美,恶器也;君虽为仁义,几且伪哉!形固造形,成固有伐,变固外战。居亦必无盛鹤列于丽谯之间,无徒骥于锱坛之宫,无藏逆于得,无以巧胜人,无以谋胜人,无以战胜人,夫杀人之士民,兼人之土地,以养吾私与吾神者,其战不知孰善?胜之恶乎在?君若勿已矣,脩胸中之诚,以应天地之情而勿撄。夫民死已脱矣,君将恶乎用夫偃兵哉!"

【译文】

徐无鬼又去谒见魏武侯,武侯说:"先生居住在山林里,吃着橡实、栗实,饱餐大葱韭菜,这样摈弃我已经很久了!如今你的年纪大了,是不是想有丰厚的俸禄享受酒肉的美味呢?还是想用治国的谋略帮助我造福于社稷呢?"

徐无鬼说:"无鬼是在贫贱的生活中长大的,从来就不敢期望享受君主的俸禄和酒肉,我是特地来慰问君主您的呀。"

武侯说:"为什么呢,你怎么样慰问我呢?"

徐无鬼说:"慰问您的精神和形体。"

武侯说："这是什么意思呢?"

徐无鬼说："天地养育万物向来是一视同仁的,身居高位不可以认为就尊贵,地位低下的人不可以认为就卑贱。您独为拥有万乘战车的强大君主,不惜劳苦一国的人民,来颐养您个人的耳目鼻口的享受,那么您心神就不能怡然自得。心神之灵,喜欢和睦同乐而厌恶奸谋自私;奸谋自私,是精神的病态,所以我要来向您慰问。但是您为什么偏要犯劳苦人民这种病呢,这是为了什么呢?"

武侯说："我想见先生已经很久了。我想爱护国家的人民,为了人民的安居乐业而停止战争,可以吗?"

徐无鬼说："不可以。您如果这样宣扬爱民的话,恰巧是害民的开始;为了百姓安居乐业而停止战争,其实潜伏着发动战争的祸根。您这样治理国家,则不会有什么成就的。凡是能够成其美名的,就是作恶的工具;您虽想以仁义治国,却几乎走向虚伪!费了不少气力所造成的形象,必然会生成其他的种种形象,事情成功后必然炫耀自夸,意志变乱无常必然生事挑起对外战争。平常时候您不必在城楼下面陈列各种兵器表示息兵罢战,也不要在官中祭坛之后集合兵卒秘密备战;不要包藏凶心以求达到自己的目的,不要用机巧胜过别人,不要用智谋胜过别人,不要用战争战胜别人。屠杀别的国家的人民,兼并别的国家的土地,用来满足自己的私欲和奉养自己的精神,这种战争不知到底有什么好处?不知胜利在什么地方?您如果不得不为国中人民着想,修养真诚的心性,以顺应天地之情而不侵扰黎民。如果做到了这些,那么人民就摆脱了死亡的威胁,您也用不着再夸夸其谈息兵罢战的这一套言论了!"

【原文】

黄帝将见大隗乎具茨之山,方明为御,昌寓骖乘,张若、谞朋前马,昆阍、滑稽后车。至于襄城之野,七圣皆迷,无所问涂。

适遇牧马童子,问涂焉,曰:"若知具茨之山乎?"曰:"然。""若知大隗之所存乎?"曰:"然。"

黄帝曰："异哉小童！非徒知具茨之山，又知大隗之所存。请问为天下。"

小童曰："夫为天下者，亦若此而已矣，又奚事焉！予少而自游于六合之内，予适有瞀病，有长者教予曰：'若乘日之车而游于襄城之野。'今予病少痊，予又且复游于六合之外。夫为天下亦若此而已。予又奚事焉。"

黄帝曰："夫为天下者，则诚非吾子之事。虽然，请问为天下。"小童辞。

黄帝又问。小童曰："夫为天下者，亦奚以异乎牧马者哉！亦去其害马者而已矣！"

黄帝再拜稽首，称天师而退。

【译文】

黄帝将要去具茨山拜见贤人大隗，方明为座车的左边御手，昌寓为座车的右边陪乘驾驶，张若、谙朋走在马车之前为前导，昆阍、滑稽跟在车后随从。到了襄城原野地方，七位圣贤都迷失了方向，找不到问路的地方。

刚好碰到一个牧马的小孩，七圣向他问路，说："你知道具茨山在什么地方吗？"回答道："知道。"

七圣又问道："你知道大隗住在什么地方吗？"回答道："知道。"

黄帝说："这位小孩真是奇异！不但知道具茨山的方向，还知道大隗住的地方。请问怎样治理天下。"

小孩说："治理天下的道理，像你们这样遨游在襄城的原野之上就行了，又何必多去管理政务之事！我小的时候，自己整日逍遥游玩在尘世之内，不料患上了头晕眼花的毛病，有一位尊长者教导我说：'你要乘着阳光之车在襄城的原野之上遨游，忘掉尘世上的一切。'现在我的眼病已经有了好转，我又要到那茫茫无际的尘世之外游玩。治理天下不过就像这样做罢了。我又何必谈论政事呢！"

黄帝说："讲到治理天下，确实不是你能做的事。虽然如此，还是请问怎样治理天下。"小孩辞而不答。

黄帝又请问。小孩推辞不了。答道："治理天下的道理，就和我牧马有什么区别呢！不过就是去掉有害于马儿自然成长繁衍的东西罢了！"

黄帝再三叩首拜谢，连连称为天师才告别退后离开。

【原文】

知士无思虑之变则不乐，辩士无谈说之序则不乐，察士无凌谇之事则不乐，皆囿于物者也。

招世之士兴朝，中民之士荣官，筋力之士矜难，勇敢之士奋患，兵革之士乐战，枯槁之士宿名，法律之士广治，礼教之士敬容，仁义之士贵际。

农夫无草莱之事则不比，商贾无市井之事则不比。庶人有旦暮之业则劝，百工有器械之巧则壮。钱财不积则贪者忧，权势不尤则夸者悲。势物之徒乐变，遭时有所用，不能无为也。此皆顺比于岁，不物于易者也。驰其形性，潜之万物，终身不反，悲夫！

【译文】

智谋之士，如果没有出谋划策而能引起祸变的机会，就不快乐；善于辩论的人，如果没有可以高谈阔论发挥辩才的场所，就不快乐；喜欢苛求挑剔的人，如果没有供他吹毛求疵挑肥拣瘦的事情，就不快乐。他们都是因为要表现自己的欲望而受到局限。

招摇炫耀于世的人，朝廷任用为栋梁；取得民心的人，高官厚禄荣耀无比；力大无比的人，因排忧解难济世而自夸；勇敢的人，奋起为民除害；持戈披甲的人，喜欢征战；隐居于山林的人，心中留恋着高名；力图以法律治国的人，处处推行法治；提倡礼仪的人，研究仪容端整；主张仁义的人，重视结好会盟。

农夫无耕种的事情，就不能安居乐业；商贾没有做生意的场所，就不能安居乐业；百姓有一个日常的工作，便会勤劳奋斗；各行业的工人能施展器械的技艺之巧，便会有所作为。不能大量聚积钱财，贪婪的人就会忧愁；权势不能显耀、喜欢夸竞浮名就会失望。势利的小人，喜欢从灾异祸变中找到利益。以上的这些人，遇到适当的时机，便会各显其能，不安于无所作为的处境。这些人，都习惯随波逐流，不愿意从事于简易的活动。这些人，长时间驰驱自己的身心，沉溺在世俗事物的烦扰之中，终身不能返回到恬静自然清净无为的境界，真使人悲痛呀！

【原文】

庄子曰："射者非前期而中，谓之善射，天下皆羿也，可乎？"

惠子曰："可"。

庄子曰："天下非有公是也，而各是其所是，天下皆尧也，可乎？"

惠子曰："可。"

庄子曰："然则儒、墨、杨、秉四，与夫子为五，果孰是邪？或者若鲁遽者邪？其弟子曰：'我得夫子之道矣，吾能冬爨鼎而夏造冰矣。'鲁遽曰：'是直以阳召阳，以阴召阴，非吾所谓道也。吾示子乎吾道。'于是为之调瑟，废一于堂，废一于室，鼓宫宫动，鼓角角动，音律同矣。夫或改调一弦，于五音无当也，鼓之，二十五弦皆动，未始异于声，而音之君已。且若是者邪？"

惠子曰："今夫儒、墨、杨、秉，且方与我以辩，相拂以辞，相镇以声，而未始吾非也，则奚若矣？"

庄子曰："齐人蹢子于宋者，其命阍也不以完，其求钘锺也以束缚，其求唐子也而未始出域，有遗类矣！夫楚人寄而蹢阍者，夜半于无人之时而与舟人斗，未始离于岑而足以造于怨也。"

【译文】

庄子说："一个射箭的人并非预先瞄准了目标而射出箭，而是偶然射中了，就称他为好射手，天下岂不是到处都有这种像后羿的射手了，可以这么说吗？"

惠子说："可以。"

庄子说："天下的是非曲直并没有大家都公认的正确准则，而各人都以自己所认同的就是真理，天下岂不是到处都是帝尧一样的圣贤了，可以这样讲吗？"

惠子说："可以。"

庄子说："那么郑缓、墨翟、杨朱、公孙龙四个辩论家，还有您共五家，究竟谁宣扬的学说正确呢？或者就像鲁遽那样的人物啊！他的徒弟说：'我已经学会了老师的道术了，我能在冬天从千年的灰烬中取出火铸造出鼎来，在夏天用瓶装水悬在井中造出冰来。'鲁遽说：'你不过是利用阳气招引阳气，以阴气招引阴气，并非是我说的道理。我把我的道理讲示给你看看。'于是鲁遽调好了瑟弦，把一张瑟放在堂中，又拿另一张瑟放在室内，鲁遽弹奏堂中瑟的宫音，室中瑟因振动也发出宫音；鲁遽弹奏堂中瑟的角音，室中瑟也因振动而发出角音，这是因为两张瑟的音律相同的原因。如果有时调整了一根弦，和五音不相合，一弹奏这瑟，二十五弦都嗡嗡响，并不是声调有什么异样，只是以调整的那一根弦作为主音而已。你们都像这样吗？"

惠子说："现在郑缓、墨翟、杨朱、公孙龙四家，正在和我辩论关于道术的问题，彼此用言语对抗，反驳对方，以声誉来压服对方，却都不认为自己有错误，那么对此如何办呢？"

庄子说："齐国有一个人把自己的儿子放在宋国，叫他做守门人而不给器具；他得到了一个小酒钟，便层层包裹惟恐破损；有人寻找丢失的小孩却不到村外去找，这种自以为是的可笑作法还多得很！楚国有一个人，寄居在别人家里但经常怒骂看门的人，在夜半无人之时和船夫去争斗，船还没有靠岸，然而已经足以造成仇恨了。"

【原文】

庄子送葬，过惠子之墓，顾谓从者曰："郢人垩慢其鼻端若蝇翼，使匠石斫之。匠石运斤成风，听而斫之，尽垩而鼻不伤，郢人立不失容。宋元君闻之，召匠石曰：'尝试为寡人为之。'匠石曰:'臣则尝能斫之。虽然,臣之质死久矣。'自夫子之死也,吾无以为质矣,吾无与言之矣。"

【译文】

庄子去送葬,途中经过惠子的坟墓,回头向着跟随他的人说:"有一个楚国郢都人捏白土时把一滴泥土溅到了鼻尖上,像苍蝇翅膀一样薄,就去请匠石替他削掉。匠石挥动一把大板斧呼呼风响,若无其事地随手一斧劈了下去,把那一滴泥点完全削去,但鼻子却没有丝毫损伤,郢都人站着神色不变。宋元君听说了这个消息,就把匠石找来说:'试着给我这样来一下。'匠石说:'我以前是能这样削的,虽然如此,但是能让我用斧子劈去鼻尖泥点的对象已经死了。'自从惠子先生去世,我就没有对手了,我没有可以与之作推心置腹谈论的对象了。"

【原文】

管仲有病,桓公问之曰:"仲父之病病矣,可不讳云!至于大病,则寡人恶乎属国而可?"

管仲曰:"公谁欲与?"

公曰:"鲍叔牙。"

曰:"不可。其为人洁廉善士也,其于不己若者不比之,又一闻人之过,终身不忘。使之治国,上且钩乎君,下且逆乎民。其得罪于君也,将弗久矣!"

公曰:"然则孰可?"

对曰:"勿已,则隰朋可。其为人也,上忘而下不畔,愧不若黄帝而哀不己若者。以德分人谓之圣,以财分人谓之贤。以贤临人,未有得人者也;以贤下人,未有不得人者也。其于国有不闻也,其于家有不见也。勿已,则隰朋可。"

【译文】

管仲生病了,齐桓公去看望,向他说:"仲父的病已很重了,现在不能再忌讳不说了！要是病危，那么我把国家大事托付给谁才好呢？"

管仲说："您想给谁呢？"

桓公说："鲍叔牙。"

管仲回答说："不可以。鲍叔牙的为人，是廉洁善士，清高孤傲，他对于比不上自己的人就不去亲近，而且他一听到别人的过错，便终身都不会忘记。如果让他去治理国家，对上就要约束抗争君主，对下就要脱离逆违民众。那么他得罪君主，就不会要很长的时间了。"

桓公问："那么谁可以托付呢？"

管仲回答说："如果实在不得已一定要我说，那么隰朋这人可以。他的为人，对在自己上面的人不自逞其能，对下面的人忍让而不脱离他们，自愧自己不如黄帝而体谅同情不如自己的人。以高尚的德行感化众人称为圣人，以财物分给众人称为贤人。以自己的贤德而傲慢待人，没有能得人心的；以自己的贤德而谦虚礼貌待人，没有不得人心的。他对于国家政事不苛求，对于家事不过分干涉。所以要我说的话，隰朋还可以。"

【原文】

吴王浮于江，登乎狙之山。众狙见之，恂然弃而走，逃于深蓁。有一狙焉，委蛇攫搔，见巧乎王。王射之，敏给搏捷矢。王命相者趋射之，狙执死。

王顾谓其友颜不疑曰："之狙也，伐其巧恃其便以敖予，以至此殛也！戒之哉！嗟乎，无以汝色骄人哉！"颜不疑归而师董梧以助其色，去乐辞显，三年而国人称之。

【译文】

吴王乘船泛游于长江，登上了猕猴山。成群的猕猴看见了吴王，惊恐地四散逃走，逃进了深林荆棘中躲起来。其中有一只猕猴，来回上下旋转跳跃，向吴王显示它的灵巧。吴王用弓射它，它

251

竟能敏捷如飞接住箭矢。吴王就命令左右随从一齐上前射它，猕猴立即被射死了。

吴王回过头对朋友颜不疑说："这只猴子呀，向人夸耀它的灵巧，自恃它的敏捷身手来傲视我，以至这样丧了命！要以它引以为戒呀！唉，不要用你们的意态形色来傲慢世人啊！"颜不疑顿然领悟，回去后便拜董悟为老师，以纠正克服自己意态方面的缺点，他取消了声乐歌舞，谢绝了显贵，三年之后，国中人民便都称赞他。

【原文】

南伯子綦隐几而坐，仰天而嘘，颜成子入见曰："夫子，物之尤也。形固可使若槁骸，心固可使若死灰乎？"

曰："吾尝居山穴之中矣。当是时也，田禾一睹我，而齐国之众三贺之。我必先之，彼故知之；我必卖之，彼故鬻之。若我而不有之，彼恶得而知之？若我而不卖之，彼恶得而鬻之？嗟乎！我悲人之自丧者，吾又悲夫悲人者，吾又悲夫悲人之悲者，其后而日远矣。"

【译文】

南伯子綦靠着几案坐着，仰起头朝天缓缓地吐着气。颜成子进来看到了，就说："老师，真是伟大的人，形体固然可以使它如同枯骨，心灵可以使它像死灰一样吗？"

南伯子綦说："我曾经在深山岩洞里隐居过。在那时，齐太公田禾一来看望我，齐国人民便三番向他表示祝贺。这必定是我先有名声誉望，他才知道。必定是我在外张扬卖弄声誉，他才来找我收买。假如我事先没有名声，他怎么会知道我呢？假如我不张扬卖弄声誉，他怎么会来找我收买呢？唉！我悲伤那些悲伤人的人，我又悲伤那些悲伤别人的悲伤者。认识了这些后，才会一天天逐渐远离炫己张扬而达到无所牵累淡泊的境界。"

【原文】

仲尼之楚，楚王觞之，孙叔敖执爵而立，市南宜僚受酒而祭曰："古之人乎！于此言已。"

曰："丘也闻不言之言矣，未之尝言，于此乎言之。市南宜僚弄丸而两家之难解，孙叔敖甘寝秉羽而郢人投兵。丘愿有喙三尺！"

彼之谓不道之道，此之谓不言之辩，故德总乎道之所一。而言休乎知之所不知，至矣。道之所一者，德不能同也；知之所不能知者，辩不能举也；名若儒墨而凶矣。故海不辞东流，大之至也；圣人并包天地，泽及天下，而不知其谁氏。是故生无爵，死无谥，实不聚，名不立，此之谓大人。狗不以善吠为良，人不以善言为贤，而况为大乎！夫为大不足以为大，而况为德乎！夫大备矣，莫若天地；然奚求焉，而大备矣。知大备者，无求，无失，无弃，不以物易己也。反己而不穷，循古而不摩，大人之诚。

【译文】

孔子到了楚国，楚王设筵宴请他。一个人装成孙叔敖执着酒器站立着，另一个人装成市南宜僚端着酒致祭说："古时的人啊，对此情景请您讲话。"

孔子说："我曾听说'不言之教'的说法，以前我没有向人说过，今天就在这里说说吧。市南宜僚只玩弄丸铃就使楚宋两国的战争灾难得以解除，孙叔敖高枕安卧手摇羽扇就使楚国人停止攻伐。我愿今后再不多嘴说话。"

宜僚和叔敖所作所为可以称为不言之道，孔子所说的可以称为不言之辩，所以德性总是要归结到道的同一境界，而人的言论休止在认识无法再深入的境界，就到达了顶点。道的同一境界，是自恃德性的人所不能等同的；认识所无法理解的，是能言善辩的人所不能如数列举的。像儒家墨家那样招名称誉就不好了。故而海不辞容纳百川东流之水，才大到了极点；圣人的胸怀包容天地，恩泽遍及天下万物，但是人民却并不知道他是何人。所以生时没有爵位，死后没有谥号，不聚集财物，不立身扬名，这才可以称他为大人。狗不因为它叫得十分好听便是好狗，人不以他能言善辩便是贤人，何况希望能称为大人的呢！有心争取伟大不足以成为伟大，何况是修养德性呢！最大的都不如天地，但是天地没有什么追求，然而它却是无所不包无所不备的。知道最完备无缺的，无所求取，无所丧失，无所丢弃，不受到外界的影响改变自己的本性。只有使自己回复本性而不穷尽，遵循着天地古朴常道而不费心揣摩，这才是大人的真诚本性。

【原文】

子綦有八子，陈诸前，召九方歅曰："为我相吾子，孰为祥？"

九方歅曰："捆也为祥。"

子綦瞿然喜曰："奚若？"曰："捆也将与国君同食以终其身。"

子綦索然出涕曰："吾子何为以至于是极也！"

九方歅曰："夫与国君同食，泽及三族，而况父母乎！今夫子闻之而泣，是御福也。子则祥矣，父则不祥。"

子綦曰："歅，汝何足以识之，而捆祥邪？尽于酒肉，入于鼻口矣，而何足以知其所自来？吾未尝为牧而牂生于奥，未尝好田而鹑生于宎，若勿怪，何邪？吾所与吾子游者，游于天地。吾与之邀乐于天，吾与之邀食于地；吾不与之为事，不与之为谋，不与之为怪；吾与之乘天地之诚而不以物与之相撄；吾与之一委蛇而不与之为事所宜。今也然有世俗之偿焉！凡有怪征者，必有怪行，殆乎，非我与吾子之罪，几天与之也！吾是以泣也。"

无几何而使捆之于燕，盗得之于道，全而鬻之则难，不若刖之则易，于是乎刖而鬻之于齐，适当渠公之街，然身食肉而终。

【译文】

子綦有八个儿子，叫他们排列在面前，邀请九方歅前来，说："给我的儿子们看一下命相，哪一个最有福分。"

九方歅说："我看捆这孩子最有福。"

子綦惊喜地说："他会有什么样的福呢？"九方歅回答说："捆将会跟国君共进饮食，以至到终身。"

子綦听了，顿时满面流泪说："我的儿子怎么会弄到这样的绝境呢！"

九方歅说："他与国君同进饮食，恩泽会普及父、母、妻三族，何况父母本身呢！现在先生听到这话反而哭泣起来，这是拒绝福分来临呀！这样儿子会有福，父亲就不会有福了。"

子綦说："歅啊，你怎么会认识到，难道捆会真正有福吗？不过是把酒肉送到口鼻处罢了！你怎么会知道酒肉是从哪里来的？我没有畜牧却忽然有母羊出现在屋子的西南角，我没有去打猎却忽然有鹌鹑出现在屋子的东北角，你不感觉到奇怪，这是为什么呢？我和儿子们去遨游，是逍遥游于天地。我与他们求乐于天，我与他们求食于地；我不同他们建功立业，我不同他们运用谋略，我不同他们标立怪异；我同他们顺应天地的无极大道，而不让他们以物欲互相扰乱；我同他们顺随自然，而不让他们留心事情的利弊。现在捆居然将获得世俗人所追求的报偿呀！凡是有意外怪异的先兆，必定有意外怪异的事情发生，真是危险啊！这不是我与我儿子的罪过，是天降的灾祸啊！所以我才哭泣呢！"

没有多久，捆被楚国派去到燕国，在途中被强盗抓走，身体完好卖掉他比较困难，不如砍断了脚容易卖。于是强盗就砍断了他的脚卖到齐国，恰好给渠公作守门人，于是食肉一生到死去。

【原文】

啮缺遇许由，曰："子将奚之？"

曰："将逃尧。"

曰："奚谓邪？"

曰："夫尧，畜畜然仁，吾恐其为天下笑。后世其人与人相食与！夫民，不难聚也；爱之则亲，利之则至，誉之则劝，致其所恶则散。爱利出乎仁义，捐仁义者寡，利仁义者众。夫仁义之行，唯且无诚，且假夫禽贪者器。是以一人之断制利天下，譬之犹一覕也。夫尧知贤人之利天下也，而不知其贼天下也，夫唯外乎贤者知之矣！"

【译文】

啮缺遇见许由，问道："你要到哪里去？"

许由回答说："将要逃避那位帝尧。"

啮缺又问道："为什么呢？"

许由回答说："帝尧正在孜孜不倦地施行仁义，我恐怕他为天下人所讥笑。今后世上将要出现人和人互相残食呀！天下的民众，是不难聚集的；仁爱他们便亲近，有利可图他们就会来，称誉他们便勤勉，强加给厌恶的事他们便离散。爱和利都出之于仁义，丢弃仁义顺应民意的人少，利用仁义沽名钓誉的人多。所以施行仁义，只通造就虚伪，而且必然成为贪求沽誉的人作为宣传的工具。所以靠一人的决断来造福于天下，就好像是用目一瞥的短暂之见。帝尧以为施行仁义的贤人会造福于天下，岂不知这样的贤人会贼害天下，只有认识到贤人弊病的人才能知道这一点。"

【原文】

有暖姝者，有濡需者，有卷娄者。

所谓暖姝者，学一先生之言，则暖暖姝姝而私自说也，自以为足矣，而未知未始有物也，是以谓暖姝者也。

濡需者，豕虱是也，择疏鬣自以为广宫大囿，奎蹄曲隈，乳间股脚，自以为安室利处，不知屠者之一旦鼓臂布草操烟火，而己与豕俱焦也。此以域进，此以域退，此其所谓濡需者也。

卷娄者，舜也。羊肉不慕蚁，蚁慕羊肉，羊肉膻也。舜有澶行，百姓悦之，故三徙成都，至邓之虚而十有万家。尧闻舜之贤，举之童土之地，曰冀得其来之泽。舜举乎童土之地，年齿长矣，聪明衰矣，而不得休归，所谓卷娄者也。

是以神人恶众至，众至则不比，不比则不利也。故无所甚亲，无所甚疏，抱德炀和以顺天下，此谓真人。于蚁弃知，于鱼得计，于羊弃意。

以目视目，以耳听耳，以心复心。若然者，其平也绳，其变也循。古之真人，以天待人，不以人入天。古之真人，得之也生，失之也死，得之也死，失之也生。

【译文】

有沾沾自喜的，有苟且偷安的，有劳苦而自得其甘的。

所谓沾沾自喜的，只学得一家的片面之言，就自鸣得意，自以为是满腹经纶的饱学之士，却不明白自己并无所得，所以说是沾沾自喜的人。

苟且偷安的人，就像猪身上的虱子，选择猪毛稀疏的地方，就自以为是广大的宫室苑囿；寄身在蹄边胯下，乳房股脚之间，就自以为是安全便利的处所，料想不到有一天屠夫宰猪时，举臂、持草，拿起火把来，自己便和猪鬃毛一起被烧焦了。随依环境荣进，随依环境衰亡，这就是所谓苟且偷安的人。

劳苦而自得其甘的是虞舜。羊肉不爱蚂蚁、蚂蚁却喜欢羊肉，因为羊肉有蚂蚁喜欢的膻腥味。虞舜具有像羊肉膻腥味一样的德行，百姓喜欢悦服他，所以三次迁移都城，到了邓这地方就聚集了十几万家人。帝尧听说舜的贤能，从穷乡僻壤荒地之中选拔他出来，说希望舜给百姓广施恩泽。舜从荒地中被选拔出来，年纪大了，听觉视觉都衰退了，但是却不能告老还乡休养，这就是所谓劳苦而自得其甘的人。

因此神人厌恶众人在一起，众人在一起就不和睦，不知睦就有不利的事情。所以没有过分亲近的人，没有过分疏远的人，对众人一视同仁，以德养和万物顺应天下，这才能称为真人。真人连蚂蚁趋附膻腥的心智都要抛弃，如鱼在河湖中一样悠然自得，连羊以自身膻腥而具有诱惑的意念也要抛弃。

用眼睛去看目所能及的东西，用耳朵去听耳所能闻的声音，用心灵再现心灵所能领会的一切。像这样的话，他的行为像绳墨弹出一样的平直，他的变动是顺应自然的。古代的真人，能用自然之道对待人间的事物，不去人为地干扰自然之道。古代的真人，获得生命为生，失掉生命为死；虽获得生命，但从生生死死的自然之道来看，也就无异于死去，虽然死去了，也能精神永存。

【原文】

药也其实，堇也，桔梗也，鸡痈也，豕零也，是时为帝者也，何可胜言？

勾践也以甲楯三千栖于会稽，唯种也能知亡之所以存，唯种也不知其身之所以愁。故曰，鸱目有所适，鹤胫有所节，解之也悲。

故曰，风之过河也有损焉，日之过河也有损焉。请只风与日相与守河，而河以为未始其撄也，恃源而往者也。故水之守土也审，影之守人也审，物之守物也审。

故目之于明也殆，耳之于聪也殆，心之于殉也殆。凡能其于府也殆，殆之成也不给改。祸之长也兹萃，其反也缘功，其果也待久。而人以为己宝，不亦悲乎！故有亡国戮民无已，不知问是也。

【译文】

譬如药材，像乌头、桔梗、鸡头、猪苓这些常见的普通药草，为了适应病情变化，在不同的情况下被当做主药来用，怎么能够说得完呢？

勾践曾以三千名披甲持盾的武士退守在会稽，只有大臣文种知道越国在败亡中求生存的办法，可是文种却不知道自己本身的忧患。所以猫头鹰能夜晚视物的眼睛有所适用，鹤的细长脚胫有所适宜，如果截短了就会悲哀。

所以说，风吹过河面，河水就要损失，太阳照过河面，河水也要损失。如果风和太阳一道不停地吹晒河面，而河水却没有损失，那么一定是河流的源头源源不断地流下水来。所以水只有依存河道（土）才能安定，影子只有依存人才有形象，此物只有依存他物才能融合不分而存在。

所以眼睛过于尖锐就会有危险，耳朵过于聪敏就会有危险，心思过于灵巧机智就会有危险。凡是智谋潜藏于脏腑就会危险，危险一旦形成就来不及悔改。祸患的滋长愈多，那么返回自然本性就需要很多的修养功夫，自己修养的成就需要很长的时日。而人们却自以为耳聪目明心巧为宝贵，岂不是太可悲了吧！因此灭亡他国杀戮人民的事情没有停止的时候，这是人们不去返本求源寻找根由的缘故。

【原文】

故足之于地也践，虽践，恃其所不碾而后善博也；人之于知也少，虽少，恃其所不知而后知天之所谓也。知大一，知大阴，知大目，知大均，知大方，知大信，知大定，至矣。大一通之，大阴解之，大目视之，大均缘之，大方体之，大信稽之，大定持之。

尽有天，循有照，冥有枢，始有彼。则其解之也似不解之者，其知之也似不知之也，不知而后知之。其问之也，不可以有崖，而不可以无崖。颉滑有实，古今不代，而不可以亏，则可不谓有大扬搉乎！阖不亦问是已，奚惑然为！以不惑解惑，复于不惑，是尚大不惑。

【译文】

两足所踩踏的地很少，虽然所要踩踏的地少，但是还要凭依没有踩踏的地面才能到达远方；大所知道的很少，虽然所能知道的少，但是还要凭依所不知道的才能了解天道的自然之理。知道"大一"的道理，知道"大阴"的道理，知道"大目"的道理，知道"大均"的道理，知道"大方"的道理，知道"大信"的道理，知道"大定"的道理，就是所知道的达到了极高的顶点。大一混沌之气贯通万物；大阴顺应天道，生化万物；日月普照万物；天地造化的平等无私使万物怡然自得；天地造化的无限奥妙使万物各具形色；天地造化的真实使万物有次序；天地造化的自然规律使万物不断变化发展。

　　事物的终极境界是自然发展的因果，顺应自然的变化才能明了天道生化的道理，幽深无限的万物境界是大道运行的关键，天地形成的太初时分已存在着大道的端倪。在这种情形下大体解悟了好像又没有解悟，大体知道了好像又没有知道，只有承认无知以后才能有知：要对大道追根问底，不可以有所限制，也不可以漫无边际。万物纷纭生化繁衍各有实理，从古到今没有什么差错，也不见亏损，这样不就是说"七大"的妙理是一项极大的概括么！追问可以到此而至，不必去疑惑了。以"七大"的不疑惑，去解释世俗的疑惑，才能返回到自然不疑惑的境界，这也许可以叫做初步的不疑惑。

【成语与典故】

　　[运斤成风]　引自本篇"郢人垩慢其鼻端若蝇翼，使匠石斫之。匠石运斤成风，听而斫之，尽垩而鼻不伤，郢人立不失容。"比喻手法纯熟，技艺如神。后世用为成语。

则　阳

淡　泊　译

【提要】
　　本篇要求人们放弃对蜗角虚名的追求，放弃对权位的争夺，忘记贫困，忘记爵禄，忘记荣辱，做到"除日无岁，无内无外"，进而物我两忘，保持内心的凝寂，才能游戏混处于万物之中，随物而化。而道德纯正，无所用心，任其自然，才能感化别人。否则好恶塞心，则自己受害，天下受灾。

【原文】
　　则阳游于楚，夷节言之于王，王未之见，夷节归。
　　彭阳见王果曰："夫子何不谭我于王？"
　　王果曰："我不若公阅休。"
　　彭阳曰："公阅休奚为者邪？"
　　曰："冬则擉鳖于江，夏则休乎山樊。有过而问者，曰：'此予宅也。'夫夷节已不能，而况我乎！吾又不若夷节。夫夷节之为人也，无德而有知，不自许，以之神其交，固颠冥乎富贵之地。非相助以德，相助消也。夫冻者假衣于春，暍者反冬乎冷风。夫楚王之为人也，形尊而严；其于罪也，无赦如虎。非夫佞人正德，其孰能桡焉。
　　"故圣人其穷也，使家人忘其贫；其达也，使王公忘爵禄而化卑；其于物也，与之为娱矣；其于人也，乐物之通而保己焉。故或不言而饮人以和，与人并立而使人化，父子之宜。彼其乎归居，而一闲其所施。其于人心者，若是其远也。故曰'待公阅休'。"

【译文】

则阳出游到楚国,夷节把他介绍给国王。楚王没有接见则阳,夷节就回去了。

彭阳(即则阳,鲁国人)拜见王果时说:"先生为什么不在国王面前推荐推荐?"

王果说:"我不如公阅休。"

彭阳说:"公阅休是干什么的?"

回答说:"冬天在江里刺鳖,夏天在山脚下休息。有过路的客人问他,他说:'这是我的宅舍。'夷节都不能成功地把你推荐给楚王,更何况我呢!我又不如夷节。夷节为人处事,没有德行但却有智慧,不以道德来要求自己,却依靠机智来增加他交际的神通,长期沉迷于富贵场中。不是用道德来帮助人,而是使人丧失道德。受冻的人想借助温暖的春风如同得到寒衣一般,中暑的人盼望冬天的清凉之风。楚王的为人,外貌尊贵而威严,对于罪犯,如同猛虎一样丝毫不宽囿。要不是有才智善逢迎的人和有纯正德行的人,有谁能够让他折服呢。

"所以只有圣人在贫穷的时候,可以使家人忘掉贫困;在显达的时候,可以使王侯忘记爵禄的尊贵而谦躬下士;对于万物,圣人能游娱于其中而随化共处;他对于人事,乐于沟通物情而不失自己本性。所以不用言教就能用平和之道浇灌人的心灵,与人共处就能使人感化,就如父亲对儿子的影响一样。圣人归家隐居,皆以清静无为的态度来行事。他与常人贪图名利的心思相距竟这样遥远。所以说:'等待公阅休'。"

【原文】

圣人达绸缪,周尽一体矣,而不知其然,性也。复命摇作而以天为师,人则从而命之也。忧乎知,而所行恒无几时,其有止也,若之何!

生而美者,人与之鉴,不告则不知其美于人也。若知之,若不知之,若闻之,若不闻之,其可喜也终无已,人之好之亦无已，性也。圣人之爱人也，人与之名，不告则不知其爱人也。若知之，若不知之，若闻之，若不闻之，其爱人也终无已，人之安之亦无已，性也。

【译文】

圣人通晓事物的纠结相因，周视万物为一体，却不知为什么是这样，这是出于圣人的本性。他的行为动静复归本命而以自然之道为宗师，人们因而称他为圣人。为自己所知道的事情而忧虑，而人的行为作用却不能持久，一旦他的行为中止，又怎样奈何它呢！

生来很美的人，别人常给他鉴别美丑，如果别人不相告，（他）就不会知道自己美丽过人。或者知道，或者不知道，或者听到了，或者没听到，他的美好之处不会终止，人们的慕爱之情也不会终止，这是出于人们的本性。圣人有爱人之名，是人们给予的荣誉的称说，如果别人不告诉他，他便不知道他有爱人之处。或者知道，或者不知道，或者听到，或者听不到，圣人的爱人始终不会终结，人们安然乐从于他也始终不会终结，这也是出于自然的本性。

【原文】

旧国旧都，望之畅然。虽使丘陵草木之缗，入之者十九，犹之畅然。况见见闻闻者也，以十仞之台县众间者也！

冉相氏得其环中以随成，与物无终无始，无几无时。日与物化者，一不化者也。阖尝舍之！夫师天而不得师天，与物皆殉。其以为事也，若之何？夫圣人未始有天，未始有人，未始有始，未始有物，与世偕行而不替，所行之备而不洫，其合之也，若之何？汤得其司御门尹登恒为之傅之，从师而不囿；得其随成，为之司其名；之名赢法，得其两见。仲尼之尽虑，为之傅之。容成氏曰："除日无岁，无内无外。"

【译文】

自己的祖国和故乡，一看到心里就舒畅；即使是丘陵草木荒芒，掩蔽了家乡土地的十分之九，心里仍然觉得舒畅。何况是亲自见到听到想见闻的本来面目呢！这就好比十仞的高台高悬在众人之间啊！

冉相氏能处于自然大道玄机的圆环中随顺天道而自然成功，同外物一起变化而没有始终，没有时日，每日随物变化，但内心宁静混一的本性总是不变。从未离舍天道的玄机，有意效法自然大道反而不可能真正地效法自然大道，结果会导致自身与相处的外物都丧失天性。像这样用有心来效法自然而处事，结果会怎样呢？圣人未曾心存天然，未曾心存人事，未曾心存始终，未曾心存物我，与世同行而不变这种虚无的态度，所作所为已达到完备的程度却仍不败坏，这样无心的效法天道却自然合于天道，又是怎样的境界呢？商汤得到他的同御门尹登恒，就拜登恒作自己的师傅，随从师傅学习却又不受局限，因此商汤得到了随顺天道而自然成功之道。商汤给登恒加上辅相的尊称，登恒有此辅相之名面已又无心居功师法，君臣两个方面都因此而得以显现。正是都做到了孔子讲的绝虑无心，所以登恒才成了商汤的好相辅。容成氏说："不计算日子才能忘掉岁月，做到无内忘我才能做到无外忘物。"

【原文】

魏莹与田侯牟约，田侯牟背之。魏莹怒，将使人刺之。

犀首公孙衍闻而耻之曰："君为万乘之君也，而以匹夫从仇！衍请受甲二十万，为君攻之，虏其人民，系其牛马，使其君内热发于背。然后拔其国。忌也出走，然后抶其背，折其脊。"

季子闻而耻之曰："筑十仞之城，城者既十仞矣，则又坏之，此胥靡之所苦也。今兵不起七年矣，此王之基也。衍乱人，不可听也。"

华子闻而丑之曰："善言代齐者，乱人也；善言勿伐者，亦乱人也；谓伐之与不伐乱人也者，又乱人也。"

君曰："然则若何？"

曰："君求其道而已矣！"

惠子闻之而见戴晋人。戴晋人曰:"有所谓蜗者,君知之乎?"

曰:"然。"

"有国于蜗之左角者曰触氏,有国于蜗之右角者曰蛮氏,时相与争地而战,伏尸数万,逐北旬有五日而后反。"

君曰:"噫!其虚言与?"

曰:"臣请为君实之。君以意在四方上下有穷乎?"

君曰:"无穷。"

曰:"知游心于无穷,而反在通达之国,若存若亡乎?"

君曰:"然。"

曰:"通达之中有魏,于魏中有梁,于梁中有王。王与蛮氏,有辩乎?"

君曰:"无辩。"

客出而君惝然若有亡也。

客出,惠子见。君曰:"客,大人也,圣人不足以当之。"

惠子曰:"夫吹筦也,犹有嗃也;吹剑首者,吷而已矣。尧舜,人之所誉也;道尧舜于戴晋人之前,譬犹一吷也。"

【译文】

魏惠王莹和齐威王田侯牟盟誓立约,齐威王田侯牟背叛了盟约,魏惠王很愤怒,要派人去刺杀他。

将军公孙衍听了认为可耻,说:"君主是拥有万辆战车的大国国君,却用匹夫的手段来报仇。我请求受命率领甲兵二十万,为君主攻打齐国,俘虏齐国的人民,夺取齐国的牛马,使齐国的国君心火焦灼而疽发于背,然后攻取齐国的国都,迫使齐国大将田忌出逃,然后抓住齐王用鞭子抽打齐王的背,折断齐王的脊梁骨。"

季子听到了公孙衍的主张认为可耻,说:"建筑七丈高的城墙,城墙已经建成七丈高了,却又去毁坏它,这是筑城徒役感到痛心的事,现在战争不起已经有七年了,这是建立王业的基础。公孙衍是好战乱的人,不能听从他的主张。"

华子听了季子的主张认为可耻，说："巧言劝说伐齐的，是好乱人的人；巧言劝说不伐齐的，也是好乱人的人；评论讨伐齐国和不讨伐的是与非的，都是好乱人的人。"

国君说："那么怎么办呢？"

华子回答说："君主只要寻求虚无之道就是了。"

惠子听到这些情况，就引荐戴晋人去见魏惠王。戴晋人见到魏惠王说："有一种名叫蜗牛的，国王知道吗？"

回答说："知道。"

戴晋人说："在蜗牛的左角上有个国家，名叫触氏；在蜗牛的右角上也有个国家，名叫蛮氏；这两个国家经常为了互相争夺地盘而进行争战，每次战争都死亡好几万，胜利的追击败退的得用十五天才能回师。"

魏王说："唉，这是虚构的话吧？"

戴晋人说："我请求为国王证实这个道理。国王认为四面八方上下有穷尽的止境吗？"

魏王说："没有。"

戴晋人说："知道驰骋心像漫游在无边无际的宇域，再回过头来看看这来来往往的人间国土，不是若有若无吗？"

魏王说："是这样。"

戴晋人又说："在这熙熙攘攘的人间国土中有个魏国，在魏国中有个大梁都邑，在大梁都邑中才有您这位魏王，国王与蛮氏有区别吗？"

魏王回答说："没有区别。"

戴晋人告辞走了，魏惠王心神恍惚地好像失去了什么。

客人走了，惠子进见。魏惠王说："这位客人，是一位伟大的人物，圣人也不能够和他相提并论。"

惠子说："吹管箫，还有洪亮的声音；吹剑环，就只有一丝音响罢了。尧、舜，是人们称誉的；在戴晋人面前称赞尧，舜，就如同一丝音响而已。"

【原文】

孔子之楚，舍于蚁丘之浆。其邻有夫妻臣妾登极者，子路曰："是稷稷何为者邪？"

仲尼曰："是圣人仆也。是自埋于民，自藏于畔。其声销，其志无穷，其口虽言，其心未尝言，方且与世违而心不屑与之俱。是陆沈者也，是其市南宜僚邪？"

子路请往召之。

孔子曰："已矣！彼知丘之著于己也，知丘之适楚也，以丘为必使楚王之召己也，彼且以丘为佞人也。夫若然者，其于佞人也羞闻其言，而况亲见其身乎！而何以为存？"

子路往视之，其室虚矣。

【译文】

孔子到楚国去，住在蚁丘的卖浆人家里。他的邻居有一家夫妻仆人侍妾爬到屋顶上观望，子路说："这样聚集一块的人要干什么？"

孔子说："这些是圣人的奴仆。他自隐在民间，自藏在田园。他的名声沉寂，他的志向高远无穷，他虽然口头上有所言论，而内心却是寂静没有说话。行为正好与世俗相反，而内心却不屑于与世俗同流合污，这位自隐之士，岂不是市南宜僚吗？"

子路请求去请市南宜僚。

孔子说："算了吧！他知道我对他很了解，也知道我正要到楚国去，以为我必然请楚王来召请他，他把我看做投机取巧的人。像这样，对于投机取巧的人，他连听到其言论都认为是羞耻，更何况亲自见面呢？你凭什么认为他还留在那里？"

子路前去探视他，他的屋子果然空了。

【原文】

长梧封人问子牢曰："君为政焉勿卤莽，治民焉勿灭裂。昔予为禾，耕而卤莽之，则其实亦卤莽而报予；芸而灭裂之，其实亦灭裂而报予。予来年变齐，深其耕而熟耰之，其禾繁以滋，予终年厌飧。"

庄了闻之曰："今人治其形，理其心，多以似封人之所谓，遁其天，离其性，灭其情，亡其神，以众为。故卤莽其性者，欲恶之孽，为性菅苇蒹葭，始萌以扶吾形，寻擢吾性；并溃漏发，不择所出，漂疽疥癕，内热溲膏是也。"

【译文】

长梧守护疆界的人向子牢说："你处理国家政务不要简单草率，管理人民不能胡乱马虎。从前我种庄稼，耕作时简单草率，粮食的收成也简单草率地回报我；我除草时胡乱马虎，粮食的收成也胡乱马虎地回报我。我第二年改变了种田的方法，深耕细锄，那禾苗就生长得茁壮而茂盛，我整年都能吃饱。"

庄子听到了这话而评论说："今天人们护理他的身体，修养他的心神，很多像守护疆界的人所说的一样，逃避自然，背离他的本性，灭绝他的真情，丧失他的精神，就如世俗众人草率马虎的行为。所以简单草率地灭弃先天本性的人，欲爱憎恶之情的再生之性，就会像芦苇一般闭塞本性；开始时这些意念是护养自身，发展下去，就会慢慢败坏自己的先天本性。于是溃漏并发，到处出现，毒疮痈疽，发烧遗精都是。"

【原文】

柏矩学于老聃，曰："请之天下游。"

老聃曰："已矣！天下犹是也。"

又请之，老聃曰："汝将何始？"

曰："始于齐。"

至齐，见辜人焉，推而强之，解朝服而幕之，号天而哭之曰："子乎子乎！天下有大菑，子独先离之，曰莫为盗！莫为杀人！荣辱立，然后睹所病；货财聚，然后睹所争。今立人之所病，聚人之所争，穷困人之身使无休时，欲无至比，得乎！

"古之君人者，以得为在民，以失为在己；以正为在民，以枉为在己；故一形有失其形者，退而自责。今则不然。匿为物而愚不识，大为难而罪不敢，重为任而罚不胜，远其涂而诛不至。民知力竭，则以伪继之。日出多伪，士民安取不伪。夫力不足则伪，知不足则欺，财不足则盗。盗窃之行，于谁责而可乎？"

【译文】

柏矩在老子门下求学，说："请求您允许我去四方游历。"

老子说："算了！天下和这里一样。"

柏矩再次请求游历，老子问："你将从哪里开始？"

柏矩回答说："从游齐国开始。"

到了齐国，看见一具受刑弃市的尸体，就推整尸体让他平卧，脱下礼服覆盖在尸体上，然后呼唤苍天而大哭说："你呀！你呀！天下将有大灾祸降临，你只是先遭难，俗话说，'不要为盗，不要杀人！'正是荣辱观念建立了才可以看到由此而产生的弊病，财宝集聚了才会看到由此而产生的纷争。现在建立了人所诟病的观念，聚集了人所纷争的财宝，使人的身体处于穷困而没有休止的时刻。要想不发展到这种惨遭杀害的地步办得到吗？

"远古时代的君主，将所得成绩归功于人民，把失误过错归咎于自己；认为正确在于人民，认为过错在于自己；所以只要有一个人丧失了生命，就退下而责备自己。现在却不是这样，隐瞒事物的真相而指责愚民无知识，增大事情的难度而归罪人民不敢做，加重任务而处罚人民的不胜任，延长路程却诛杀不能到达的人。人民智穷力竭，就用虚假来应付，统治者天天都做出许多虚伪的事，他的士民百姓怎么能不虚伪呢！力量不足便做虚假，智慧不足便行欺骗，财用不足便有盗窃。盗窃的风气盛行，究竟应责备谁才对呢？"

【原文】

蘧伯玉行年六十而六十化，未尝不始于是之而卒诎之以非也，未知今之所谓是之非五十九非也。万物有乎生而莫见其根，有乎出而莫见其门。人皆尊其知之所知，而莫知恃其知之所不知而后知，可不谓大疑乎！已乎已乎！且无所逃。此所谓然与，然乎？

【译文】

蘧伯玉享年六十岁而六十年与时俱化，从来没有不是开始时认为是对的，而到后来又批判它为不对。很难说现在认为是对的就不是五十九岁时所认为是错的。万物都有产生的原因却没有谁能窥测它的根源，万物都有出生的地方却没有人能寻知它的门径。人们都重视自己智慧所能懂得的一切知识，却无人能知道只凭自己的智慧无法知道而后知道的道理，这难道不是最大的疑惑吗！算了吧！算了吧！世上人们避免不了这种错误。这样说是对的，是真的对吗？"

【原文】

仲尼问于大史大弢、伯常骞、狶韦曰："夫卫灵公饮酒湛乐，不听国家之政；田猎毕弋，不应诸侯之际，其所以为灵公者何邪？"

大弢曰："是因是也。"

伯常骞曰："夫灵公有妻三人，同滥而浴。史䲡奉御而进所，搏币而扶翼。其慢若彼之甚也，见贤人若此其肃也，是其所以为灵也。"

狶韦曰："夫灵公也死，卜葬于故墓不吉，卜葬于沙丘而吉。掘之数仞，得石椁焉，洗而视之，有铭焉，曰：'不冯其子，灵公夺而里之。'夫灵公之为灵也久矣，之二人何足以识之！"

【译文】

孔子问太史大弢、伯常骞与狶韦说："卫灵公饮酒作乐，不处理国家政事，猎兽捕禽，不参加诸侯的盟会，他死后谥号灵公的原因是什么呢？"

大弢说:"这就是因为这样。"

伯常骞说:"卫灵公有三个妻子,男女同在一个浴盆中洗澡。史鱼手捧着御用的币帛来到灵公住所,灵公忙叫人接过他手上的币帛,并让恭恭敬敬地扶着他。他生活散漫轻佻是那样的严重,见到贤人却是这样的尊敬严肃,这就是他谥号为灵公的缘由。"

狶韦说:"卫灵公死了,问卜择葬在祖先墓地不吉,问卜择葬在沙丘却吉利,挖掘坟墓到几丈深,发现了一副石椁,洗干净来看,上面有铭文说:'不依赖子孙自制外椁,灵公可取而安葬在这里。'灵公的谥号为灵是早已定了的,这两个人怎么能知道呢!"

【原文】

少知问于大公调曰:"何谓丘里之言?"

大公调曰:"丘里者,合十姓百名而以为风俗也,合异以为同,散同以为异。今指马之百体而不得马,而马系于前者,立者百体而谓之马也。是故丘山积卑而为高,江河合水而为大,大小合并而为公。是以自外入者,有主而不执;由中出者,有正而不距。四时殊气,天不赐,故岁成;五官殊职,君不私,故国治;文武殊能,大人不赐,故德备;万物殊理,道不私,故无名。无名故无为,无为而无不为。时有终始,世有变化。祸福淳淳,至有所拂者而有所宜;自殉殊面,有所正者有所差。比于大泽,百材皆度;观于大山,木石同坛。此之谓丘里之言。"

少知曰:"然则谓之道,足乎?"

大公调曰:"不然。今计物之数,不止于万,而其曰万物者,以数之多者号而读之也。是故天地者,形之大者也;阴阳者,气之大者也;道者为之公。因其大以号而读之,则可也,已有之矣,乃将得比哉?则若以斯辩,譬犹狗马,其不及远矣。"

【译文】

少知问大公调说:"什么是丘里之言?"

大公调说:"所谓丘里,就是集合十姓百人共处而形成的一种风俗,综合差异而成为同一,分散同一而成为差异。现在指马的许多小部分便不能称做马,当把马牵到面前,总括其各个小部分而合异为同才能称作马。所以丘山是积聚低下才成为高山,江河是汇集众多小河细流才成为巨江大川,得道的人是容纳各方面为同一才能达到大公。对于外界进到内心的知识,心中虽然有主见却不偏执;从内心发出的,内心虽有所取正却不拒绝他人的异议。四季气候不同,天道不偏私于某一季,所以一年四季的次序才得完成;五官职责不同,国君不偏私于某一官,所以国家才能治理好;文才武艺专能不同,有德的人并不偏私于一方,所以德性完备;万物各自发展规律不同,天道不偏私,所以不可名状。无可名状所以无所干预,无所干预因而便没有做不成的。四时循环有终始,世事变化不定。祸福倚变难测,既有所乖违背逆而又有所适宜如意;各自追逐不同的方面,既有正确的地方又有差误的地方。比如广薮大泽,对于各种材木都能适用无弃;观看大山,树木石头能同处高地。这些就是说明丘里之言。"

少知说:"那么称'丘里之言'为'道'可以吗?"

大公调说:"不能这样。现在计算物的种类,不止于万,而仅限称为万物,只是用数目中最多的来号称它。所以天地是形体中最大的;阴气和阳气是精气中最大的;而大道则是化育天地阴阳万物而总括一切的共同根本。根据它们的浩大这样称呼是可以的,但是已有道的名称限制还能和无可名的名相比吗?如果把'丘里之言'和'道'相比,就如同狗和马相比,相差太远了。"

【原文】

少知曰:"四方之内,六合之里,万物之所生恶起?"

大公调曰:"阴阳相照,相盖相治;四时相代,相生相杀。欲恶去就,于是桥起;雌雄片合,于是庸有。安危相易,祸福相生,缓急相摩,聚散以成。此名实之可纪,精微之可志也。随序之相理,桥运之相使,穷则反,终则始;此物之所有。言之所尽，知之所至，极物而已。睹道之人，不随其所废，不原其所起，此议之所止。"

少知曰："季真之莫为，接子之或使，二家之议，孰正于其情，孰偏于其理？"

大公调曰："鸡鸣狗吠，是人之所知；虽有大知，不能以言读其所自化，又不能以意测其所将为。斯而析之，精至于无伦，大至于不可围，或之使，莫之为，未免于物，而终以为过。或使则实，莫为则虚。有名有实，是物之居；无名无实，在物之虚。可言可意，言而愈疏。未生不可忌，已死不可徂。死生非远也，理不可睹。或之使，莫之为，疑之所假。吾观之本，其往无穷；吾求之末，其来无止。无穷无止，言之无也，与物同理；或使莫为，言之本也，与物终始。道不可有，有不可无。道之为名，所假而行。或使莫为，在物一曲，夫胡为于大方？言而足，则终日言而尽道；言而不足，则终日言而尽物。道物之极，言默不足以载；非言非默，议有所极。"

【译文】

少知说："四方之内，六合之中，万物从哪里产生？"

大公调说："阴阳互相交感，互相消替，互相扶持；四季循环代替，相互孕育，相互消除。欲望、憎恶、离弃、亲近，相继起伏。雌性和雄性相交配，于是世代相传。安全和危险互相更替，祸福倚伏互生，缓慢和迅急互相影响，聚散生死因而形成。这是有名称事实可以识别的，有精微妙理可以认记的。依循四时相替的规律而相变，就像桔梗此起彼伏而升降运行的变化，物极则返，周而复始；这是万物所具有的现象。语言表达所能穷尽的，智慧认识所能达到的，限于万物的范围罢了。认识大道的人，不追随外物的消逝，亦不探究外物的起源，这就是议论所以要停止的缘由。"

少知说："季真所说的'莫为'，接子主张的'或使'，两家的议论，谁合于情理，谁偏离于情理？"

大公调说："鸡鸣狗吠，这是人们都知道的；对于这种现象即使有大智慧的人，也不能用言语来说明它的原因，也不能用思想推测它们将要作出的动作。这样分析来看，精细微小可以到无限小，宏大的可以大到无限，断言'或有所使'，肯定'莫有所为'，都未免受物的局限而终究成为失当的言论。'或使'的主张太拘泥于实，'莫为'的说法又太过于空虚。有名称有实体，是物的范围；无名称无体形，不属于物的范围。可以用语言表达也可用心神意会，但愈用语言表达却愈疏远。未生的不能禁止，已死的无法阻挡。死生相隔并不远，生死的道理却不能了解。或有所使、莫有所为的主张，都是因疑惑而争议所立的假设。我观察万物的始生本源，它的过去无穷无尽，我探寻万物的最后归宿，它的未来没有止境。无穷无止，言语也就无法表达，和物象的道理是相同的；'或使''莫为'，是许多言论的根本，与物象同始同终。道不可执着于有形，也不可执着于无象，道的为名，乃是一种假借强名之称。'或使''莫为'的主张，各自局限于物象的一个片面，哪里算得上达于大道呢？议论全面，那么整天言说的都符合于道；如果议论不全面，那么整天言说的尽是物象。道与物的极境，用语言和沉默都不足以表达；既非言说又非沉默，这是议论的玄妙极处。"

【成语与典故】

[蛮触相争、蜗角虚名] 源于"有国于蜗之左角者，曰触氏。有国于蜗之右角者，曰蛮氏。时相与争地而战，伏尸数万；逐北旬有五日，而后反。"这里庄子是以建立在蜗牛角上的两个国家争地以战，来比喻所追求的微末无意义。后世遂以"蛮触相争"、"蛮触干戈"等词来比喻卑微细小的计较和争夺的微不足道。宋辛弃疾《鹧鸪天·睡起即事》："名利处，战争多，门前蛮触日干戈。"后世也有以"蜗角虚名"来比喻没有价值的浮名。元王实甫《西厢记》第四本第三折："蜗角虚名，蝇头微利，拆鸳鸯在两下里。"

[剑头一映] 源于"夫吹筦也，犹有嗃也；吹剑首者，映而已矣。尧、舜，人之所誉也。道尧、舜于戴晋人之前，譬犹一映也。"这里本意是讲吹剑环头上的小孔，发声微弱，比喻宣扬鼓吹尧舜之

道的无力。后遂以"剑头一映",比喻无足轻重的言论。

[**卤莽灭裂**] 出自:"为政焉,勿卤莽;治民焉,勿灭裂。昔予为禾,耕而卤莽之,……"把为政治民比做种庄稼,草率粗心就会歉收。后民常用"卤莽灭裂"形容做事情卤莽粗心。严复《道学传》:"凡文之不从时文出者,尽卤莽灭裂耳。"

外　物

王双怀　译

【提要】

本篇旨在说明：一切听任自然，凡事不可强求。全文分为七节，彼此都有较强的独立性。第一节列举史例，说明人不应违背自然，去做自己无法办到的事情。第二节讲庄周贷粟的故事，指出人不应干不切实际的事；一切空泛的设想都是解决不了问题的。第三节讲任公子钓鱼的故事，指出做事不能从名利出发，而应持之以恒，听其自然。第四节讲儒生盗墓的故事，抨击儒生表里不一，认为按照儒家的理论去修行是根本不行的。第五节通过老莱子和孔子的对话，说明标榜贤能是违反自然的作法，只能给自己带来危害，而不会有什么成功。第六节讲宋元君杀神龟的故事，说明所谓"至智"亦有不智的一面，只有抛弃智慧才是大智，才能免于灾难。第七节记述惠子与庄子的对话，说明一些人为求官而死，一些人为免爵而亡，都是强求的恶果，指出："凡事不强求"的意义：只要凡事不强求，就会符合大道而获得成功。

【原文】

外物不可必，故龙逢诛，比干戮，箕子狂，恶来死，桀、纣亡。人主莫不欲其臣之忠，而忠未必信，故伍员流于江，苌弘死于蜀，藏其血，三年而化为碧。人亲莫不欲其子之孝，而孝未必爱，故孝己忧而曾参悲。木与木相摩则然，金与火相守则流，阴阳错行，则天地大绞，于是乎有雷有霆，水中有火，乃焚大槐。有甚忧两陷而无所逃。螴蜳不得成，心若县于天地之间，慰暋沈屯，利害相摩，生火甚多，众人焚和，月固不胜火，于是乎有僓然而道尽。

【译文】

凡事不可强求,强求会招来恶果。所以龙逢见诛,比干被杀,箕子发疯,恶来身死,桀、纣丧亡。君主都希望臣子忠厚,但忠厚却未必能够得到信任。伍员忠于吴王,反被浮尸江上。苌弘忠于周室,结果命丧蜀中,其血凝聚,三年化为碧玉。父母都希望儿子孝顺,但孝顺也未必能够受到宠爱。孝己和曾参都是有名的孝子,反而常常因受父母的虐待而愁苦悲哀。木与木相摩就会燃烧,金与火相处就可熔化。如果阴阳错乱,天地就会发生很大的变故,雷霆大发,雨中带电,击焚大槐。人也是如此,如果心神过于忧伤,就难免导致阴阳错乱,神志恍惚不定,心若悬挂在天地之间,郁郁沉闷,没有着落,利害在心中纠缠摩擦,大量消耗心血,以致造成阴虚阳亢的局面。在这种情况下,再加上别人的不良影响,心火之旺更难以调和。于是,便精神颓废,天性丧尽了。

【原文】

庄周家贫,故往贷粟于监河侯。监河侯曰:"诺。我将得邑金,将贷子三百金,可乎?"庄周忿然作色曰:"周昨来,有中道而呼者,周顾视车辙中,有鲋鱼焉。周问之曰:'鲋鱼来,子何为者耶?'对曰:'我,东海之波臣也。君岂有斗升之水而活我哉!'周曰:'诺。我且南游吴越之王,激西江之水而迎子,可乎?'鲋鱼忿然作色曰:'吾失我常与,我无所处。吾得斗升之水然活耳。君乃言此,曾不如早索我于枯鱼之肆!'"

【译文】

庄周家贫,揭不开锅,去向监河侯借粮。监河侯说:"好。等我收到封邑里交来的租赋之后,就借给你三百金。怎么样?"庄周气呼呼地答道:"我昨天来的时候,半路上听到呼唤我的声音。我回头一看,原来在车轮辗洼的地方,有一条鲫鱼。我问:'鲫鱼呀!你这里干什么呢?'它回答说:'我是东海龙王手下的臣子。你能弄一点水来把我救活吗?'我说:'好吧。我将前去游说吴越国的国王,请他们引西江水来救你，你看怎样？'鲫鱼听到这里，勃然变色，板着脸说道：'我不幸失水，无处容身，现在只要得到一点点水就可以活命。你这样说些不切实际的话，还不如早点到干鱼市场上去找我呢。'"

【原文】

任公子为大钩巨缁，五十犗以为饵，蹲乎会稽，投竿东海，旦旦而钓，期年不得鱼。已而大鱼食之，牵巨钩，陷没而下，骛扬而奋鬐，白波若山，海水震荡，声侔鬼神，惮赫千里。任公子得若鱼，离而腊之，自制河以东，苍梧已北，莫不厌若鱼者。已而后世辁才讽说之徒，皆惊而相告也。夫揭竿累，趣灌渎；守鲵鲋，其于得大鱼难矣！饰小说以干县令，其于大达亦远矣。是以未尝闻任氏之风俗，其不可与经于世亦远矣！

【译文】

任公子用巨绳大钩做钓具，以五十头犍牛做钓饵，蹲在会稽山上，垂钓东海之鱼，整整一年时间，没有钓到一条。后来有一条大鱼吞了饵物，牵动大钩沉下水去，带鳍扬须，翻腾跳跃，白波如山，海水震荡，声如鬼神，惊骇千里。任公子得到了这条鱼，把它剖肠破肚，加工晾干。浙江以东、苍梧以北的人，都饱饱地吃了一顿。后世浅浮之徒，只看到任公子钓到大鱼的结果，便惊诧不已，奔走相告。真是愚昧透顶。要知道，拿着小钓竿，到小水沟里去瞎折腾，想钓到大鱼，难啊！粉饰浅见以求功名，与大道相差远了。不懂任氏钓鱼风格的人，要想经邦济世，也差得远了。

【原文】

儒以《诗》、《礼》发冢。大儒胪传曰："东方作矣，事之何若？"小儒曰："未解裙襦，口中有珠。""《诗》固有之曰：'青青之麦，生于陵陂。生不布施，死何含珠为？'接其鬓，压其颥，儒以金椎控其颐，徐别其颊，无伤口中珠。"

【译文】

　　儒士满嘴《诗》、《礼》，却干盗墓的勾当，大儒问道："东方亮了，情况如何？"小儒回答说："还没有解开死者所穿的裙裾，发现他口中有颗宝珠。"大儒说："《诗经》上说：'青青麦苗儿，生长在坟堆。活着贪财不施舍，死后为何含宝珠？'抓住他的鬓发，按住他的下巴，用锤子轻轻敲打他的面颊，慢慢地撬开他的嘴巴，千万不要损坏了口中的宝珠。"

【原文】

　　老莱子之弟子出薪，遇仲尼，反以告，曰："有人于彼，修上而趋下，末偻而后耳，视若营四海，不知其谁氏之子。"老莱子曰："是丘也，召而来。"仲尼至。曰："丘，去汝躬矜与汝容知，斯为君子矣。"仲尼揖而退，蹙然改容而问曰："业可得进乎？"老莱子曰："夫不忍一世之伤，而骜万世之患。抑固窭邪？亡其略弗及邪？惠以欢为骜，终身之丑，中民之行进焉耳！相引以名，相结以隐。与其誉尧而非桀，不如两忘而闭其所誉。反无非伤也，动无非邪也。圣人踌躇以兴事，以每成功。奈何哉，其载焉终矜尔！"

【译文】

　　老莱子的弟子出去打柴，在路上遇见了一个怪人，回来后对老莱子说："那儿有个人，上身长，下身短，伸着头，拱着背，耳朵后贴，目光四射，一副经营天下的架势，不知道他是谁。"老莱子说："是孔丘。叫他来吧。"孔子来到老莱子身边，老莱子说："孔丘啊！你知道吗，抛弃矜持的态度，改变机智的容貌，才能真正成为君子。"孔子恭敬地作了一揖，后退两步，忧虑不安地问道："我的德业有长进的希望吗？"老莱子说："你不忍心当代人受害，却将导致万代人蒙灾，这究竟是天性浅陋呢？还是智略不及呢？以施惠的办法取悦于世，而不管给自己一生所带来的羞耻，只有中等水平的人才这样去做，只有他们才以名声相招引，以私利相结纳。与其赞美唐尧,抨击夏桀,不如收起这一套把两者全部忘记。违背自然,必有损伤;不安不静,必生邪念。圣人力戒做事而常常成功。你为什么总要背上标榜贤能的包袱?!"

【原文】

宋元君夜半而梦人被发窥阿门,曰:"予自宰路之渊,予为清江使河伯之所,渔者余且得予。"元君觉,使人占之。曰:"此神龟也。"君曰:"渔者有余且乎?"左右曰:"有。"君曰:"令余且会朝。"明日,余且朝。君曰:"渔何得?"对曰:"且之网得白龟焉,其圆五尺。"君曰:"献若之龟。"龟至,君再欲杀之,再欲活之,心疑,卜之,曰:"杀龟以卜吉。"乃刳龟,七十二钻而无遗筴。仲尼曰:"神龟能见梦于元君,而不能避余且之网;知能七十二钻而无遗筴,不能避刳肠之患。如是则知有所困,神有所不及也。虽有至知,万人谋之。鱼不畏网而畏鹈鹕。去小知而大知明,去善而自善矣。婴儿生,无石师而能言,与能言者处也。"

【译文】

宋元君半夜做了个梦,梦见有个人披头散发,偷偷地从偏门向寝室张望,并对他说:"我生活在宰路之渊,这次充当清江使者,到河伯那里去办事,不幸被余且抓获。"宋元君醒来后觉得奇怪,叫人占卜梦中的情形。占卜的人说:"那个披头散发的人不是人,是一只神龟。"元君又问左右侍从:"渔夫当中有个叫余且的吗?"侍从说:"有。"元君说,"请余且赴朝。"第二天,余且拜见元君。元君问道:"你打鱼时捕到了什么?"余且回答说:"鱼网中有一只白龟,方圆有五尺大小。"元君说:"把这只龟献来。"余且把龟送入朝中,宋元君一会儿想把它杀掉,一会儿又想让它活下去,如此再三,踌躇不决,最后让人用占卜的办法来看杀好还是不杀好。占卜的结果是:"把白龟杀掉,用它的甲占卜,会呈现出吉祥。"于是元君令人杀龟占卜,果然此龟十分灵验,七十二钻没有不准确的。孔子知道这件事后做了一番评论,他说:"神龟能托梦给宋元君,却不能避开余且的渔网;能七十二占无差错,却不能逃脱刳肠剖肚之灾。由此看来,智慧是有局限的,神灵也有不能达到的地方。就算有至智,也敌不过万人的谋略。鱼儿只怕鹈鹕侵袭而不知渔网的可怕,是只知小害而不知大害。去掉小智才能获得大智,抛弃小善自然就有了大善。婴儿之所以没有经过大师指点就会说话,是因为他与能说话的的人共同生活,朝夕相处啊!"

【原文】

惠子谓庄子曰:"子言无用"。庄子曰:"知无用而始可与言用矣。天地非不广且大也,人之所用容足耳,然则厕足而垫之致黄泉,人尚有用乎?"惠子曰:"无用。"庄子曰:"然则无用之为用也亦明矣。"庄子曰:"人有能游,且得不游乎!人而不能游,且得游乎!夫流遁之志,决绝之行,噫,其非至知厚德之任与!覆坠而不反,火驰而不顾。虽相与为君臣,时也,易世而无以相贱。故曰:至人不留行焉。

"夫尊古而卑今,学者之流也。且以狶韦氏之流观今之世,夫孰能不波?唯至人乃能游于世而不僻,顺人而不失己。彼教不学,承意不彼。

"目彻为明,耳彻为聪,鼻彻为颤,口彻为甘,心彻为知,知彻为德。凡道不欲壅,壅则哽,哽而不止则跈,跈则众害生。物之有知者恃息,其不殷,非天之罪。天之穿之,日夜无降,人则顾塞其窦。胞有重阆,心有天游。室无空虚,则妇姑勃谿;心无天游,则六凿相攘。大林丘山之善于人也,亦神者不胜。

"德溢乎名,名溢乎暴,谋稽乎谇,知出乎争,柴生乎守,官事果乎众宜。春雨日时,草木怒生,铫鎒于是乎始修,草木之到植者过半而不知其然。

"静然可以被病,眦搣可以休老,宁可以止遽。虽然,若是,劳者之务也,非佚者之所未尝过而问焉。圣人之所以骇天下，神人未尝过而问焉；贤人所以骇世，圣人未尝过而问焉；君子所以骇国，贤人未尝过而问焉；小人所以合时，君子未尝过而问焉。演门有亲死者，以善毁爵为官师，其党人毁而死者半。尧与许由天下，许由逃之；汤与务光，务光怒之。纪他闻之，帅弟子而踆于窾水，诸侯吊之，三年，申徒狄因以踣河。荃者所以在鱼，得鱼而忘荃；蹄者所以在兔，得兔而忘蹄；言者所以在意，得意而忘言。吾安得夫忘言之人而与之言哉！"

【译文】

惠子对庄子说："你的言论没有什么用处。"庄子说："知道无用才能谈到它的用处。天地极为辽阔，人只是用可容立足的一点罢了。但是如果把立足以外的地方挖到黄泉之下，人站立的这块地方还有用吗？"惠子说："无用。"庄子说："被掘去的地方似乎无用，但离开它人便无法立足。以此观之，无用的用处就很明显了。"庄子又说："人若能游心大道，便会自由自在；若不能这样，便不能悠闲自适。逃避现实，与当政决裂，都不是至人所应当做的，何必固执己见，一意孤行呢？社会上虽有君臣对立，但这是时势造成的；时代改变了，两者之间的贵贱差别就不一定存在了。所以说，至人没有偏颇窒滞的行为。

"学者往往习惯于厚古薄今，但若以上古狶韦氏时代的眼光看待现在，谁能得出正确的结论？只有至人才能游心于世而不为所惑，顺应人情而保持本性。不机械地向他人学习，不把自己变成他人的样子。

"眼灵叫明，耳灵叫聪，鼻灵叫颤，口灵叫甘，心灵叫知，知通叫德。道不能堵，堵便梗塞，梗塞不止，便会乖乱，乖乱的结果，便是敝端丛生。有知觉的东西都依靠呼吸，呼吸不畅，不是老天的过失，因为老天爷为人安排的七窍，日夜都不会止息，只是人们自己堵塞了它罢了。胞衣内外都有空隙，心脏当然也有自然活动的地方。如果房子拥挤不堪，婆媳之间便会吵闹不安；如果心机梗塞，便会引起各器官的错乱。广阔的山林，优美的环境，对人来说是适宜的，但若心神不畅，在精神上也是不能享受的。

"道德的败坏是由于追求名声，名声的败坏是由于喜欢显露自己。计谋生于急迫，智慧出于争端，心气堵塞在于固执己见，办事成功在于适应了大家的需要。春雨时降，万物复苏，老百姓开始修治农具，除草整地已过大半，主管人员还不知不觉，正是由于老百姓懂得应时耕作的缘故。

"心静可以调养疾病，按摩能够防止衰老，安定可以应付剧变，劳动者留心于此，安逸者则无须过问。圣人所以惊动天下的事，神人无须过问；贤人所以惊动世间的，圣人无须过问；君子所以惊动国家的，贤人无须过问；小人所以应时劳作的，君子无须过问。演门有个死了双亲的人由于善于哀伤毁容而被封为官师。于是他的同乡竞相效仿，以毁容过度而死者超过半数。尧打算把天下让给许由，许由逃走了；汤准备把王位让给务光，务光发怒了。纪他听了这些事，担心汤把职位传给自己，便带上弟子，隐居于窾水，获得了诸侯的吊慰。这样，三年以后，便发生了申徒狄投河自杀的事。鱼筌是用来捕鱼的，人们捕到鱼便忘了鱼筌；兔网是用来套兔的，人们捉到兔便忘了兔网；语言是用来表达意思的，人们知道了意思便忘记了语言。我怎么能和忘记语言的人谈论大道呢？！"

【成语与典故】

[**血化为碧**] 苌弘忠而被谮，至死不易其节，精诚所至，血化为碧。后遂用"苌弘化碧、化碧苌弘、三年化碧、血化碧、碧化、碧血、血碧、埋血、埋碧、苌弘血、苌叔血"等称颂忠正刚烈、为国殉难的人。如顾况《露青竹杖歌》："玉润犹沾玉垒雪，碧鲜似染苌弘血。"柳亚子《七日晨献花圈于黄花岗七十二烈士遗冢》："旷代汗青应不朽，两贤埋碧更相连。"

[**涸辙之鲋**] 庄周断炊求粮，监河侯却开了一大堆空头支票。庄周愤怒，借涸辙之鲋以刺监河侯。后人常以"东海波臣、波臣守辙、涸辙鲋、涸辙鱼、东溟臣、涸鲋、辙鲋、涸鳞、涸鱼、枯鱼、辙涸"等比喻陷于困境，急待援助的人。如庾信《拟咏怀二十七首》：

"涸鲋常思水，惊飞每失林。"李白《拟古十二首》："无事坐悲苦，块然涸辙鲋。"又以"监河贷粟、庄西贷"表示求助。如杜甫《奉赠萧十二使君》："监河受贷粟，一起涸中鳞。"以"升斗水、斗水、斗升"指能解燃眉之急的支助。如刘禹锡《送张盥赴举》："乞取斗升水，因之云汉津。"以"西江"代空头许诺。如赵翼《可型内弟自瓯宁罢官归慰赠》："赖有西江润，能嘘涸辙枯。"以"枯鱼之肆"代死地。如《晋书·闵王承传》：足下"若其狐疑，求我枯鱼之肆矣。"

[得鱼忘筌] 筌本来是捕鱼的渔具，人们用它来捕鱼，但当捕到鱼后，就把它忘记了。此语与"得兔忘蹄"、"得意忘形"意义相同，比喻成功后忘记了所凭借的力量。三国魏人嵇康《赠秀才入军》诗"嘉彼钓叟，得鱼忘筌"，说的就是这个意思。

寓　言

方　琦　译

【提要】

本篇阐述了庄子顺应自然、无为而治的思想，且充满了辩证思维。他认为万事万物都按其自身规律发展变化着，而人为地去理论事物反倒混淆了其本来面目。所以应该"言无言"。事物都是相对存在的，没有绝对的是与非，所以应做到心"无所系"，让事物顺其自然发展。

【原文】

寓言十九，重言十七，卮言日出，和以天倪。

寓言十九，藉外论之。亲父不为其子媒。亲父誉之，不若非其父者也；非吾罪也，人之罪也。与己同则应，不与己同则反；同于己为是之，异于己为非之。

重言十七，所以已言也，是为耆艾。年先矣，而无经纬本末以期年耆者，是非先也。人而无以先人，无人道也；人而无人道，是之谓陈人。

卮言日出，和以天倪，因以曼衍，所以穷年。不言则齐，齐与言不齐，言与齐不齐也，故曰言无言。言无言，终身言，未尝不言；终身不言，未尝不言。有自也而可，有自也而不可；有自也而然，有自也而不然。恶乎然？然于然。恶乎不然？不然于不然。恶乎可？可不可。恶乎不可？不可于不可。物固有所然，物固有所可，无物不然，无物不可。非卮言日出，和以天倪，孰得其久！万物皆种也，以不同形相禅，始卒若环，莫得其伦，是谓天均。天均者天倪也。

【译文】

借他人之口而说出的话,十分之九都能使别人相信,由德高望重的人口中说出的话,能让人相信十分之七,无心的话每天都很多,这是非常自然的。

借他人之口而说的话,之所以十分之九能被人接受,是因为将自己的意思让别人说出来了。亲生父亲是不为自己的孩子说媒的。因为亲生父亲的赞扬,不如别人的赞扬更能让人相信。这不是我的偏见,人们都是这样。与自己意见相同的人就应合,与自己意见不同的人就反对;与自己意见相同的就认为是正确的,与自己意见不同的就认为是错误的。

德高望重的人说的是自己的意见,也能使人相信十分之七,是因为他的年长。年龄虽长,而没有见解,是不配称他为长者的。做人如果没有真才实学,就没有做人之道;没有做人之道的人,只能叫做老朽。

无心的言语源源不断,自然而然,广为流传,直到永远。万物自有其本身的规律,不谈论也如此,有的谈论了反倒歪曲了它本身的规律。本来对的东西妄加评论反而变成错的了,所以言论不应带主观成见。不带主观成见的言论,虽然都在说,却好像没说什么,即使一生不说,也如说了一样。可以是有原因的,不可以也是有原因的;是是有原因的,不是也是有原因的。怎样是对与不对?对与不对都有它的道理;怎样是可以与不可以?可以与不可以也各有它的道理。万事万物都有它对的一面,合理的一面,没有什么东西完全不对,完全不合理。

正因为无心的话语日出不穷,合乎于自然,才能长久维持!万物各有种类,以不同的方式繁衍,周而复始,找不到其中的次序,这就是支配天地万物变化的力量。这种支配天地万物变化的力量,就是自然的规律。

【原文】

庄子谓惠子曰:"孔子行年六十而六十化,始时所是,卒而非之,未知今之所谓是之非五十九非也。"

惠子曰："孔子勤志服知也。"

庄子曰："孔子谢之矣，而其未之尝言。孔子云：'夫受才乎大本，复灵以生。鸣而当律，言而当法，利义陈乎前，而好恶是非直服人之口而已矣。使人乃以心服，而不敢蘁立，定天下之定。'已乎已乎！吾且不得及彼乎！"

【译文】

庄子对惠子说："孔子生年六十，而六十年中思想随时间变化而变化，开始肯定的东西，后来又否定了，不一定他现在认为对的，就不是五十九岁时所认为不对的。"

惠子说："孔子努力实现自己的志愿时运用心智吗？"

庄子说："孔子已经不再用智了，他没有多说过什么。孔子说：'人从自然中禀受了才气，生来便带有灵性，发出的声音合乎于韵律，言论合乎于法度，利害、仁义摆在面前，而好恶是非的辨别只不过是服人之口罢了。如果不仅使人口服而且心服，那么谁还敢违逆，这样就可使天下平定。'算了算了，我还比不上他呢！"

【原文】

曾子再仕而心再化，曰："吾及亲仕，三釜而心乐；乐仕，三千钟而不洎，吾心悲。"

弟子问于仲尼曰："若参者，可谓无所县其罪乎？"

曰："既已县矣，夫无所县者，可以有哀乎？彼视三釜三千钟，如观雀蚊虻相过乎前也。"

【译文】

曾子再做官时心境有了变化，说："我双亲在时做官，俸禄只有三釜而心里很快乐；后来做官，俸禄虽达到三千钟，但父母已去世，我心中感到悲哀。"

弟子问仲尼说："像曾参这样的人，可以说没有受利禄的牵累的过错吧？"

孔子说:"还是有些牵累。要是没有牵累,会感到悲伤吗?那些心无牵挂的人看三釜、三千钟的俸禄,就如同看到鸟雀蚊虻在眼前飞过一样,毫不在意。"

【原文】
颜成子游谓东郭子綦曰:"自吾闻子之言,一年而野,二年而从,三年而通,四年而物,五年而来,六年而鬼入,七年而天成,八年而不知死,不知生,九年而大妙。"

【译文】
颜成子游对东郭子綦说:"自从我听了你的讲道,一年而返于质朴;二年而顺其自然;三年而通达;四年而与物同化,不分彼此;五年而使众物来归附;六年而神化;七年而合于自然;八年而不知生死之变;九年而领悟了大道玄妙的境界。"

【原文】
"生有为,死也。劝公,以其死也,有自也;而生阳也,无自也。而果然乎?恶乎其所适?恶乎其所不适?天有历数,地有人据,吾恶乎求之?莫知其所终,若之何其无命也?莫知其所始,若之何其有命也?有以相应也,若之何其无鬼邪?无以相应也,若之何其有鬼邪?"

【译文】
"人生而有为,便相当于死了。奉劝世人,人死是有原因的,而人感应了阳气得到了生命是没有原因的。果然是这样吗?到哪里就应该?到哪里就不应该?天有四时变化,地有人类占据,人生也像天地一样自然而然,用得着我去追求吗?既然人的生死变化都是循环不已,无所谓终结,怎么会有死,无所谓开端,怎么会有生!生者与死者有时相互感应,怎么能说没有鬼神呢?而生者与死者有时无法感应,又怎么能断定有鬼神呢?"

288

【原文】

众罔两问于景曰："若向也俯而今也仰，向也括撮而今也被发，向也坐而今也起，向也行而今也止，何也？"

景曰："搜搜也，奚稍问也！予有而不知其所以。予，蜩甲也，蛇蜕也，似之而非也。火与日，吾屯也；阴与夜，吾代也。彼吾所以有待邪？而况乎以无有待者乎！彼来则我与之来，彼往则我与之往，彼强阳则我与之强阳。强阳者又何以有问乎！"

【译文】

影外的微影对影子说："刚才你俯身而现在又仰头，刚才你束发而现在又披发，刚才你坐着而现在又站起来，刚才你走动而现在又停下，为什么呢？"

影子说："区区小事，何劳你问！我活动却不知是为什么。我像蝉壳、蛇蜕一样，似是而非。有火光和阳光时，我便显现出来，在阴暗处和夜晚，我便消散。阳光和火光是我依赖的吗？何况那些无所依赖的东西呢！它来我便随之而来，它去我便随之而去，它活动我便随着活动。活动就是活动，又有什么可问的呢！"

【原文】

阳子居南之沛，老聃西游于秦，邀于郊，至于梁而遇老子。老子中道仰天而叹曰："始以汝为可教，今不可也。"

阳子居不答。至舍，进盥漱巾栉，脱屦户外，膝行而前曰："向者弟子欲请夫子，夫子行不闲，是以不敢。今闲矣，请问其过。"

老子曰："而睢睢盱盱，而谁与居？大白若辱，盛德若不足。"阳子居蹴然变容曰："敬闻命矣！"

其往也，舍者迎将，其家公执席，妻执巾栉，舍者避席，炀者避灶。其反也，舍者与之争席矣。

【译文】

阳子居向南到沛地,老子西游到秦地,两人约在郊外见面,到梁地遇见了老子。老子在半路上仰天长叹道:"开始以为你可以教,现在知道你不行了。"

阳子居不回答。到了客舍中,侍奉老子用了梳洗用具,脱下鞋子摆在门外,用双膝跪着来到老子面前说:"刚才弟子想请教先生,先生忙着赶路,所以没有打搅。现在先生有了空闲,请问我的过错。"

老子说:"你看上去傲慢无礼,谁愿意与你相处呢?最洁白的好像含着污点,品德高尚的人则非常谦恭。"阳子居愧然变色道:"一定敬听您的教诲。"

阳子居来的时候,客舍的人恭敬相迎,男主人亲自安排坐席,女主人替他拿毛巾梳子,原先就坐的人让出了席位,烧饭的人都不敢做饭。等到他返回的时候,旅舍的人都敢于和他争席位了。

【成语与典故】

[似是而非] 出自本篇"予,蜩甲也,蛇蜕也,似之而非也。"后代演变为"似是而非"的成语,常用来形容某种事物或东西看起来似乎是对的,其实却是错的。

让 王

杨天广 译

【提要】

本篇由十五个寓言故事组成,主要阐述了庄子"重生轻利"的思想。他认为生命是最为可贵的,功名利禄不过是身外之物。而世人常以最可贵的生命去换取功名,即"见利轻亡其身",这是不可取的。认为君子修道首先是为了独善其身,即"道之真以治身",其次才是用来治国平天下。

【原文】

尧以天下让许由,许由不受。又让于子州支父,子州支父曰:"以我为天子,犹之可也。虽然,我适有幽忧之病,方且治之,未暇治天下也。"夫天下至重也,而不以害其生,又况他物乎!唯无以天下为者,可以托天下也。

舜让天下于子州支伯。子州支伯曰:"予适有幽忧之病,方且治之,未暇治天下也。"故天下大器也,而不以易生,此有道者之所以异乎俗者也。

舜以天下让善卷,善卷曰:"余立于宇宙之中,冬日衣皮毛,夏日衣葛絺;春耕种,形足以劳动;秋收敛,身足以休食;日出而作,日入而息,逍遥于天地之间而心意自得。吾何以天下为哉!悲夫,子之不知余也!"遂不受。于是去而入深山,莫知其处。

舜以天下让其友石户之农,石户之农曰:"卷卷乎后之为人,葆力之士也!"以舜之德为未至也,于是夫负妻戴,携子以入于海,终身不反也。

【译文】

尧要将天下让给许由，许由不接受。又让给子州支父，子州支父说："让我做天子，是可以的，但是，我正患有很重的病，才准备要治，顾不上治理天下呀。"这治理天下是最尊贵的事，却不愿因此而损害自己的生命，又何况其他事情呢？只有那种不看重权势的人，才可以将治理天下的大权委托于他。

舜要让天下给子州支伯。子州支伯说："我正有很重的病，才要治它，顾不上治理天下呀。"当帝王是多么显贵的事，却不愿因此而牺牲自己的生命，这便是有道德的人不同于流俗之辈的地方。

舜把天下让给善卷，善卷说："我立足于宇宙之中，冬天穿皮毛，夏天穿麻布；春耕秋收，使身体能充分地得到劳动锻炼和休养；日出便工作，日落便休息，在天地之间生活得逍遥自在，心满意足。我为什么要取得天下的权利呢！可悲呀，你不知我的心意呀！"于是没有接受。后来离去进了深山，不知去向。

舜将天下让给自己的朋友石户的一个农夫，石户的这位农夫说："你做国君是多么的辛劳刻苦，这是个苦差使呀！"觉得舜的德行还不够，于是夫妇二人背着行李，领着孩子隐居海岛，再也没有回来。

【原文】

大王亶父居邠，狄人攻之。事之以皮帛而不受，事之以犬马而不受，事之以珠玉而不受，狄人之所求者土地也。大王亶父曰："与人之兄居而杀其弟，与人之父居而杀其子，吾不忍也。子皆勉居矣！为吾臣与为狄人臣奚以异！且吾闻之，不以所用养害所养。"因杖策而去之。民相连而从之，遂成国于岐山之下。夫大王亶父，可谓能尊生矣。能尊生者，虽贵富不以养伤身，虽贫贱不以利累形。今世之人居高官尊爵者，皆重失之，见利轻亡其身，岂不惑哉！

【译文】

大王亶父居住在邠地，狄人进攻他。送去毛皮、丝绢他们不要,送去狗马也不要,送去珍珠玉石还不要,狄人要的是土地呀。大王亶父说:"和别人的兄长住在一起而要杀他的弟弟,和别人的父亲住在一起,而要杀他的孩子,我不忍心这样做。你们都好好地居住下去!做我的臣民与做狄人的臣民又有什么不同呢?况且我听说,不应因养人的土地而害了依据土地生存的人民。"就拄着拐杖离开了。百姓结队追随他,于是在岐山下建成国家。大王亶父这个人,可算是能珍惜生命的。能珍惜生命的人,虽然富贵却不因土地伤害生命;虽然贫贱却不因利益损害身体。当今世上有高官爵位的人,都把这些看得很重,惟恐失去,见到利禄而轻视生命,这不是太糊涂了吗?

【原文】

越人三世弑其君,王子搜患之,逃乎丹穴。而越国无君,求王子搜不得,从之丹穴。王子搜不肯出,越人熏之以艾。乘以王舆。王子搜援绥登车,仰天而呼曰:"君乎!君乎!独不可以舍我乎!"王子搜非恶为君也,恶为君之患也。若王子搜者,可谓不以国伤生矣,此固越人之所欲得为君也。

【译文】

越人杀了三代的国君,王子搜害怕,潜逃在一个山洞。越国没有了国君,找不到王子搜,后来在山洞里找到了。王子搜不肯出来,越人点燃艾草用烟熏他,使他出来。要他坐国君乘的车子。王子搜拉着车上的绳子上了车,仰天大叫说:"君王呀,君王呀,就是不肯放过我呀!"王子搜不是怕当国君,而是怕当国君带来的后患。像王子搜这样的人,可称得上不为权力伤害生命了,这正是越国人愿意让他当国君的原因。

【原文】

韩魏相与争侵地。子华子见昭僖侯,昭僖侯有忧色。子华子曰:"今使天下书铭于君之前,书之言曰:'左手攫之则右手废,右手攫之则左手废,然而攫之者必有天下。'君能攫之乎?"昭僖侯曰:"寡人不攫也。"子华子曰:"甚善!自是观之,两臂重于天下也,身亦重于两臂。韩之轻于天下亦远矣,今之所争者,其轻于韩又远。君固愁身伤生以忧戚不得也!"僖侯曰:"善哉!教寡人者众矣,未尝得闻此言也。"子华子可谓知轻重矣。

【译文】

韩魏两国争夺土地。魏国的子华子前来见韩国的昭僖侯,昭僖侯看起来很忧虑。子华子说:"现在让天下的人写下誓约放在你面前,誓约说:'左手去拿则要斩去右手,右手去拿则要斩去左手,然而拿到的人一定能得到天下大权。'你会去拿吗?"昭僖侯说:"我不去拿。"子华子说:"太好了!由此可见,两条手臂是重于天下的,身体又比两臂更重要。韩国与天下相比轻得多,而现在所争的边境之地,与整个韩国相比则轻得更多了。而您却为此忧愁,劳神伤身,惟恐得不到这点地方!"僖侯说:"好呀!帮我出谋划策的人很多,但从未听到过像这样的话。"子华子可以说是知道轻重的人呀。

【原文】

鲁君闻颜阖得道之人也,使人以币先焉。

颜阖守陋闾,苴布之衣而自饭牛。鲁君之使者至,颜阖自对之。使者曰:"此颜阖之家与?"颜阖对曰:"此阖之家也。"使者致币,颜阖对曰:"恐听谬而遗使者罪,不若审之。"使者还,反审之,复来求之,则不得已。故若颜阖者,真恶富贵也。

故曰,道之真以治身,其绪余以为国家,其土苴以治天下。由此观之,帝王之功,圣人之余事也,非所以完身养生也。今世俗之君子,多危身弃生以殉物,岂不悲哉!

凡圣人之动作也,必察其所以之与其所以为。今且有人于此,以随侯之珠弹千仞之雀,世必笑之。是何也?则其所用者重而所要者轻也。夫生者,岂特随侯珠之重哉!

【译文】

鲁国国君听说颜阖品德高尚,想召他做官,于是先派人送去钱和礼品,以表达心意。

颜阖住在简陋的巷子里,穿着粗布衣服自己在喂牛。鲁国国君派的使者来了。颜阖亲自接待。使者说:"这是颜阖的家吗?"颜阖回答道:"这就是我的家。"使者给他钱和礼品,颜阖说:"恐怕听到误传而让你受责备,不如回去再核实一下。"使者回去,查问清楚了,再来找他,却找不到。所以像颜阖这样的人,真正是厌恶富贵呀。

所以说,道的真谛是为了完善自身,而其余部分是为了国家,最后剩下的那一点是为了治理天下。由此可见,帝王的功业,只不过是圣人的余事,并不是为了修身养性。当今世上庸俗之人,大多数危害身体,抛弃性命以寻求身外之物,真可悲呀!

大凡圣人做事,必先弄清楚所以做的目的和所以这样做的原因。现在,如果有这样一个人,用贵重的随侯宝珠去弹射高空中的麻雀,世人一定会笑他。什么原因呢?是因为他用珍贵的东西换取的却是很廉价的东西。人的生命,难道不比随侯珠宝更宝贵吗!

【原文】

子列子穷,容貌有饥色。客有言之于郑子阳者曰:"列御寇,盖有道之士也,居君之国而穷,君无乃为不好士乎?"郑子阳即令官遗之粟。子列子见使者,再拜而辞。

使者去,子列子入,其妻望之而拊心曰:"妾闻为有道者之妻子,皆得佚乐,今有饥色。君过而遗先生食,先生不受,岂不命邪!"

子列子笑谓之曰:"君非自知我也。以人之言而遗我粟,至其罪我也又且以人之言,此吾所以不受也。"其卒,民果作难而杀子阳。

【译文】

列子很穷,面带饥色。有来客对郑国的相郑子阳说:"列御寇是位品德高尚的人呀,住在你的国家而受穷困,先生是不是不喜欢贤能之士吧?"郑子阳于是吩咐手下人送去小米。列子见到使者,一再拜谢而推辞不受。使者走后,列子回到家里,他的妻子看到这样事而埋怨道:"我听说做品德高尚的人的妻子,都能得到安乐,现在面色饥饿。国君来给你留下粮食,而你不接受,这不是命中注定要受穷吗!"列子笑着对她说:"国君并不是自己知道我的。是因为别人的话而送给我粮食的。将来他也可能因听了别人的话而怪罪我,这就是我不接受的原因。"他死后,老百姓果然起来杀了子阳。

【原文】

楚昭王失国,屠羊说走而从于昭王。昭王反国,将赏从者,及屠羊说。屠羊说曰:"大王失国,说失屠羊;大王反国,说亦反屠羊。臣之爵禄已复矣,又何赏之有!"

王曰:"强之!"屠羊说曰:"大王失国,非臣之罪,故不敢伏其诛;大王反国,非臣之功,故不敢当其赏。"王曰:"见之!"

屠羊说曰:"楚国之法,必有重赏大功而后得见,今臣之知不足以存国而勇不足以死寇。吴军入郢,说畏难而避寇,非故随大王也。今大王欲废法毁约而见说,此非臣之所以闻于天下也。"

王谓司马子綦曰:"屠羊说居处卑贱而陈义甚高,子綦为我延之以三旌之位。"

屠羊说曰:"夫三旌之位,吾知其贵于屠羊之肆也;万钟之禄,吾知其富于屠羊之利也;然岂可以贪爵禄而使吾君有妄施之名乎!说不敢当,愿复反吾屠羊之肆。"遂不受也。

【译文】

楚昭王丢掉了国家,屠羊说随从昭王逃亡。昭王后来复了国,奖赏随从他的人,赏到屠羊说。屠羊说说:"大王失去国家,我也失去了屠羊的职位；大王恢复国家，我也恢复了屠羊的职务。我的官职和俸禄都恢复了，又有什么可奖赏的！"

昭王说："一定要受赏！"屠羊说说："大王失去国家，不是我的过失，所以不敢伏罪而被杀；大王恢复国家，也不是我的功劳，所以不应接受奖赏。"昭王说："让他来见我！"

屠羊说说："楚国的法令规定，必须有了显赫功绩才能得到王的召见，而我的智慧不能保存国家，我的勇气不能打死敌人。吴国军队侵入郢都，我害怕而逃避，并不是为了追随大王。现在大王要废除章法条文而召见我，我不愿因此而闻名天下。"

昭王对司马子綦说："屠羊说地位卑贱而有极高的见解，你为我将他提拔至三卿的地位。"

屠羊说说："这三卿的地位，我知道它比屠羊的职业要显贵；万钟的俸禄，我知道它比宰羊所得的利益要富足得多；但难道就能因贪图金钱地位而使我们的国君背上滥赏的名声吗？我不敢担当，愿意重返我屠宰羊的职业。"最终也没有接受。

【原文】

原宪居鲁，环堵之室，茨以生草；蓬户不完，桑以为枢；而瓮牖二室，褐以为塞；上漏下湿，匡坐而弦。

子贡乘大马，中绀而表素，轩车不容巷，往见原宪。原宪华冠继履，杖藜而应门。

子贡曰："嘻！先生何病？"

原宪应之曰："宪闻之，无财谓之贫，学而不能行谓之病。今宪，贫也，非病也。"

子贡逡巡而有愧色。原宪笑曰："夫希世而行，比周而友，学以为人，教以为己，仁义之慝，舆马之饰，宪不忍为也。"

【译文】

孔子弟子原宪住在鲁国，居室仅有方丈，房上盖着草，用蓬草编成的门还关不严，用桑树枝条弯成门枢；用破瓮做窗户。夫妇二人各住一间，用粗布烂衣堵塞漏洞，上面漏雨，下边潮湿，端正地坐着弹琴吟唱。

子贡骑着高头大马，里面穿着红色衣服，外罩白色大衣，高大的马车使街巷内无法容纳，来看望原宪，原宪戴着破帽子，穿着破鞋，拄着藜杖来开门。

子贡说："哟，先生得的什么病？"原宪回答说："我听说，没有钱财叫做贫，钻研道义而不付诸于行动叫做病。今日的我，是贫而不是病。"

子贡进退不安面有愧色。原宪笑着说："观望社会风向而行事，以结帮派来交朋友，所学为求在人前炫耀，所教为的显示自己，用仁义道德来掩盖丑恶行径，装饰车马以夸耀自己的身份，这是我所不愿意做的。"

【原文】

曾子居卫，缊袍无表，颜色肿哙，手足胼胝。三日不举火，十年不制衣，正冠而缨绝，捉襟而肘见，纳屦而踵决。曳缍而歌商颂，声满天地，若出金石。天子不得臣，诸侯不得友。故养志者忘形，养形者忘利，致道者忘心矣。

【译文】

曾子住在卫国，衣着破烂，脸面浮肿，手脚上都长满老茧。可以三天不生火做饭，十年不添制衣服，要戴正帽子可帽带却断了，提起衣襟胳膊肘就露了出来。穿着鞋可鞋跟却已裂开，仍拖拉着鞋子唱商颂的歌。歌声响彻天地，发出如同金石一般的声音。天子不能使他为臣，诸侯不能和他交朋友。所以说养志的人忘了自己的形体，养形的人忘了利禄，潜心修道的人则忘了心机。

【原文】

孔子谓颜回曰："回，来！家贫居卑，胡不仕乎？"

颜回对曰："不愿仕。回有郭外之田五十亩，足以给饘粥；

郭内之田十亩，足以为丝麻；鼓琴足以自娱，所学夫子之道者足以自乐也。回不愿仕。"

孔子愀然变容曰："善哉回之意！丘闻之，'知足者不以利自累也，审自得者失之而不惧，行修于内者无位而不怍。'丘诵之久矣，今於回而后见之，是丘之得也。"

【译文】

孔子对颜回说："回，来呀！你家中贫困，地位卑下，为什么不做官呢？"

颜回答道："我不想做官。我在城外有五十亩田地，足够我顿顿喝上稀粥，城里有田地十亩，足够我做衣裳的丝麻；弹琴可以自娱，从先生那里得到的学问足以使我自得其乐。所以我不愿当官。"

孔子面容改色说："你的见解好呀！我听说：'知道满足的人不会为利禄而劳累自己，对于自己的得失看得很清楚的人遇到损失也不忧惧，注重内心修养的人没有爵位也不羞愧。'我诵念这句话已有很长时间，现在在你身上才见到了，这是我的收获呀。"

【原文】

中山公子牟谓瞻子曰："身在江海之上，心居乎魏阙之下，奈何？"

瞻子曰："重生。重生则轻利。"

中山公子牟曰："虽知之，未能自胜也。"

瞻子曰："不能自胜则从，神无恶乎？不能自胜而强不从者，此之谓重伤。重伤之人，无寿类矣。"

魏牟，万乘之公子也，其隐岩穴也，难为于布衣之士；虽未至乎道，可谓有其意矣！

【译文】

魏国的中山公子牟对瞻子说："我的身体虽遨游于江海之上，但心思却在魏国官门之下，怎么办呢？"

瞻子说:"应该看重生命,看重生命则会轻视利禄。"

中山公子牟说:"我知道这个道理,但不能战胜自己的欲望。"

瞻子说:"不能战胜自己就顺从自己,精神不会厌恶吗?如果不能战胜自己,又强迫自己不顺从,这对生命是很重的伤害,这样的人,是不能长寿的。"

中山公子牟,是泱泱大国的公子,他在深山洞穴隐居,比一般人要困难得多;虽然没能进入道的境界,可以说有这种意思了。

【原文】

孔子穷于陈蔡之间,七日不火食,藜羹不糁,颜色甚惫,而弦歌于室。颜回择菜,子路子贡相与言曰:"夫子再逐于鲁,削迹于卫,伐树于宋,穷于商周,围于陈蔡,杀夫子者无罪,藉夫子者无禁。弦歌鼓琴,未尝绝音,君子之无耻也若此乎?"

颜回无以应,入告孔子。孔子推琴喟然而叹曰:"由与赐,细人也。召而来,吾语之。"

子路子贡入。子路曰:"如此者可谓穷矣!"

孔子曰:"是何言也!君子通于道之谓通,穷于道之谓穷。今丘抱仁义之道以遭乱世之患,其何穷之为!故内省而不穷于道,临难而不失其德,天寒既至,霜雪既降,吾是以知松柏之茂也。陈蔡之隘,于丘其幸乎!"

孔子削然反琴而弦歌,子路扢然执干而舞。子贡曰:"吾不知天之高也,地之下也。"

古之得道者,穷亦乐,通亦乐。所乐非穷通也,道德于此,则穷通为寒暑风雨之序矣。故许由娱于颍阳而共伯得乎丘首。

【译文】

孔子被困在陈蔡之间,七天没有生火做饭。吃没有米粒的野菜汤,面容很疲惫,但仍在房中弹琴唱歌。颜回在屋外摘菜,子路和子贡谈论说:"先生两次被鲁国赶出来,在卫国被禁止留居,在宋国差点被杀死还蒙受了耻辱,在商周不得志,在陈蔡被围困,要杀先生的人无罪,凌辱先生的人不受制约。而先生吟歌弹琴从未停过,难道君子无耻辱之心到了这种地步?"

颜回没有说什么,进去告诉了孔子,孔子推开琴唉声感叹道:"这两个是小人,叫他们进来我给他们说。"

子路和子贡进来。子路说:"现在这样可以说是穷途末路了。"

孔子说:"这是什么话!君子通晓了世上的学问就叫通,不通晓世上学问才叫穷。现在我胸怀仁义大道,而遭逢乱世的患难,有什么可以叫穷的?所以我内心反省没什么愧疚的,面临危险而不丧失品德,大寒来临,天降霜雪,我才知道了松柏的长青茂盛。在陈蔡的被困,对我来说也可以说是幸运的事。"

孔子安然地重又开始弹琴吟唱,子路兴奋地拿起武器跳舞。子贡说:"我不知天高地厚呀。"

古时候得道的人,穷困快乐,通达也快乐。他们高兴的并不是因穷困或通达,只要明了了道德,穷困和通达就如同四季风雨的变化一样自然。所以许由在颍阳很快乐,而共伯则自得于丘首山上。

【原文】

舜以天下让其友北人无择,北人无择曰:"异哉后之为人也,居于畎亩之中而游尧之门!不若是而已,又欲以其辱行漫我。吾羞见之。"因自投清泠之渊。

【译文】

舜将天下让给他的朋友北人无择,北人无择说:"舜的为人可真奇怪呀,他住在田圃之中却游访在尧的门下,结果尧把王位禅让给他了。不仅如此,他现在又想用他耻辱的行为来玷污我,我耻于见到他。"于是自投在清泠的深潭中。

【原文】

汤将伐桀,因卞随而谋,卞随曰:"非吾事也。"汤曰:"孰可?"曰:"吾不知也。"

汤又因务光而谋，务光曰："非吾事也。"

汤曰："孰可？"曰："吾不知也。"汤曰："伊尹何如？"曰："强力忍垢，吾不知其他也。"

汤遂与伊尹谋伐桀，克之，以让卞随。卞随辞曰："后之伐桀也谋乎我，必以我为贼也；胜桀而让我，必以我为贪也。吾生乎乱世，而无道之人再来漫我以其辱行，吾不忍数闻也。"乃自投椆水而死。

汤又让务光曰："知者谋之，武者遂之，仁者居之，古之道也。吾子胡不立乎？"务光辞曰："废上，非义也；杀民，非仁也；人犯其难，我享其利，非廉也。吾闻之曰，非其义者，不受其禄，无道之世，不践其土。况尊我乎！吾不忍久见也。"乃负石而自沈于庐水。

【译文】

商汤要讨伐夏桀，找卞随谋划，卞随说："这不是我的事情。"汤说："谁可以？"卞随说："我不知道。"

汤又去找务光谋划，务光说："这不是我的事情。"汤问："谁可以？"务光说："我不知道。"商汤问："伊尹行吗？"务光说："他意志坚强又能忍受耻辱，其他我就不知道了。"

商汤就与伊尹策谋攻伐夏桀，得到胜利。商汤让位给卞随，卞随推辞说："你攻伐夏桀的时候让我谋划，一定以为我是残忍的人；战胜了夏桀来让位于我，一定以为我是贪婪的人。我生在动乱之世，而那些无道的人又要用耻辱的行为来玷污我，我不能总受这种搅扰。"于是投椆水而死。

商汤又让位给务光说："有智慧的人来谋划，武勇的人去实行，仁慈的人来就位，这是古来的道理，你为什么不即位？"务光推辞道："废除国君，是不道义的；杀害百姓，是不仁慈的；别人经受了艰难，而我享受好处，是不清廉的。我听说，不讲仁义的人，不能接受他的俸禄；没有道义的国家，不能踩它的土地。更何况要尊我为国君呢！我不忍心就这样看下去。"于是背负石头自尽在庐水之中。

【原文】

　　昔周之兴，有士二人处于孤竹，曰伯夷叔齐。二人相谓曰："吾闻西方有人，似有道者，试往观焉。"至于岐阳，武王闻之，使叔旦往见之，与盟曰："加富二等，就官一列。"血牲而埋之。

　　二人相视而笑曰："嘻，异哉！此非吾所谓道也。昔者神农之有天下也，时祀尽敬而不祈喜；其於人也，忠信尽治而无求焉。乐与政为政，乐与治为治，不以人之坏自成也，不以人之卑自高也，不以遭时自利也。今周见殷之乱而遽为政，上谋而下行货，阻兵而保威，割牲而盟以为信，扬行以说众，杀伐以要利，是推乱以易暴也。吾闻古之士，遭治世不避其任，遇乱世不为苟存。今天下阇，周德衰，其并乎周以涂吾身也，不如避之以洁吾行。"二子北至于首阳之山，遂饿而死焉。若伯夷叔齐者，其于富贵也，苟可得已，则必不赖。高节戾行，独乐其志，不事于世，此二士之节也。

【译文】

　　从前周朝兴起的时候，有二位贤能之士住在孤竹，叫伯夷、叔齐。二人交谈说："听说西方有人好像很有道行，咱们试着去看看。"到了岐阳，周武王听了，派叔旦去接见他们，与他们订了盟约说："给你们俸禄加二级，官阶到一位。"并用牲畜鲜血涂在盟书上埋在地下。

　　二人相视而笑说："哈，奇怪呀！这不是我们所说的道呀。从前神农治理天下的时候，每次都虔诚地祭祀而不祈求降福，对于百姓，忠诚讲信用，尽力治国而别无他求。乐于管事的就让他管事，乐于治理国家的就让他治理国家，不趁机为自己谋私利。现在周朝是见到殷国混乱便急于夺取政权，崇尚谋略而追求货利，依仗武力炫耀威势，宰杀牲畜立下盟约作为信誓，宣扬自己的成功来争取群众，屠杀攻伐来获取利益，这是制造祸乱来代替暴虐。我听说古代的贤明之士，遇到太平之世不逃避责任，遇到乱世不苟且偷生。现在天下黑暗，周的道德丧败，与其和周同流合污，不如远离它以保持我们行为的洁净。"二位贤士向北到了首阳山，就饿死在那里。像伯夷、叔齐这样的人，对于富贵，即使能够得到但也不获取。高风亮节，行为脱俗，只求保全自己的志向，不愿追逐世俗的功利。这便是二位贤士的节操呀。

【成语与典故】

[随珠弹雀][以珠弹雀]　这二句成语皆出自本篇"以随侯之珠弹千仞之雀，世必笑之。"随国近濮水，濮水出宝珠。用随国出产的宝珠去弹射飞雀，是不值得的。后用这两个成语比喻做事不知衡量轻重因小失大，因而得不偿失。

[踵决肘见][屦穿踵决][捉襟见肘]　此三条成语皆出自本篇"曾子居卫……十年不制衣，正冠而缨绝，捉襟而肘见，纳屦而踵决。"形容人衣服破烂，生活贫困。其中"捉襟肘见"，后也比喻人陷于困境，顾此失彼，穷于应付。

[原宪贫]　此典出自本篇"原宪居鲁，环堵之室……"原宪家贫，但不愿迎合世俗当官干坏事，后遂用"原宪贫"、"贫原宪"、"贫非病"等，形容那些生活困苦，但安贫乐道的人。

[身在江湖，心存魏阙]　这句成语源于本篇"身在江海之上，心居乎魏阙之下。"魏阙，指魏国宫门外高大的建筑，后为朝廷代称。过去用这句成语形容解除官职的人，仍惦记着朝廷的事。现在也用来指人身处一地却想着其他事情。

盗 跖

南郭子 译

【提要】

"盗跖",是一位名叫跖的大盗,此篇主要部分为借盗跖而批评孔子的对话,因而以盗跖之名作为篇名。

全文可分作三部分:其一是孔子拜访盗跖的对话。文中对盗跖猛戾强悍、孔子谦恭温和的态度和语气描写的十分生动,给人以如见其人如闻其声之感。其二是子张和满苟得的对话。批评儒家礼教规范,对社会现实提出了尖锐的批判。其三是无足和知和的对话。无足是富贵权势的崇拜者,知和则是恬怡适合,指出人生除吃喝玩乐之外,应当追求更崇高的理想。

【原文】

孔子与柳下季为友,柳下季之弟,名曰盗跖。盗跖从卒九千人,横行天下,侵暴诸侯,穴室枢户,驱人牛马,取人妇女,贪得忘亲,不顾父母兄弟,不祭先祖。所过之邑,大国守城,小国入保,万民苦之。

【译文】

孔子和柳下季是朋友,柳下季的弟弟,名叫盗跖。盗跖率领九千之众的士兵,横行天下,暴戾恣睢地侵犯诸侯,凿人房屋破坏户枢,驱赶人家的牛马,掳劫人家的妇女,贪取财物而忘记亲朋,不照顾父母兄弟,不祭祀祖宗。只要是他所经过的地方,大国的人严守城池,小国的人躲避到城堡内,万民都身受其苦。

【原文】

孔子谓柳下季曰:"夫为人父者,必能诏其子;为人兄者,必能教其弟。若父不能诏其子，兄不能教其弟，则无贵父子兄弟之亲矣。今先生，世之才士也，弟为盗跖，为天下害，而弗能教也，丘窃为先生羞之。丘请为先生往说之。"

【译文】

孔子对柳下季说："做父亲的，必定能告诫他的儿子；做兄长的，必定能教导他的弟弟。如果父亲不能告诫他的儿子，兄长不能教导他的弟弟，那么，像父子兄弟这样的亲缘关系也就没什么可尊贵的了。如今，先生是当代的才智之士，弟弟却是盗跖，成为天下的祸害，而你不能教导他，孔丘我私下为先生感到羞耻。我请你允许我替先生去说服他。"

【原文】

柳下季曰："先生言为人父者必能诏其子，为人兄者必能教其弟，若子不听父之诏，弟不受兄之教，虽今先生之辩，将奈之何哉！且跖之为人也，心如涌泉，意如飘风，强足以距敌，辩足以饰非，顺其心则喜，逆其心则怒，易辱人以言。先生必无往。"

【译文】

柳下季说："先生说做父亲的必定能告诫他的儿子，做兄长的必定能教导他的弟弟，如果儿子不听从父亲的告诫，弟弟不接受兄长的教导，就是像先生这样能言善辩，又能把他怎么样呢！再说，跖的为人，思想如喷涌的泉水源源不绝，感情如飘风一般突起，他的勇武强悍足以抵抗敌人，他的诡辩之才足以掩饰过错，顺从他的心意就高兴，违背他的心意就发怒，轻易用言语侮辱别人。先生千万不要去。"

【原文】

孔子不听，颜回为驭，子贡为右，往见盗跖。盗跖乃方休卒徒太山之阳，脍人肝而铺之。孔子下车而前，见谒者曰："鲁人孔丘，闻将军高义，敬再拜谒者。"

【译文】

孔子不听从柳下季的劝告，吩咐颜回驾车，叫子贡坐在车的右边，去会见盗跖。这时，盗跖刚带着部下在太山南面休整，将人肝切细而食。孔子下车向前走，见了盗跖的传令官说："我是鲁国的孔丘，听说将军有崇高的正义感，恭敬地请传达官转达谒见的请求。"

【原文】

谒者入通，盗跖闻之大怒，目如明星，发上指冠，曰："此夫鲁国之巧伪人孔丘非邪？为我告之：'尔作言造语，妄称文武，冠枝木之冠，带死牛之胁，多辞缪说，不耕而食，不织而衣，摇唇鼓舌，擅生是非，以迷天下之主，使天下学士不反其本，妄作孝弟而侥幸于封侯富贵者也。子之罪大极重，疾走归！不然，我将以子肝益昼铺之膳！'"

【译文】

传达官进去通报，盗跖听见勃然大怒，眼睛瞪得像星星一样明亮，怒发冲冠，说："这个人不就是鲁国的巧伪人孔丘吗？替我告诉他：'你花言巧语制造舆论，无根据地称道文王和武王，头上戴着像树枝一样华丽的帽子，腰里围着死牛肋一样的皮带，大放厥词，不从事耕种却吃得很好，不织造衣服却穿得很好，大发议论，无端制造是非，以迷惑天下的君子，使天下的学士回不到正业上来，虚伪地装出一付孝敬父母、友爱兄弟的样子，想偶然以此求得封侯而博取富贵。你简直是罪大恶极，快快回去！不然，我就要将你的肝作为增添我午饭时的菜肴！'"

【原文】

孔子复通曰："丘得幸于季，愿望履幕下。"谒者复通，盗跖曰："使来前！"孔子趋而进，避席反走，再拜盗跖。盗跖大怒，两展其足，案剑瞋目，声如乳虎，曰："丘来前！若所言，顺吾意则生，逆吾心则死。"

【译文】

孔子再次通过传达官请求接见，说："我孔丘曾荣幸地和令兄柳下季结交为朋友，希望能够在帐前看到足下。"传达官再去通报，盗跖说："叫他到前面来！"孔子快步走进去，恭敬地离开席位不敢就坐，并从席位一边退了下来，一再向盗跖施礼。盗跖异常愤怒，伸开两只脚，手按宝剑，眼珠几乎瞪了出来，声音如凶猛的乳虎，说："孔丘，到前面来！你所说的话，顺从我的心意就叫你活着，违反我的心意就要你死。"

【原文】

孔子曰："丘闻之，凡天下有三德：生而长大，美好无双，少长贵贱见而皆说之，此上德也；知维天地，能辩诸物，此中德也；勇悍果敢，聚众率兵，此下德也。凡人有此一德者，足以南面称孤矣。今将军兼此三者，身长八尺二寸，面目有光，唇如激丹，齿如齐贝，音中黄钟，而名曰盗跖，丘窃为将军耻不取焉。将军有意听臣，臣请南使吴越，北使齐鲁，东使宋卫，西使晋楚，使为将军造大城数百里，立数十万户之邑，尊将军为诸侯，与天下更始，罢兵休卒，收养昆弟，共祭先祖。此圣人才士之行，而天下之愿也。"

【译文】

孔子说："我听说，大凡天下的人有三种美德：生得身躯魁梧，容貌美好无双，无论年长的，年轻的，地位高贵的，地位低贱的，见到他都感到高兴，这是第一种美德；智慧能够经天纬地，才智足以辨别万事万物，这是第二种美德；敢勇、强悍、果断，能聚集和率领很多士兵，这是第三种美德。人凡是具备其中一种美德的，就足以面南称王了。现在，将军兼有这三种美德，身高八尺二寸，目光炯炯，神采奕奕，嘴唇犹如鲜明的丹砂，牙齿犹如齐整的珠贝，声音的洪亮犹如黄钟，而名字却叫做盗跖，我孔丘私下为将军感到羞耻不取。如果将军能够听从我的意见，我将替将军向南出使到吴国和越国，向北出使到齐国和鲁国，向东出使到宋国和卫国，向西出使到晋国和楚国，使他们替将军建造一座几百里的大城，建立几十万户的都邑，尊奉将军为诸侯国君，与天下人一起除旧布新，停战休兵，收养兄弟，共同祭祀祖先。这才是圣贤才智之士所应该做的，也是天下人民的愿望。"

【原文】

盗跖大怒曰："丘来前！夫可规以利而可谏以言者，皆愚陋恒民之谓耳。今长大美好，人见而悦之者，此吾父母之遗德也。丘虽不吾誉，吾独不自知邪？

"且吾闻之，好面誉人者，亦好背而毁之。今丘告我以大城众民，是欲规我以利而恒民畜我也，安可久长也！城之大者，莫大乎天下矣。尧舜有天下，子孙无置锥之地；汤武立为天子，而后世绝灭；非以其利大故邪？

"且吾闻之，古者禽兽多而人少，于是民皆巢居以避之，昼拾橡栗，暮栖木上，故命之曰有巢氏之民。古者民不知衣服，夏多积薪，冬则炀之，故命之曰知生之民。神农之世，卧则居居，起则于于，民知其母，不知其父，与麋鹿共处，耕而食，织而衣，无有相害之心，此至德之隆也。然而黄帝不能致德，与蚩尤战于涿鹿之野，流血百里。尧舜作，立群臣，汤放其主，武王杀纣。自是之后，以强凌弱，以众暴寡。汤武以来，皆乱人之徒也。

"今子修文武之道，掌天下之辩，以教后世，缝衣浅带，矫言伪行，以迷惑天下之主，而欲求富贵焉，盗莫大于子。天下何故不谓子为盗丘，而乃谓我为盗跖？

"子以甘辞说子路而使从之，使子路去其危冠，解其长剑，而受教于子，天下皆曰孔丘能止暴禁非。其卒之也，子路欲杀卫君而事不成，身菹于卫东门之上，是子教之不至也。

"子自谓才士圣人邪？则再逐于鲁，削迹于卫，穷于齐，围于陈蔡，不容身于天下。子教子路菹此患，上无以为身，下无以为人，子之道岂足贵邪？

"世之所高，莫若黄帝，黄帝尚不能全德，而战涿鹿之野，流血百里。尧不慈，舜不孝，禹偏枯，汤放其主，武王伐纣，文王拘羑里。此六子者，世之所高也，孰论之，皆以利惑其真而强反其情性，其行乃甚可羞也。

"世之所谓贤士，伯夷叔齐。伯夷叔齐辞孤竹之君而饿死于首阳之山，骨肉不葬。鲍焦饰行非世，抱木而死。申徒狄谏而不听，负石自投于河，为鱼鳖所食。介子推至忠也，自割其股以食文公，文公后背之，子推怒而去，抱木而燔死。尾生与女子期于梁下，女子不来，水至不去，抱梁柱而死。此六子者，无异于磔犬流豕操瓢而乞者，皆离名轻死，不念本养寿命者也。

"世之谓忠臣者，莫若王子比干伍子胥。子胥沉江，比干剖心，此二子者，世谓忠臣也，然卒为天下笑。自上观之，至于子胥比干，皆不足贵也。

"丘之所以说我者，若告我以鬼事，则我不能知也；若告我以人事者，不过此矣，皆吾所闻知也。

"今吾告子以人之情，目欲视色，耳欲听声，口欲察味，志气欲盈。人上寿百岁，中寿八十，下寿六十，除病瘦死丧忧患，其中开口而笑者，一月之中不过四五日而已矣。天与地无穷，人死者有时，操有时之具而托于无穷之间，忽然无异骐骥之驰过隙也。不能说其志意，养其寿命者，皆非通道者也。

"丘之所言，皆吾之所弃也，亟去走归，无复言之！子之道，狂狂汲汲，诈巧虚伪事也，非可以全真也，奚足论哉！"

【译文】

盗跖异常愤怒，说："孔丘到前面来！大凡可以用利禄来谏劝的，都可以把他们叫做愚笨而浅陋的平民罢了。现在，我身体魁梧，面目美好，人人见到都喜欢，这是我父母遗留的德性。孔丘，即使你不夸奖我，我难道自己不知道吗？

"况且，我听说，喜欢当面夸奖人的，也喜欢背后毁谤人家。现在，孔丘你应诺给我大城和众民，这是想用利禄来引诱我，从而使我永远做一个顺民，这怎么能够长久呢！城池再大，也没有比天下领域更大的了。尧和舜生前统治天下，而他们的子孙却没有立锥之地；商汤和周武王被立为天子，而他们的后代却被灭绝；这不正是因为他们贪求大利的缘故吗？

"况且，我又听说，远古的时候禽兽多而人口少，于是人民都在树上筑巢以躲避禽兽，白天拾取橡栗为食物，夜晚便睡在树上，所以起个名字叫有巢氏之民。古时候人民不知道穿衣服，夏天积蓄很多柴禾，冬天用来燃烧取暖，所以取名称做知生之民。神农的时代，睡卧时就安安静静，起来时就悠闲自得，人们只知道有母亲，不知道有父亲，和麋鹿生活在一起，耕种土地收获食物，织布缝做衣服，人们之间没有相互损害之心，这是最理想的社会了。然而黄帝却不能达到这种理想，和蚩尤在涿鹿的原野作战，血流百里。尧和舜兴起之后，设立群臣百官，商汤流放了他的君主，周武王杀害殷纣。从此以后，以强力欺凌弱小的，以势众侵暴寡少的，商汤和周武王以来，都属于乱人一伙了。

"现在，你提倡文王和武王的治国之道，掌握天下的舆论，用来教育后世万代，穿着宽大的衣服，言行矫揉造作，来迷惑天下的诸侯国君，而求取富贵，盗贼之大莫过于你了。为什么天下的人不把你叫做盗丘，而把我称做盗跖？

"你用甜言蜜语说服子路，使他跟随着你，子路舍弃他那高帽子，解下长剑，来接受你的教育，天下的人都说孔丘你能够制止那强暴不法的行为。事情发展到最后，子路想要杀掉卫君而此事没有成功，自身却在卫国的东门之上被剁成肉酱，这正是你教育不到的地方。

"你自以为是才智圣明的人吗？可是一再从鲁国被驱赶出来，在卫国被禁止居留，在齐国遭到困窘，在陈国和蔡国之间遇到围困，天下没有容身之地。你所教育的子路身体被剁为肉酱，这样的祸害，对上无法保护自己的身体，对下无法做人，你所宣扬的道理哪里值得尊崇呢？

"世人所推崇的人物，没有超过黄帝的了，黄帝尚且不能保持德行完备，而与蚩尤战斗在涿鹿的原野，以致血流百里。尧不慈爱，舜不孝敬，禹治水劳苦患了半身不遂的病，商汤流放了他的君主，武王讨伐殷纣，文王被囚禁在羑里。这六个人，都是社会上所推崇的，仔细地讨论这件事，全是用利来迷惑人的本真而强迫他们违反自然的性情，这种做法实在不光彩令人感到羞耻了。

"世上所说的贤士，是伯夷和叔齐。伯夷和叔齐辞去了孤竹国的君位而饿死在首阳山上，尸体得不到埋葬。鲍焦行为矫饰，否定当时的社会，抱着树木死了。申徒狄诤谏而不被接纳，就背着石头自投于河中而死，尸体被鱼鳖吃掉了。介子推是最忠诚的人，自己割掉大腿上的肉给文公吃，文公后来背弃他，他就愤怒地离去，抱着树木被烧死了。尾生与女友相约在桥下会面，女友没有来践约，洪水来了他仍守信不走，抱着桥梁柱子被淹死了。这六个人，和被杀的狗、漂流的猪以及拿着瓢到处讨饭的乞儿没有什么不同，都是看重名节而轻生赴死，不顾念从根本上颐养寿命的人啊。

"世上所说的忠臣，没有超过王子比干和伍子胥的了。但是子胥沉尸江中，比干剖心而死。这两个人，都是世上所谓的忠臣，然而最终却不免遭到世人的讥笑。从以上看来，像子胥比干，都是不足推崇的。

"孔丘，你用来说服我的道理，如果告诉我关于荒诞的鬼事，那是我所不能知道的；如果告诉我关于人世的事，不过如此罢了，而全都是我听说过的。

"现在，我告诉你人的性情，眼睛想要看到颜色，耳朵想要听到声音，嘴里想要品尝滋味，志气想要充沛。人，最高的寿数是一百岁，中等的寿数是八十岁，下等的寿数是六十岁，人的一生中，除了疾病死亡忧患等情况以外，心情愉快开口而笑的时间，一月当中，不过四五天罢了。天和地的存在是无穷尽的，人的死生却是有一定时限的，将有限的生命寄托在无穷尽的天地之间，迅速得和骏马奔驰过缝隙一样，不能使自己的心情愉快，不能颐养自己的寿命，都不是通晓道理的人。

"孔丘，你听说的那些都是我要抛弃的，赶快回去！不要再说什么了！你这套道理，都是颠倒失真、虚伪巧诈的东西，不能保全人的自然本性，哪里值得一谈呢！"

【原文】

孔子再拜趋走，出门上车，执辔三失，目芒然无见，色若死灭，据轼低头，不能出气。归到鲁东门外，适遇柳下季。柳下季曰："今者阙然数日不见，车马有行色，得微往见跖邪？"

孔子仰天而叹曰："然。"柳下季曰："跖得无逆汝意若前乎？"孔子曰："然。丘所谓无病而自灸也，疾走料虎头，编虎须，几不免虎口哉！"

【译文】

孔子拜了又拜快步急走，走出门来急忙上车，缰绳不觉三次从手里掉下来，眼睛茫然什么也看不清，面色犹如死灰，按住车前的横木低着头，不能平静呼吸。回到鲁国的东门外，正好遇见了柳下季。柳下季说："最近我没有见到你，车马有外出旅行过的样子，是不是到跖那里去了？"

孔子仰天而叹息，说："是的。"柳下季说："跖是不是像我从前所说的那样违背你的意愿了？"孔子说："是的。我孔丘是没有病而自找麻烦地给自己针灸，快步跑到老虎的跟前捋着老虎的头，捋弄着虎的须，几乎被老虎吃掉啊！"

【原文】

子张问于满苟得曰："盍不为行？无行则不信，不信则不任，不任则不利。故观之名，计之利，而义真是也。若弃名利，反之于心，则夫士之为行，不可一日不为乎！"

【译文】

子张问满苟得说:"为什么不修德行呢?没有德行就不会取信于人,不能取信于人就不能被任用,不能被任用就不会得到利禄。所以,经过观察和考虑,有了名就有了利,可见仁义真是好事啊!如果抛弃名利,那就违背了心愿,所以士大夫立身行事,不可一天不实行仁义!"

【原文】

满苟得曰:"无耻者富,多信者显。夫名利之大者,几在无耻而信。故观之名,计之利,而信真是也。若弃名利,反之于心,则夫士之为行,抱其天乎!"

【译文】

满苟得说:"无耻的人富有,哗众取宠的人显达。那些取得大名大利的人,几乎都是一些既无耻而又哗众取宠的人。所以经过观察和考虑,那哗众取宠真是名利的根本。假如抛弃名利,违背世俗的心愿,那么士大夫的行为不应该保持他的天真吗!"

【原文】

子张曰:"昔者桀纣贵为天子,富有天下,今谓臧聚曰,汝行如桀纣,则有怍色,有不服之心者,小人所贱也。仲尼墨翟,穷为匹夫,今谓宰相曰,子行如仲尼墨翟,则变容易色称不足者,士诚贵也。故势为天子,未必贵也;穷为匹夫,未必贱也;贵贱之分,在行之美恶。"

【译文】

子张说:"从前,夏桀和殷纣尊贵到做了天子,富足到据有天下,如今对于仆隶和役夫说,你的行为像夏桀和殷纣那样,就会面有惭愧的颜色,就会有不服气的心理,这是连小人都瞧不起的。仲尼和墨翟,穷困到成为普通的老百姓,现在对宰相说,你的行为好像仲尼和墨翟,他就会改变面容,谦虚地说还赶不上,可见士是最高贵的。所以,居于天子的地位,不一定就尊贵;穷困到成为老百姓,不一定就低贱;尊贵和低贱的分水岭决定于行为的美好和丑恶。"

【原文】

满苟得曰:"小盗者拘,大盗者为诸侯,诸侯之门,义士存焉。昔者桓公小白杀兄入嫂而管仲为臣,田成子常杀君窃国而孔子受币。论则贱之,行则下之,则是言行之情悖战于胸中也,不亦拂乎!故《书》曰:'孰恶孰美?成者为首,不成者为尾。'"

【译文】

满苟得说:"小的盗贼被拘捕囚禁起来了,大的盗贼却成为诸侯,只要在诸侯那里,就有了仁义。从前,齐桓公小白杀掉他的哥哥娶了他的嫂嫂,而管仲却做他的臣辅;田成子常杀了君主窃取了国家政权,而孔子却接受他的赏赐。言谈之间以为是丑恶的,而在行动上,却去做这种丑恶的事情。这样一来言论和行动便在心里发生了矛盾,岂不也是错误的吗?所以《书》上说:'什么是恶?什么是美?成功的便成为尊居上位的头,不成功的便做了卑居下层的尾。'"

【原文】

子张曰:"子不为行,即将疏戚无伦,贵贱无义,长幼无序;五纪六位,将何以为别乎?"

满苟得曰:"尧杀长子,舜流母弟,疏戚有伦乎?汤放桀,武王杀纣,贵贱有义乎?王季为适,周公杀兄,长幼有序乎?儒者伪辞,墨者兼爱,五纪六位将有别乎?

"且子正为名,我正为利。名利之实,不顺于理,不监于道。吾日与子讼于无约曰:'小人殉财,君子殉名。其所以变其情,易其性,则异矣;乃至于弃其所为而殉其所不为,则一也。'故曰，无为小人，反殉而天；无为君子，从天之理。若枉若直，相而天极；面观四方，与时消息。若是若非，执而圆机；独成而意，与道徘徊。无转而行，无成而义，将失而所为。无赴而富，无殉而成，将弃而天。

"比干剖心，子胥抉眼，忠之祸也；直躬证父，尾生溺死，信之患也；鲍子立干，申子不自理，廉之害也；孔子不见母，匡子不见父，义之失也。此上世之所传，下世之所语，以为士者正其言，必其行，故服其殃，离其患也。"

【译文】

子张说："你如果不实行仁义，那么远的和近的就将失去伦理关系，贵贱之间就失去了行动的准则，长幼之间就将失去伦次，五伦六位，将如何区别呢？"

满苟得说："尧杀害长子，舜流放了他的弟弟，亲疏之间还有伦理吗？商汤放逐了夏桀，周武王杀害了殷纣，贵贱之间还有行为的准则吗？王季僭越嫡位，周公杀害兄长，长幼之间还有伦常次序吗？儒家所说的是虚伪的话，墨家提倡兼爱，这样五伦六位还有办法区别吗？

"况且，你去争名，我去争利，其实名和利，既不顺于理，也不能阐明道。我从前和你在无约面前争辩说：'小人为追求财物牺牲，君子为追求名誉丧生。这财和名的实际，以及君子和小人的性情是不同的，但是在抛弃他所应该做的，追求他所不应该做的这一点上则是相同的事。'所以说，不要做牺牲的小人，要返回自然；不要做丧生的君子，要顺从自然的规律。是曲是直，遵循听任自然；面对着四方，随着四时而变化。是也好，非也好，都不必去管它，掌握那圆周的中间环节，惟独按照自然的感情和自然之道交往。不执著于一处而随时运行，不要去成就你的义理，否则将失去你的真性。你不要为追求财富而忙碌，你不要为追求功业而拼命，这将会去掉你的自然天性。

"比干被挖去心脏，子胥被挖掉眼睛，这是尽忠所带来的祸害；

直躬作证他的父亲偷了羊,尾生守信约被淹死,这是守信带来的祸患;鲍焦抱树站在那里死去,申生不去辩白自己的冤屈,这是清廉带来的祸害;孔子不见母亲临终,匡子不见父亲死去,这是仁义造成的过失。这些事情从上代流传下来,后代还要流传下去,企望以此端正人们的言论,并要人们一定这样去做,这样人们一定会遭灾殃,受到祸患。"

【原文】

无足问于知和曰:"人卒未有不兴名就利者。彼富则人归之,归则下之,下则贵之。夫见下贵者,所以长生安体乐意之道也。今子独无意焉,知不足邪,意知而力不能行邪,故推正不忘邪?"

【译文】

无足向知和问道:"人没有不希望树立名望和取得利禄的。他富了别人就归顺他,归顺他就会对他谦恭,对他谦恭,他就会自然而然的尊贵了。受人谦恭,心里就会感到快意,身体就会感到安适,这才是长生之道啊。现在,你难道没有这种心愿吗?是智慧不足呢?还是知道力量不能做到,故意推求正道而念念不忘呢?"

【原文】

知和曰:"今夫此人以为与己同时而生,同乡而处者,以为夫绝俗过世之士焉;是专无主正,所以览古今之时,是非之分也,与俗化。世去至重,弃至尊,以为其所为也;此其所以论长生安体乐意之道,不亦远乎!惨怛之疾,恬愉之安,不监于体,怵惕之恐,欣欢之喜,不监于心;知为为而不知所以为,是以贵为天子,富有天下,而不免于患也。"

【译文】

知和说:"现在有这种人,和富贵之人生于同时,处于同乡,就以为是和世俗不同并且是超过了世俗的人；这种人是内心无主，这样去看古今的时代，是非分际，不过与俗同化罢了。世人丢掉最贵重的生命，抛弃最尊贵的大道，去追求他所追求的事情；这种做法和那种使心志愉悦，身体安适的长生之道的距离，不是太远了吗！悲哀的痛苦，欢愉的安乐，都不能使人看到存在于体内的自然本性；惊惕的恐惧，欢快的喜悦，都不能使人看到存在于心灵之中的自然本性；只知照自己的想法去做，而不知为什么这么做，所以虽然贵为天子，富足到据有天下，却不能免除祸患。"

【原文】

无足曰："夫富之于人，无所不利，穷美究势，至人之所不得逮，贤人之所不能及，侠人之勇力而以为威强，秉人之知谋以为明察，因人之德以为贤良，非享国而严若君父。且夫声色滋味权势之于人，心不待学而乐之，体不待象而安之。夫欲恶避就，固不待师，此人之性也。天下虽非我，孰能辞之！"

【译文】

无足说："富有对于人，没有不利的，考查最美的和最有威势的，不正是富贵的人吗？是至人不能达到，也是贤人不能企及，借别人的勇敢和武力来增强威势，拿别人的智谋来增强自己观察问题的能力，有德者前来帮助他成为贤良的人，虽然不掌握权柄而威严如同君父。况且音乐、美色、滋味、权利、地位，对于人们，虽然不学而心里却乐意得到它，虽然身体还没有享有它，心里就安于得到它了。希望、厌恶、躲避、接近，本来就不需要得到老师的教导，这就是人的自然本性。即便天下之人都非议我，可是谁又能使我去掉这些呢？"

【原文】

知和曰："知者之为，故动以百姓，不违其度，是以足而不争，无以为故不求。不足故求之，争四处而不自以为贪；有余故辞之，弃天下而不自以为廉。廉贪之实，非以迫外也，反监之度。势为天子而不以贵骄人，富有天下而不以财戏人。计其患，虑其反，以为害于性，故辞而不受也，非以要名誉也。尧舜为帝而雍，非仁天下也，不以美害生也；善卷许由得帝而不受，非虚辞让也，不以事害己。此皆就其利，辞其害，而天下称贤焉，则可以有之，彼非以兴名誉也。"

【译文】

知和说："有智慧的人的做法，是以百姓的需要而行事，不违背他们自然形成的法度，因此，百姓都十分富足而不互相争夺，无所作为故而也就没有什么希求。不富足便有所寻求，四处争夺而自己却不以为贪婪；有剩余所以才辞让，舍弃天下的财物而不自以为清廉。清廉和贪婪的实质，并非是受外物的迫使，反观内在禀性所导致。地位高到身为天子，也不能以这种高贵的地位骄傲地对待别人，富足到据有天下，也不拿财物来戏弄别人。权衡祸患，考虑一下反面，以为这样做对于自然本性是有害的，所以拒绝而不接受，并非以这种行为来沽名钓誉。尧和舜做天子时，臣民都能和睦团结，并非是在天下推行什么仁政，而是不因追求美好而损害那自然的本性；善卷和许由得到帝位却不接受，并非是虚假地辞让，而是不让操劳政务损害自己。这些都是接近利拒绝害的做法，因而天下的人们称赞他为贤人，是说他们就利避害的思想，其实并没有沽名钓誉的心意。"

【原文】

无足曰："必持其名，苦体绝甘，约养以持生，则亦久病长厄而不死者也。"

【译文】

无足说："一定要博取良好的名望，而使身体经受各种痛苦，拒绝甘美的饭食，过着简朴的生活来维持生命，这也就是长久病困而不死罢了。"

319

【原文】

知和曰:"平为福,有馀为害者,物莫不然,而财其甚者也。今富人,耳营钟鼓管籥之声,口嗛于刍豢醪醴之味,以感其意,遗忘其业,可谓乱矣;侅溺于冯气,若负重行而上阪,可谓苦矣;贪财而取慰,贪权而取竭,静居则溺,体泽则冯,可谓疾矣;为欲富就利,故满若堵耳而不知避,且冯而不舍,可谓辱矣;财积而无用,服膺而不舍,满心戚醮,求益而不止,可谓忧矣;内则疑劫请之贼,外则畏寇盗之害,内周楼疏,外不敢独行,可谓畏矣。此六者,天下之至害也,皆遗忘而不知察,及其患至,求尽性竭财,单以反一日之无故而不可得也。故观之名则不见,求之利则不得,缭意体而争此,不亦惑乎!"

【译文】

知和说:"平均就是幸福,有了剩余就产生祸害,事物没有不是这样的,而财产尤其如此。现在,富人耳朵里充满了钟鼓箫笛一类乐器的声音,嘴里要尝着肉食和美酒的滋味,从而感发其心意,忘掉了他应当从事的事业,可说是昏乱极了;沉溺在卑俗的贪欲之中,如同背着重载走上坡路,可说是很痛苦的了;贪婪地攫取财富以求快慰,贪婪地谋取权位而用尽心计,平居无事则沉溺在安乐之中,处于卑污处境便充满愤怒,可以说得了疾病了;为了追求富贵而逐利,这种感情如面对一堵墙似的财物而不知躲避,并且遭到凌辱也不舍弃,可说是耻辱了;聚积财物而不使用,遭到凌辱而不知舍弃,心胸充满烦恼,希求富贵而不知停止,可说是忧虑了;在家就忧虑盗贼来劫取财物,在外就惧怕盗寇的残害,里面楼房严闭,外面不敢独行,可以说是畏惧了。这六种情况,是天下最大的祸害,大家都忘记了而不知省察,待到祸患来临,所有财物化为乌有,想求得像从前一样过一天平安的日子而得不到了。所以,想看那名誉,却看不见,要求得到利益却得不到,使心志和身体受了许多苦难来争夺这些东西,岂不是迷惑吗?"

【成语与典故】

[**摇唇鼓舌**] 出自本篇，跖说孔丘"不耕而食，不织而衣，摇唇鼓舌，擅生是非。""摇唇鼓舌"，后用为成语。是指大发议论，巧嘴巧舌，挑弄是非。

[**有巢氏**] 原文为：古者禽兽多而人少，于是民皆巢居以避之。昼拾橡栗，暮栖木上，故命之曰'有巢氏之民'。"有巢氏是传说中上古时代教人构木为巢，使人们开始居住在树上的人。反映了我国原始社会先民巢居的情况。

[**割股以食**] 原文为："介子推至忠也，自割其股以食文公。文公后背之，子推怒而去，抱木而燔死。"介子推又作介之推、介子绥、介推，春秋时晋国人。晋国公子重耳，因国乱逃亡在外，介子推跟随左右，在没有食物的时候，他自割股肉给公子重耳吃。重耳回国后即位，是为文公。后来，文公奖赏跟随他左右的人，却忘了介子推，介子推愤愤而去，隐居绵山不出来。文公叫人放火烧山，企图迫使他出山。但他始终不出，待到火烧到身边时，就抱着树木被烧死了。

[**抱柱之信**] 原文为："尾生与女子期于梁下，女子不来，水至不去，抱梁柱而死。"这一故事后来用为成语"抱柱之信"，表示誓死不渝的信约。唐代诗人李白在他的一首以爱情和离别为题材的《长干行》中写道："常存抱柱信，岂上望夫台。"

[**虎口余生**] 孔丘去见跖，没有结果，垂头丧气地走了，在鲁国的东门外，遇到了柳下季，孔子曰："然。丘所谓无病而自灸也。疾走料虎头，编虎须，几不免虎口哉！"后用为成语，"虎口余生"，比喻身历大难，侥幸保住生命。

说　　剑

南郭子　译

【提要】

《说剑》篇，以事作为篇名。全文写赵文王喜好斗剑，庄子游说说服赵文王停止斗剑取乐的寓言故事。

全文可分为三部分。其一写赵文王喜欢剑术给国家带来的灾难，这是该篇的开端。其二写庄子说服赵文王前的准备。其三写庄子向赵文王分别陈述天子之剑、诸侯之剑、庶人之剑的特点和区别，使赵文王管好天子之剑。这是全文的主要部分。

【原文】

昔赵文王喜剑，剑士夹门而客三千余人，日夜相击于前，死伤者岁百余人，好之不厌。如是三年，国衰，诸侯谋之。

太子悝患之，募左右曰："孰能说王之意止剑士者，赐之千金。"左右曰："庄子当能。"

【译文】

从前，赵文王喜欢剑术，剑士纷纷依附聚集在国王门下的有三千多人，他们日夜不息的在赵文王面前击剑比武，死伤的每年不止百人。可是赵文王依然喜欢剑术不曾感到厌弃。如此过了三年，国势衰落，诸侯图谋攻取赵国。

赵国的太子悝对此感到忧虑，召募左右的人，说："谁能够说服国王停止剑士击剑的活动，我便赐他千金。"左右的人说："庄子一定能做到。"

【原文】

太子乃使人以千金奉庄子。庄子弗受，与使者俱，往见太子曰："太子何以教周，赐周千金？"太子曰："闻夫子明圣，谨奉千以金币从者。夫子弗受，悝尚何敢言！"

【译文】

太子于是派使者带千金重礼恭敬地进奉给庄子。庄子不接受礼物，和使者一起前去拜见太子，说："太子有何指教予我，为什么赐给我千金呢？"太子说："听说先生是位明达圣贤之人，因而真诚地将千金赠送给先生的随从人员，既然先生不肯接受，我怎么再敢说什么呢？"

【原文】

庄子曰："闻太子所欲用周者，欲绝王之喜好也。使臣上说大王而逆王意，下不当太子，则身刑而死，周尚安所事金乎？使臣上说大王，下当太子，赵国何求而不得也！"

【译文】

庄子说："听说太子想使用我，为的是断绝王对剑术的喜好。假使我对上谏正大王而违背大王的心意，对下又不合太子的旨意，没有完成太子交给的使命，那么我将会遭到刑戮而死，我要千金还有什么用呢？假使我对上能说服大王，对下能完成太子交给的使用，那么，我向赵国要求什么会得不到呢？"

【原文】

太子曰："然。吾王所见，唯剑士也。"庄子曰："诺。周善为剑。"太子曰："然吾王所见剑士，皆蓬头突鬓垂冠，曼胡之缨，短后之衣，瞋目而语难，王乃说之。今夫子必儒服而见王，事必大逆。"

庄子曰："请治剑服。"治剑服三日，乃见太子。

太子乃与见王，王脱白刃待之。庄子入殿门不趋，见王不拜。王曰："子欲何以教寡人，使太子先？"曰："臣闻大王喜剑，故以剑见王。"王曰："子之剑何能禁制？"曰："臣之剑，十步一人，千里不留行。"王大悦之，曰："天下无敌矣！"

庄子曰："夫为剑者，示之以虚，开之以利，后之以发，先之以至。愿得试之。"王曰："夫子休就舍，待命令设戏请夫子。"

【译文】

太子说："是的。我们大王所要见的，只有剑士。"庄子说："好的。我很会用剑。"太子说："但是我们大王所接见的剑士，都是头发蓬乱，鬓毛突出，帽子下垂，帽缨粗实，身着短衣，怒目而话语不畅，这样的人大王才喜欢。现在，先生一定要穿上儒服去见大王，这样做必然违背大王的心意。"

庄子说："请给我制一套剑士的服装。"三天后剑士的服装制成了，便去拜见太子。

太子就和庄子一同拜见赵文王，文王便解下利剑等待庄子。庄子进入殿门之内不急走，见大王也不下拜。王说："先生想用什么来指教我，使太子事先同我联系？"庄子说："我听说大王喜欢剑术，所以我以剑术拜见大王。"王说："先生的剑怎么能禁制敌手？"庄子回答说："我的剑十步可杀一人，千里内无人能阻挡。"文王非常高兴，说："天下无敌手了。"

庄子说："运用剑术的方法，先示人以空虚，给予可乘之机，后发制人，击剑要神速，抢先达到。我很愿意试一试。"王说："先生先回馆舍休息，等待我的命令做好比赛的准备，再请先生。"

【原文】

王乃校剑士七日，死伤者六十余人，得五六人，使奉剑于殿下，乃召庄子。王曰："今日试使士敦剑。"庄子曰："望之久矣。"王曰："夫子所御杖，长短何如？"曰："臣之所奉皆可。然臣有三剑，唯王所用，请先言而后试。"

王曰:"愿闻三剑。"曰:"有天子剑,有诸侯剑,有庶人剑。"

王曰:"天子之剑何如?"曰:"天子之剑,以燕谿石城为锋,齐岱为锷,晋卫为脊,周宋为镡,韩魏为夹;包以四夷,裹以四时,绕以渤海,带以常山;制以五行,论以刑德;开以阴阳,持以春夏,行以秋冬。此剑,直之无前,举之无上,案之无下,运之无旁,上决浮云,下绝地纪。此剑一用,匡诸侯,天下服矣。此天子之剑也。"

【译文】

于是赵文王让剑士比赛了七天,死伤了六十多人,选出了五六个人,让他们捧着剑侍立在殿下,然后召请庄子。赵文王说:"今天可以让剑士和你比试剑术了。"庄子说:"我盼望很久了。"赵文王说:"先生所使的剑,长短怎么样?"庄子回答说:"我所使用的剑长短都可以。然而我有三种剑,任凭大王选用,请允许我先谈谈这三种剑,然后再进行比试。"

王说:"希望听一听哪三种剑。"庄子回答说:"有天子的剑,有诸侯的剑,有庶人的剑。"

赵文王说:"天子之剑怎么样?"庄子回答说:"天子的剑,用燕谿和石城当做剑锋,把齐国和泰山作为剑刃,把晋国和卫国当做剑脊,把周朝和宋国作为剑环,把韩国和魏国当做剑把,用四方民族包着,用四时环绕,以渤海作为控制区,以常山作为纽带,根据五行来治天下,根据刑德赏罚来驾驭百姓,行动以阴阳为根据,用春夏之气来持剑,用秋冬之气来施行。这种剑,使用起来一往无前不可阻挡,举起来不知道有多高,按下去不知道有多深,运动起来旁若无物。向上可以决断浮云,向下可以断绝地下的根基。这种剑一旦使用,就可以匡正诸侯,统服天下。这就是天子之剑。"

【原文】

文王芒然自失,曰:"诸侯之剑何如?"曰:"诸侯之剑,以知勇士为锋,以清廉士为锷,以贤良士为脊,以忠圣士为镡,以豪杰士为夹。此剑,直之亦无前,举之亦无上,案之亦无下,运之亦无旁;上法圆天以顺三光,下法方地以顺四时,中和民意以安四乡。此剑一用,如雷霆之震也,四封之内,无不宾服而听从君命者矣。此诸侯之剑也。"

【译文】

文王茫然失神,说:"诸侯之剑又怎么样?"庄子回答说:"诸侯之剑以智慧勇敢的人做为剑锋,以清白廉洁的人做为剑刃,以贤良的人做为剑脊,以忠诚圣明的人做为剑环,以英雄豪杰做为剑把。这种剑,使用起来也是一往无前不可阻挡,举起来也是不知道有多高,按下去也是不知道有多深,运转起来也是旁若无物。向上取法圆形的天空以顺应日月星三光,向下取法方形的大地以顺应春夏秋冬四时,中央顺乎民意而安定四方。这种剑一旦使用,就好像雷霆的震撼,四方边界之内没有不宾服而听从君王命令的人了。这就是诸侯之剑。"

【原文】

王曰:"庶人之剑何如?"曰:"庶人之剑,蓬头突鬓垂冠,曼胡之缨,短后之衣,瞋目而语难。相击于前,上斩颈领,下决肝肺。此庶人之剑,无异于斗鸡,一旦命已绝矣,无所用于国事。今大王有天子之位而好庶人之剑,臣窃为大王薄之。"

【译文】

文王说:"庶人之剑又怎么样?"庄子回答说:"庶人的剑,头发蓬乱,鬓毛突出,帽子下垂,帽缨粗实,身着短衣,怒目而话语不畅。在前面互相击斗,上可以斩脖子,下可以刺肝肺。这是庶人的剑,和斗鸡的游戏没有什么不同,一旦性命失去了,对于国事什么作用也没有。现在大王拥有天子的尊位而喜欢庶人之剑,我私下替大王鄙薄这种做法。"

【原文】

王乃牵而上殿。宰人上食，王三环之。庄子曰："大王安坐定气，剑事已毕奏矣。"于是文王不出宫三月，剑士皆服毙其处也。

【译文】

赵文王于是牵着庄子走上大殿，厨师送上饭菜，大王绕着饭菜走了三周。庄子说："大王安坐下来平定心气，关于剑术的事情我已经讲完了。"于是赵文王三个月不出官门会见剑士，剑士都在自己的住处自杀了。

渔 父

辛世彪 译

【提要】

《渔父》是《庄子》中很重要的一篇,叙述孔子师徒在水边遇见一位老渔父的事情。作者借渔父之口,批评孔子不在其位而谋其政,所以周游列国,到处碰壁,并提出人们应该加强自身修养,努力保持自然本性,达到内外和谐,才能保证国家的安宁,社会的稳定和己身的健康愉快,迎来政治上的理想境界。可见,道家也有其社会政治理想,并非一味地消极避世,只是不同于儒家学派的知其不可为而为之,而强调不要违背客观规律而已。结尾写道孔子对渔父的话有所顿悟,说明作者正在力图调和儒道。

【原文】

孔子游乎缁帷之林,休坐乎杏坛之上。弟子读书,孔子弦歌鼓琴。

奏曲未半,有渔父者,下船而来,须眉交白,被发揄袂,行原以上,距陆而止,左手据膝,右手持颐以听。曲终而招子贡、子路,二人俱对。

客指孔子曰:"彼何为者也?"子路对曰:"鲁之君子也。"客问其族。子路对曰:"族孔氏。"

客曰:"孔氏者何治也?"子路未应,子贡对曰:"孔氏者,性服忠信,身行仁义,饰礼乐,选人伦,上以忠于世主,下以化于齐民,将以利天下。此孔氏之所治也。"

又问曰:"有土之君与?"子贡曰:"非也。""侯王之佐与?"子贡曰:"非也。"客乃笑而还,行言曰:"仁则仁矣,恐不免其身;苦心劳形以危其真!呜呼!远哉其分于道也。"

【译文】

　　孔子到缁帷林游玩,坐在杏坛上休息。弟子们读书,他弹琴唱歌。

　　曲子还没弹到一半,只见一个白胡子白眉毛的披发渔父,挥着袖子走下船来,到了岸上又蹲下,一手抱膝,一手托腮谛听,听完后便招子贡、子路过来对话。

　　渔父指着孔子问道:"那人是干什么的?"子路回答道:"他是鲁国的君子。"又问姓氏,子路答道:"姓孔。"

　　渔父又问:"孔氏做些什么呢?"子路没有回答,子贡接上来答道:"他呀,为人忠诚信实,对仁义身体力行,修正礼乐,制定人伦,对上效忠当世君主,对下教化社会平民,一心为天下人谋福利。这就是他做的事情。"

　　渔父又问:"他是封君吗?"子贡答:"不是。""那么,是辅佐君主的大官了?"子贡答:"也不是。"渔父笑起来,然后转身往回走,边走边说:"仁是够仁的了,只怕是身心不免要受累哟!劳神伤身去危害真性,这个人偏离大道可真远啊!哎哟哟,可叹啊!"

【原文】

　　子贡还,报孔子。孔子推琴而起曰:"其圣人与?"乃下求之,至于泽畔,方将杖拏而引其船,顾见孔子,还乡而立。孔子反走,再拜而进。

　　客曰:"子将何求?"孔子曰:"曩者先生有绪言而去,丘不肖,未知所谓,窃待于下风,幸闻咳唾之音以卒相丘也。"客曰:"嘻!甚矣,子之好学也。"孔子再拜而起曰:"丘少而修学,以至于今,六十九岁矣,无所得闻至教,敢不虚心!"

　　客曰:"同类相从,同声相应,固天之理也。吾请释吾之所有而经子之所以。子之所以者,人事也。天子诸侯大夫庶人,此四者自正,治之美也,四者离位而乱莫大恶。官治其职,人忧其事,乃无所陵。故田荒室露,衣食不足,征赋不属,妻妾不和,长少无序,庶人之忧也;能不胜任,官事不治,行不清白，群下荒怠，功美不有，爵禄不持，大夫之忧也；廷无忠臣，国家混乱，工技不巧，贡职不美，春秋后伦，不顺天子，诸侯之忧也；阴阳不和，寒暑不时，以伤庶物，诸侯暴乱，擅相攘伐，以残民人，礼乐不节，财用穷匮，人伦不饬，百姓淫乱，天子有司之忧也。今子既上无君侯有司之势，而下无大臣职事之官，而擅饰礼乐，选人伦，以化齐民，不泰多事乎？

"且人有八疵，事有四患，不可不察也。非其事而事之，谓之揔；莫之顾而进之，谓之佞；希意道言，谓之谄；不择是非而言，谓之谀；好言人之恶，谓之谗；析交离亲，谓之贼；称誉诈伪以败恶人，谓之慝；不择善否，两容颊适，偷拔其所欲，谓之险，此八疵者，外以乱人，内以伤身，君子不友，明君不臣。所谓四患者：好经大事，变更易常，以挂功名，谓之叨；专知擅事，侵人自用，谓之贪；见过不更，闻谏愈甚，谓之很；人同于己则可，不同于己，虽善不善，谓之矜。此四患也。能去八疵，无行四患，而始可教已。"

【译文】

子贡回来，把渔父的话告诉孔子。孔子推开琴，站起来道："此人莫非是个圣人？"便下坛去找他。来到水边，渔父正待拿桨划船，回头看见孔子，便转过身来站着，孔子边走边拜，来到跟前。

渔父问道："先生，您找我有何贵干？"孔子说："刚才您老先生话没说完就走了，我是个愚蠢的人，不明白您的话是什么意思，特来请教，希望能听到您的宏论，帮我提高认识。"渔父说："哎呀，您可真是个好学的人哪！"孔子拜了两拜，起身说："鄙人从青少年起就追求知识，现在六十九岁了，还没听到真理，怎么敢不虚心呢？"

渔父说："同类相似，同声相应，这本是天理。我就用我的理论分析一下您的事业吧！您的事业，属于社会活动，天子、诸侯、大夫、百姓，如果各司其职，那是政治上的理想境界；偏离本职，乱子就再大不过了。为官的尽职，人人考虑分内之事，就不会有乱子了。所以，田地荒芜，房屋破漏，衣食不足，税收不能按时完成，妻妾不和，长幼无序，这是百姓应该忧虑的。才能不胜任，公事办不好，行为不清不白，臣僚荒废懒惰，无功无名，保不住饭碗，这是大夫应该忧虑的。朝无忠臣，国家混乱，工匠技艺不精，贡赋完成得不好，春秋朝觐姗姗来迟，推行政令有违天子，这是诸侯应该忧虑的。阴阳不调，寒暑失常，万物受害；诸侯暴乱，互相攻伐，人民遭殃；礼乐不合规定，财政用度贫乏，人伦纲常得不到整治，百姓生活淫乱伤俗，这是天子应该忧虑的。您现在上无君侯之势，下无臣僚之职，却要擅自修整礼乐，制定人伦，教化平民，不是太多事了吗？

"况且，人有八病，事有四患，不可不明察。不该管的事插手去管，这叫揽；没人理睬却强言进谏，这叫佞；察言观色，迎合别人说话，这叫谄；说话不辨是非曲直，这叫谀；好说他人的坏话，这叫谗；挑拨故交，离间亲友，这叫贼；称赞恶人，中伤对手，这叫奸；对人不分好坏，八面玲珑，为自己捞好处，这叫险。这八种毛病，对外会扰乱视听，对内则伤身坏性；有了它，君子不跟你亲友，明君不收你做臣。所谓四患就是：好办大事，标新立异，以猎取功名，这叫叨；刚愎独断，侵害他人，师心自用，这叫贪；有错不改，反而越说越来劲儿，这叫狠；赞成自己就肯定，不赞成自己，即使正确也全盘否定，这叫矜。这实在是四种祸患啊！能克服八病，又不行四患，才算是一个可以教育的人。"

【原文】

孔子愀然而叹，再拜而起曰："丘再逐于鲁，削迹于卫，伐树于宋，围于陈蔡。丘不知所失，而离此四谤者何也。"

客凄然变容曰："甚矣，子之难悟也！人有畏影恶迹而去之走者，举足愈数而迹愈多，走愈疾而影不离身，自以为尚迟，疾走不休，绝力而死。不知处阴以休影，处静以息迹，愚亦甚矣！子审仁义之间，察同异之际，观动静之变，适受与之度，理好恶之情，和喜怒之节，而几于不免矣。谨修而身，慎守其真，还以物与人，则无所累矣。今不修之身而求之人，不亦外乎！"

孔子愀然曰:"请问何谓真?"

客曰:"真者,精诚之至也。不精不诚,不能动人。故强哭者虽悲不哀,强怒者虽严不威,强亲者虽笑不和。真悲无声而哀,真怒未发而威,真亲未笑而和。真在内者,神动于外,是所以贵真也。其用于人理也,事亲则慈孝,事君则忠贞,饮酒则欢乐,处丧则悲哀。忠贞以功为主,饮酒以乐为主,处丧以哀为主,事亲以适为主,功成之美,无一其迹矣。事亲以适,不论所以矣;饮酒以乐,不选其具矣;处丧以哀,无问其礼矣。礼者,世俗之所为也;真者,所以受于天也,自然不可易也。故圣人法天贵真,不拘于俗。愚者反此。不能法天而恤于人,不知贵真,禄禄而受变于俗,故不足。惜哉,子之蚤湛于人伪而晚闻于大道也!"

孔子又再拜而起曰:"今者丘得遇也,若天幸然。先生不羞而比之服役,而身教之。敢问舍所在,请因受业而卒学大道。"

客曰:"吾闻之,可与往者与之,至于妙道;不可与往者,不知其道,慎勿与之,身乃无咎。子勉之!吾去子矣,吾去子矣!"乃刺船而去,延缘苇间。

颜渊还车,子路授绥,孔子不顾。待水波定,不闻拏音而后敢乘。

【译文】

孔子听完,凄凉地叹了口气,又拜了两拜,起身说道:"唉!我曾两次被鲁国人驱逐,卫国人又不准我通行;在宋国大树下讲学,树又被人砍去,在陈蔡之间,还被人围困了很久。我不明白自己犯了什么过失,为何遭受这四次打击?"

渔父脸色变得难过起来,说:"您这个人悟性太差了!有一个人,害怕自己的影子,厌恶自己的足迹,总想躲开它跑掉。没想到越跑足迹越多,跑得越快,影子越追着他不放。他以为自己跑得还不够快,便加快速度不停地跑,结果力竭而死。他不懂得,到了阴暗处影子自然会消失,不运动也就不会有足迹。真是愚蠢透顶!您考察仁义，辨别异同，观察事物的变化，把握行为的尺度，理清好恶的情感，掌握喜怒的分寸，不免要惹祸招灾。如果您修养身心，保持真性，与世无争，就不会有麻烦了。您现在不修养自身，却去责备别人，不是太不懂道理了吗？"

孔子听了，越发悲哀，说："请问什么叫真性？"

渔父说："真性，就是最高层次的精诚。缺乏精诚，就不能感动人。所以，勉强哭泣的人，声音虽悲却不哀切；勉强发怒的人，面孔虽严却不威武；勉强亲热的人，满脸堆笑却不和蔼。真正悲伤的人，不哭也让人觉得哀切；真正愤怒的人，不怒也令人感到威严；真正亲近的人，不笑也使人觉得和善。有真性的人，神态气质和一般人不一样，这就是真性可贵的地方。把它用在人事上，就会对父母孝顺，对君主忠诚，饮酒时快乐，居丧时悲伤。忠诚以建功为主，饮酒以取乐为主，居丧以尽哀为主，养亲以顺意为主。达到目的就算好，采用哪种途径倒无关紧要。养亲旨在顺意，用什么方法是次要的；饮酒意在取乐，用什么酒具无关大体；居丧为的是尽哀，用何种礼仪并不讲究。礼仪是人为制定的；真性是出自天然的，不可随意改变。所以，圣人效法自然，珍视真性，不受世俗的拘束；愚昧的人才反其道而行。不取法自然却忧心于人事，不珍重真性却庸庸碌碌听命于世俗，所以不知满足。可惜呀！您沉溺于俗事中太早，而听到大道又太晚了！"

孔子又拜了两拜，起身说道："今天我能遇到先生您，真是上天的安排。如果您不羞于收下我这个徒弟，并亲自教导，那就冒昧地请您留下贵址，我愿意去您那儿聆教并最后学到大道。"

渔父道："我听说，值得交往的人，可以与他结伴同行，获取妙道；不值得交往的人，是不会领悟大道的，这种人不要同他交往，才会于己无害。您自己努力吧！我要走了，我要走了！"说完，便撑开船在芦苇中缓缓离去。

颜回调转好车头，子路把登车拉手的绳子递给孔子，孔子连看也不看，两眼望着渐渐远去的渔父的船，直到水平波静，听不到摇橹的声音，才转身登上车子。

【原文】

子路旁车而问曰："由得为役久矣，未尝见夫子遇人如此其威也。万乘之主，千乘之君，见夫子未尝不分庭伉礼，夫子犹有倨傲之容。今渔父杖拏逆立，而夫子曲腰磬折，言拜而应，得无太甚乎？门人皆怪夫子矣，渔人何以得此乎？"

孔子伏轼而叹曰："甚矣，由之难化也！湛于礼义有间矣，而朴鄙之心至今未去。进，吾语汝！夫遇长不敬，失礼也；见贤不尊，不仁也。彼非至人，不能下人，下人不精，不得其真，故长伤身。惜哉！不仁之于人也，祸莫大焉，而由独擅之。且道者，万物之所由也，庶物失之则死，得之则生，为事逆之则败，顺之则成。故道之所在，圣人尊之。今渔父之于道，可谓有矣，吾敢不敬乎！"

【译文】

子路靠近车子，问道："我侍奉老师很久了，从未见您对哪个人如此恭敬过。天子也好，诸侯也好，没有哪个人见到老师您不以同等礼节对待，而您还有倨傲的表情。可如今，这个老渔父拿着桨站着，您却弯腰曲背，而且每次总是先行礼后答话，未免太过分了吧！弟子们对您这种作法很不满意：对一个打渔的这么做，值得吗？"

孔子身体前靠在车上横木叹息地说："问题严重啊！子路，你这个人真是不可救药了！你钻研礼仪时间不算短了，可你的粗野意识至今未去。过来，听我说！遇到长者对他不敬，那会失礼；遇见贤才对他不尊，就会落个不仁的恶名。这个渔父若不是至人，我才不对他低三下四呢！我对他谦逊却不真诚，就不能明白什么叫真性，长此以往，不免有伤身心。可惜呀！一个人最大的祸患莫过于不仁，你却偏偏有这毛病。再说，大道是产生万物的根源。万事万物，失去道便会死亡，得到道才能生存；人们做事，违背道就会失败，顺应道才能成功。所以，谁掌握了道，君子就尊重谁。现在，渔父对于道，可以说已经掌握了，我敢对他不尊敬吗？

【成语与典故】

[**杏坛**] 原指孔子聚徒讲学之地，典出本篇："孔子游乎缁帷之林，休坐乎杏坛之上，弟子读书，孔子弦歌鼓琴。"后泛指讲坛或讲学之处，宋王禹偁诗"潘岳花荫覆杏坛，门生参谒绛纱宽。"即指此义。今山东曲阜孔庙内有杏坛，相传为孔子授徒讲学处，其实此坛为后人所修，《庄子》中的杏坛，依文意本在水边，并不在曲阜城内。

[**分庭伉礼**] 古人礼节，主宾分处庭中，主人在东，客人在西，相对施礼，故"分庭伉礼"本指以平等礼节相见，出本篇："万乘之主，千乘之君，见夫子未尝不分庭伉礼。""伉"，或作"抗"。宋·无名氏《李师师外传》："姥出迎，分庭抗礼，慰问周至。"后喻相互对抗。

列 御 寇

奚 雨 译

【提要】

本篇由六段文字组成,主要论述怎样才算懂得大道的问题。第一段叙述列子与伯昏瞀人的对话,阐发表现自我、不安自然的危害。第二段讲述庄子教训曹商的故事,反映庄子对名利之徒的轻视。第三段,通过鲁哀公与颜阖的对话及孔子的言行,说明儒家理论不能治国。第四段讲述庄子与宋人的对话,抨击世间浮夸虚荣的行为。第五段讲庄子拒聘之事,指出追求高官厚禄实际上是充当君主的牺牲品。末段叙述庄子对葬礼的态度,说明把一切人事看破的必要性。在作者看来,一个人安于宁静,生无为,死不葬,一切听任自然,才算懂得大道。否则,如果居功骄傲,追求名利,必然给自己带来意想不到的灾祸。

【原文】

列御寇之齐,中道而反,遇伯昏瞀人。伯昏瞀人曰:"奚方而反?"曰:"吾惊焉。"曰:"恶乎惊?"曰:"吾尝食于十浆,而五浆先馈。"伯昏瞀人曰:"若是,则汝何为惊已?"曰:"夫内诚不解,形谍成光,以外镇人心,使人轻乎贵老,而齑其所患。夫浆人特为食羹之货,无多余之赢,其为利也薄,其为权也轻,而犹若是,而况于万乘之主乎!身劳于国而知尽于事,彼将任我以事而效我以功。吾是以惊。"伯昏瞀人曰:"善哉观乎!女处己,人将保女矣!"

无几何而往,则户外之屦满矣。伯昏瞀人北面而立,敦杖蹙之乎颐。立有间,不言而出。宾者以告列子,列子提屦,跣而走,暨乎门,曰:"先生既来,曾不发药乎?"

曰:"已矣,吾固告汝曰人将保汝,果保汝矣。非汝能使人保汝，而汝不能使人无保汝也，而焉用之感豫出异也！必且有感，摇而本才，又无谓也。与汝游者又莫汝告也，彼所小言，尽人毒也。莫觉莫语，何相孰也。巧者劳而知者忧，无能者无所求，饱食而敖游，泛若不系之舟，虚而敖游者也。"

郑人缓也呻吟裘氏之地。只三年而缓为儒，河润九里，泽及三族，使其弟墨。儒墨相与辩，其父助翟。十年而缓自杀。其父梦之曰："使而子为墨者予也。阖胡尝视其良，既为秋柏之实矣？"夫造物者之报人也，不报其人而报其人之天，彼故使彼。夫人以已为有以异于人以贱其亲，齐人之井饮者相捽也。故曰今之世皆缓也。自是有德者以不知也，而况有道者乎！古者谓之遁天之刑。圣人安其所安，不安其所不安；众人安其所不安，不安其所安。

庄子曰："知道易，勿言难。知而不言，所以之天也；知而言之，所以之人也；古之人，天而不人。"朱泙漫学屠龙于支离益，单千金之家，三年技成而无所用其巧。圣人以必不必，故无兵；众人以不必必之，故多兵；顺于兵，故行有求。兵，恃之则亡。小夫之知，不离苞苴竿牍，敝精神乎蹇浅，而欲兼济道物，太一形虚。若是者，迷惑于宇宙，形累不知太初。彼至人者，归精神乎无始而甘冥乎无何有之乡。水流乎无形，发泄乎太清。悲哉乎！汝为知在毫毛，而不知大宁。

【译文】

列子到齐国去，但中途却返回来了，路上遇着齐国的隐士伯昏瞀人。伯昏瞀人问道："你因何半道返回呢？"列子回答说："我感到十分吃惊。"伯昏瞀人又问："为什么吃惊？"列子答道："我曾去十家饭馆就餐，有五家主动提出不收我的饭钱。"伯昏瞀人说："事情本来如此，这又有什么奇怪的呢？"列子说："我内心的情欲没有得到疏解，溢于言表的一举一动成为辉耀他人的仪表，这样可以慑服人心，使人尊重我而轻视贵人和老人，但也招致了祸患。饭店的老板是为卖饮食赚钱的。他白给我餐饮，获得利润一定不高，得到的好处也一定很少。饭店的主人尚且如此，何况一个大国的君主呢！整个身心为国家大事操劳，知晓天下形势。他将要把国家大事委任给我去办理，为取得成功而让我去为他效力，怎能不惊奇呢？"伯昏瞀人说："这样看来极好！你安居人世间，有人会保佑你的！"

时隔不久，伯昏瞀人到列子那里去，发现门外整齐地放满了前来拜访列子的人的鞋子。便面向北面站立，手拄拐杖，稍稍把拐杖靠近脸颊，静观了一会，就无言无语地退了出来。来客中有人告诉列子说，伯昏瞀人来过，已经走了。列子听后，急忙提着鞋子、光着脚跑到门口，大声对伯昏瞀人说："先生既然来了，为什么不给我赐教就走了呢？"

伯昏瞀人说："啊！我早就告诉你了，世人是会保佑你的，现在果然应了。不过这并不是你有能力使人保佑你。你也没有能力使人不保祐你。你为什么因此感到格外愉快而与众不同呢？你的心灵必然将要有所感遇，从而撼摇你的人性，真无聊啊！那些和你相近并依附于你的人，终不会对你提出忠告。他们的琐碎而论，全是毒害他人的妖言。你既然认识不到这一点，怎么能相互认识、相互了解呢？有技能的人身心受到劳累，洞察一切的人的内心世界会忧虑不绝；无所作为的人无所希求，饱食终日遨游四方，像一叶无缚系而漂泊的舟船，正因为内心无结郁，无忧无虑，才能做到逍遥自在。"

郑国一个名叫缓的人在裘氏这个地方学习儒家经典，刚刚满三年就成为一名儒者，施惠九里，泽及三族，并让他的弟弟翟学习墨学。不久，缓和翟兄弟俩就儒学和墨学展开了辩论，他们的父亲帮了翟一臂之力。十年以后，缓自杀了。缓的父亲在梦中梦见缓说："翟之所以能成为墨学大师，功劳全在于我。你为什么不到我的坟墓上去看看，墓冢旁的秋柏已经结出硕果了吧？"造物者赋予人的东西，不是行为，而是天性。天性自然使人产生各种各样的行为。缓自以为与众不同而责难他的父亲，就像齐国吃井水的人为争凿井之功而相互厮打一样。这样看来，现在的人和缓多么相似啊！自以为是，在有高尚之德的人看来，这种行为是极不明智的，何况在有道之人的眼中呢！古时候称它是悖逆天理而受到刑罚。圣人安于顺乎自然之性，而不安于违逆自然；普通人安于违逆自然之性，而不安于顺应自然。

庄子曾经说过："知道容易，不说出来就困难了。知道了不说出来，可以达到自然的境界；知道了说出来，只能是人为的道路；古时候的人，顺人自然而不顺从人。"朱泙漫向支离益学习屠龙的技巧，耗尽了家里千金的积蓄，经过三年学成技艺，但却没有发挥他的才能的地方。圣人把注定要发生的事情视为一定不会发生，正因为如此，才没有战争；普通人把注定不会发生的事情视为必然会发生，正因为如此，战争迭起。如果顺应争夺战争，必然产生贪得无厌的行为。从这个意义上讲，凭借战争发财的人必然自取灭亡。匹夫通常所考虑的不过是塞取香草包裹肉饤赠送他人，或以书信互致问候而已。这种徒劳身心的行为是多么浅陋无知。这样还想成就疏导万物的事业，达到天地万物和内心世界和谐统一的境界吗？如果抱着小人一样的处世态度，必然对广漠的宇宙渺茫无知，徒劳身体而不知道未形成以前的世界。古代最明智的人把自己的精神归复到万物始生的状态，而且恬淡地梦游于虚无的天地。流水没有固定的形状，只是按照自然地势而流溢。多可悲啊！你只考虑琐碎小事，不考虑无为而治的自然之理。

【原文】

宋人有曹商者，为宋王使秦。其往也，得车数乘；王说之，益车百乘。反于宋，见庄子曰："夫处穷闾阨巷，困窘织屦，槁项黄馘者，商之所短也；一悟万乘之主而从车百乘者，商之所长也。"庄子曰："秦王有病召医，破痈溃痤者得车一乘，舐痔者得车五乘，所治愈下，得车愈多。子岂治其痔邪，何得车之多也？子行矣！"

【译文】

宋国有一位名叫曹商的人，受宋王嘱托出使秦国。去秦国之前，宋王送给他几辆车子。到秦国以后，深得秦王喜欢，又给他奖了一百辆车子。返回宋国时,曹商见到庄子说道:"你居住在贫穷狭窄的街巷,依靠编织草鞋维持窘迫的生计,依然面黄肌瘦,这是我曹商不及你的地方;一朝感悟万乘之主,随从的车子有一百多辆,这是我曹商值得向人夸耀的地方。"庄子回答说:"听说秦王有病,广招天下名医。凡能医好疮疖的,奖赏给一辆车子,能够用嘴舐痔疮的人奖赏给五辆车子,医治手段愈是卑下,获得的车子愈多,你难道是替秦王医治痔疮吗?为什么得到这么多的车子?你走吧!"

【原文】

鲁哀公问乎颜阖曰:"吾以仲尼为贞干,国其有瘳乎?"曰:"殆哉圾乎仲尼!方且饰羽而画,从事华辞,以支为旨,忍性以视民而不知不信,受乎心,宰乎神,夫何足以上民!彼宜女与?予颐与?误而可矣。今使民离实学伪,非所以视民也,为后世虑,不若休之。难治也。"

施于人而不忘,非天布也。商贾不齿,虽以事齿之,神者弗齿。为外刑者,金与木也;为内刑者,动与过也。宵人之离外刑者,金木讯之,离内刑者,阴阳食之。夫免乎外内之刑者,唯真人能之。

【译文】

鲁哀公询问颜阖:"我将要任命孔子为重臣,你认为他能把国家治理好吗?"颜阖答道:"你重用孔丘,那可太危险了!孔子喜欢雕琢文饰自己,善于辞藻,能把支节说成主旨。他把自己矫饰的性情夸示给百姓,但又知晓他的这种说教是不可靠的。让心灵承受这种说教,主宰着自己的精神和行为,怎么能够说治理好人民呢?你想想看,孔子那一套还适合你的口味吗?还能让他安养人民吗?即使孔子的说教是错误的,也不要紧。问题的关键在于今天让老百姓背离真实而崇尚伪巧,这的确不是教育百姓的办法啊!为后世百代考虑,不如不重用孔子。因为按他的学说实在很难治理好国家。"

施惠于他人而不忘自己的功劳,那么这种布施并非出于自然的天性。这种人连商人都轻视他,虽然偶尔也会谈及他,但神人却认为这种人不足挂齿。能够惩罚皮肉的,有刀锯、斧钺、棍棒;可以损伤内心世界的,是妄动和懊恼。小人遭受皮肉刑罚,用刀锯、斧钺和棍棒来讯问他;遭受内心世界的刑罚,由阴阳之气交错而逐渐损害他的身心。能够避免皮肉和内心刑罚的,只有真人了。

【原文】

孔子曰:"凡人心险于山川,难于知天;天犹有春秋冬夏旦暮之期,人者厚貌深情。故有貌愿而益,有长若不肖,有顺懁而达,有坚而缦,有缓而钎。故其就义若渴者,其去义若热。故君子远使之而观其忠,近使之而观其敬,烦使之而观其能,卒然问焉而观其知,急与之期而观其信,委之以财而观其仁,告之以危而观其节,醉之以酒而观其侧,杂之以处而观其色。九征至,不肖人得矣。"

【译文】

孔子曾说:"大凡人心难知,比下知山川河流,上晓苍天还要困难;自然界有春夏秋冬和一早一晚的时候,人是容貌敦厚和感情深沉的。因而,有的人面貌诚实而内心却桀骜不驯;有的人外表貌似长者,内心却是不肖之人;有的人外表急躁,但内心却通达明理;有的人外表刚强,内心却软弱;有的人内心缓慢而外表却急躁不堪。像这样的人,就仁义就像口渴思水的人,舍去仁义就像怕烧逃火的人。正因为如此,君子疏远他而观察他忠佞与否;亲近他而观察他的敬慢与否;给复杂繁复的任务,以观察他的技能;忽然询问而观察他的智能;急于他期约而观察他是否守信;告诉他国家危难,而观察他的节操;让他醉酒而观察他的仪态端正与否;使他与男女杂处而观察他是否好色。用以上这九种方法,就可以发现谁是不肖之人。"

341

【原文】

正考父一命而伛，再命而偻，三命而俯，循墙而走，孰敢不轨！如而夫者，一命而吕巨，再命而于车上儛，三命而名诸父。孰协唐许？

贼莫大乎德有心而心有睫，及其有睫也而内视，内视而败矣。凶德有五，中德为首。何谓中德？中德也者，有以自好也而吡其所不为者也。穷有八极，达有三必，形有六府。美、髯、长、大、壮、丽、勇、敢，八者俱过人也，因以是穷。缘循，偃佒，困畏不若人，三者俱通达。知慧外通，勇动多怨，仁义多责。达生之情者傀，达于知者肖；达大命者随，达小命者遭。

【译文】

正考父第一次被任命为士时，谦虚地弯下了腰。再次被任命为大夫时，恭敬地把腰弯得像驼背一样。第三次被任命为卿时，恐慌地伏在地上，然后沿着墙根逃跑了。像这样，谁还敢图谋不轨！哪像孔子，第一次被任命做官时，洋洋自得，再次晋升时，在自己的座位上手舞足蹈，第三次升迁时，就敢直呼自己叔父辈的名字。像这样，谁还能有同于唐尧许由那时谦虚的禅让之风呢？

最有害的事情莫过于德中有私心，而私心又为自己瞻前顾后，遮遮掩掩。如果掩饰自己而凭自己需要决定一切，那必定是要败亡的。凶德有五条，心为其首。什么叫心呢？心，就是自以为是，刚愎自用，自己做不了反而诋毁别人。穷苦有八端，通达有三项，犹如人身体有六种脏器一样。美姿、髭髯、身长、高大、强壮、美丽、勇猛、果敢，一个人在这八端都优越于他人，则必定穷困。顺从、卑顺、懦弱不如他人，一个人在这三项又都不及别人时，必会通达荣耀。才华横溢，勇武好动的人，则必招人怨望，好施仁义，必遭人非难。通达明晓生命实情的人，必是豁达之人，精于技巧的人，必是渺小之人；而通达天命的人，必然归顺于自然，精通于人命的人，必然要安心于他的所在。

【原文】

人有见宋王者，锡车十乘，以其十乘骄稚庄子。庄子曰："河上有家贫恃纬萧而食者，其子没于渊，得千金之珠。其父谓其子曰：'取石来锻之！夫千金之珠，必在九重之渊而骊龙颔下，子能得珠者，必遭其睡也。使骊龙而寤，子尚奚微之有哉！'今宋国之深，非直九重之渊也；宋王之猛，非直骊龙也；子能得车者，必遭其睡也。使宋王而寤，子为齑粉夫！"

【译文】

有人拜见宋王，宋王赏赐给他一辆车子。这人以此向庄子夸耀。庄子说："河边有一家极贫苦的人家，依靠编织芦苇制品维持生活。这家的儿子潜入极深的水中，摸到了一枚价值千金的宝珠。他的父亲对他讲：'拿石头来，把它砸碎。像这样贵重的珠子，一定在极深极深水中的黑龙的颔下，你能得到这个宝珠，必然是碰到了黑龙睡觉之时。假使黑龙醒着，你必定被黑龙吃得所剩无几了！'当今的宋国，不是没有九重之渊那么深；当今的宋王，也不是没有黑龙那么凶猛。你能够得到宋王的车子，必然碰到了宋王糊涂之时。假使宋王正好头脑清醒，一定会把你弄得粉身碎骨！"

【原文】

或聘于庄子。庄子应其使曰："子见夫牺牛乎？衣以文绣，食以刍叔，及其牵而入于大庙，虽欲为孤犊，其可得乎！"

【译文】

有人去聘请庄子，庄子对使者说："你见过用作祭祀的牛吗？披的是带花纹的锦绣，吃的是草料和大豆。等到它被牵到太庙时，虽想做一只无人喂养，自由自在的牛，还能办得到吗？"

【原文】

庄子将死，弟子欲厚葬之。庄子曰："吾以天地为棺椁，以日月为连璧，星辰为珠玑，万物为赍送。吾葬具岂不备邪？何以加此！?"弟子曰："吾恐乌鸢之食夫子也。"庄子曰："在上为乌鸢食，在下为蝼蚁食，夺彼与此，何其偏也。"

以不平平，其平也不平；以不征征，其征也不征，明者唯为之使，神者征之。夫明之不胜神也久矣，而愚者恃其所见入于人，其功外也，不亦悲乎！

【译文】

庄子快要离开人世间的时候，他的弟子想把他的丧事办得十分奢侈。庄子说："我死以后，以天地作为棺椁，以太阳和月亮作连城之璧，以恒星为珠玑，以天地间万物作陪葬之品。这样我的葬具难道还不齐全吗？为什么还要增加我的丧葬费用呢！"弟子说："我们惟恐乌鸦和老鹰把您吃掉。"庄子说："天葬被乌鸦和老鹰吃掉，土葬被蚂蚁吃掉，你们把我从这个嘴里夺来给那个，不也太偏袒另一方了么？"

以这种偏袒不平来平均万物，这种公平是不公平的；以没有应验的万物作为应验的，这种应验实际上是不应验的。炫耀自己聪明的人，要被万物役使，而任神（和天道感应）的人，才能无所不应验。那么炫耀自己的人也就自然不如任神的人了。但是愚昧的人以自己的偏见对待他人，最终的结果渺渺，如此迷妄，实在令人悲哀！

【成语与典故】

[发药] 庄子本意是让伯昏瞀人讲一些有益的言论。以后演成药石、药石之言。指批评和规劝别人改正错误或缺点。《旧唐书》卷七十八高季辅传云："（贞观）十七年授太子右庶子，又上疏切谏时政得失，特赐钟乳一剂，曰：'进药石之言，故以药石相报。'"

[屠龙] 朱泙漫花了三年功夫，用尽千金家产，学会屠龙的技术，但却无龙可屠。庄子借此讽喻好高骛远，不切实际的人。后世多用"屠龙、龙屠、学屠龙、屠龙学、屠龙技"等表示没有实用价

值的高超技艺。元好问《文湖州草虫为刘君赋》:"虫鱼琐细君休笑,学会屠龙老却人。"黄庭坚《戏答史应之三首》:"先生早擅屠龙学,袖有新硎不试刀。"也有以"屠龙手"表示有真才实学而不为世人所用者,苏轼《次韵张安道读杜诗》所谓"巨笔屠龙手,微官似马曹"就是如此。

[**吮痈舐痔**] 庄子用舐痔以讥阿谀之辈。后世遂用"吮痈舐痔、舐痈吮痔、舐痔、秦王痔"等描写拍马献媚之徒和顺阿权贵、低三下四的行为。如朱熹注《论语·阳货》云:"小则吮痈舐痔,大则弑父与君,皆生于患失而已。"元好问《感事》诗云:"舐痔归来位望尊,骎骎雷李入平吞。"亦有以"秦痔"喻患疾者。如杨亿《灯夕寄内翰虢略公》云:"秦痔未瘥斋阁掩,梦回宫树已啼鸦。"

[**探骊获珠**] 本意谓人应遵从自然,不应冒险。后世多用"探骊获珠,探珠骊颔,探龙颔"等指历险探宝。如周光镐《黄河赋》:"纬萧子探珠于骊颔,商邱开得珠于淫隈。"以"骊珠、千金珠"等比喻珍宝。如元好问《赠答平阳仇舜臣》诗云:"沧海骊珠能几见,鄴城龙剑不终藏。"

天　下

奚　雨译

【提要】

本篇旨在论证庄周学派的学术地位。首先叙述了古代道术及其流传情况，哀叹学术上今不如昔。接着评述了当时的墨家学派、宋钘尹文学派及慎到、田骈学派。最后详细地介绍了道家的情况。篇末涉及以惠施为首的名家。在作者看来，诸子百家虽有可取之处，但都无济于世；只有道才是放之四海而皆准的东西。道学源远流长，功德无量，但也经历了一个发展过程。古代的道术自不精深，关尹、老子之时，亦不够完备，至庄子，道家的学说才达到了天人合一的境界，成为当时学术界的最高成就。

【原文】

天下之治方术者多矣，皆以其有为不可加矣。古之所谓道术者，果恶乎在？曰："无乎不在。"曰："神何由降？明何由出？""圣有所生，王有所成，皆原于一。"

【译文】

天下研究方术的人极多，但都把自己的学问看做真理，认为是无以复加的东西。其实道才是至高无上，无所不包的。那么，上古三代的道术在哪里？我的答案是："无所不在。"若问："灵妙从什么地方而来？明智因为什么而生？"我的观点是："圣人的产生，明王的出现，都归结为'一'，也就是我所说的道。"

【原文】

不离于宗，谓之天人。不离于精，谓之神人。不离于真，谓之至人。以天为宗，以德为本，以道为门，兆于变化，谓之圣人。以仁为恩，以义为理，以礼为行，以乐为和，薰然慈仁，谓之君子。以法为分，以名为表，以参为验，以稽为决，其数一二三四是也，百官以此相齿，以事为常，以衣食为主，蕃息畜藏，老弱孤寡为意，皆有以养，民之理也。

【译文】

　　不离根本的人，被称为天人；料事精微的人，被称为神人；古朴纯真的人，称之为至人。以自然为主宰，以上德为根本，以玄道为门径，能够预示变化，称为圣人。以仁来布施恩泽，以义来裁决是非，以礼作为行为的准则，以音乐来调和人的性情，仁慈布于八方，称为君子。以法治为准绳，以贤名为榜样，以多数为认定事物的证据，来严密地考核审决一切，就像数一二三四一样。官吏应以此方法为顺序办理一切事务，官吏以自己所职之事为常事，以老百姓的吃饭穿衣为主，兼及繁殖、生息、积蓄、贮藏，使老弱孤寡抚养有保障。这就是治理百姓的办法。

【原文】

　　古之人其备乎！配神明，醇天地，育万物，和天下，泽及百姓，明于本教，系于末度，六通四辟，小大精粗，其运无乎不在。其明而在数度者，旧法世传之史尚多有之。其在于《诗》、《书》、《礼》、《乐》者，邹鲁之士搢绅先生多能明之。《诗》以道志，《书》以道事，《礼》以道行，《乐》以道和，《易》以道阴阳，《春秋》以道名分。其数散于天下而设于中国者，百家之学时或称而道之。

【译文】

　　古代得道的人不是很完美吗？他们与天地合为一体，取法于自然，孕育万物，均和天下，泽及百姓，明白道的根本，贯通法度，遍通六合（天下），四时畅顺。无论大小精粗，他们的参与作用都无所不在。道术高于礼乐制度的,在旧的法令和传世历史著作如《诗》、《书》、《礼》、《乐》中保存尚多。这一点邹鲁的儒学之士还是能够知晓的。《诗》用道说人的情志,《书》用道说世事,《乐》用道说和乐,《易》用道述阴阳变化,《春秋》用道说人的名分。这种礼制大概流布天下,但风教所及仅在华夏之地,百家诸子有时也会称道它的。

【原文】

天下大乱,贤圣不明,道德不一,天下多得一察焉以自好。譬如耳目鼻口,皆有所明,不能相通。犹百家众技也,皆有所长,时有所用。虽然,不该不徧,一曲之士也。判天地之美。析万物之理,察古人之全,寡能备于天地之美,称神明之容。是故内圣外王之道,暗而不明,郁而不发,天下之人各为其所欲焉以自为方。悲夫,百家往而不反,必不合矣!后世之学者,不幸不见天地之纯,古人之大体,道术将为天下裂。

【译文】

天下大乱之际,圣贤隐而不出,这是因为道德不统一。天下各派各执一端之词而自以为是。犹如耳目鼻口,各有所用,但彼此不通。正像百家的众多技艺,各有所长,不过是一时才能派上用场。但是不该偏颇,像个偏僻之士。割裂天地之纯美,离析万物之常理。观察古来得全道之人,也很少能尽备自然之美,合神明之美。所以内以养性修身,外以经世致用之道,暗塞不明,郁闭不通,天下各以自己所想作为方术。可悲啊!百家分道扬镳,自己走自己的路,势必不会统一起来。后世的学者,没有明见自然的本质,古人的朴素全貌,所以道术将被天下各家所分裂。

【原文】

不侈于后世,不靡于万物,不晖于数度,以绳墨自矫而备世之急,古之道术有在于是者。墨翟禽滑釐闻其风而说之,为之大过，已之大循。作为《非乐》，命之曰《节用》；生不歌，死无服。墨子泛爱兼利而非斗，其道不怒；又好学而博，不异，不与先王同，毁古之礼乐。

【译文】

不以奢侈豪华教导后世，不糜费万物，不炫耀礼法，以仁义为规矩来约束勉励自己，勤俭节约，防备自然灾害，这也是古代道术中所包含的内容。墨翟禽滑釐学习先王的风教，从而深深地喜爱上了它，但做得太过分，节制得令常人难以做到。故而作《非乐》和《节用》两篇，表示自己活着的时候不听歌乐，死后不用丧服。墨子主张人人相爱，大家互利，反对争斗。又因其倡导克己勤俭，所以他的学术不怨怒于物。墨子博通三坟五典，使万物同于自己。这些都不是上古先王的礼制，故而说，他毁弃了先王的礼乐。

【原文】

黄帝有《咸池》，尧有《大章》，舜有《大韶》，禹有《大夏》，汤有《大濩》，文王有辟雍之乐，武王、周公作《武》。古之丧礼，贵贱有仪，上下有等，天子棺椁七重，诸侯五重，大夫三重，士再重。今墨子独生不歌，死不服，桐棺三寸而无椁，以为法式。以此教人，恐不爱人；以此自行，固不爱己。未败墨子道，虽然，歌而非歌，哭而非哭，乐而非乐，是果类乎？其生也勤，其死也薄，其道大觳；使人忧，使人悲，其行难为也，恐其不可以为圣人之道，反天下之心，天下不堪。墨子虽独能任，奈天下何！离于天下，其去王也远矣。

【译文】

黄帝有《咸池》之乐，唐尧有《大章》之乐，舜帝有《大韶》之乐，商汤有《大濩》之乐，周文王有《辟雍》之乐，周武王、周公有《武》之乐。古代的丧葬之礼，富贵和贫贱人家的仪礼不同，上下有别。天子的棺椁共七层，诸侯五层，大夫三重，士二重。当今惟独墨子活着不歌唱，死后不厚葬，只备办三寸厚的桐木棺材，并以此相标榜，教导后人，恐怕这不是爱人；自己躬身力行，也不是爱惜自己的身体。墨子的学说作为一家之言，虽然不能衰败，但是该歌唱而不歌唱，该哭泣而不哭泣，该欢乐而不欢乐，这难道符合人之常情吗？活着的时候勤俭节用，死后薄葬其身，他的学说实在枯燥乏味，使人担忧，使人悲哀。他的这种做法难以实行，恐怕不能作为圣人之道，违背天下人的常情，天下人难以接受。虽然墨子自己能够做到，但怎让天下人做得到呢？背离天下之人，他的学说距离王道太远了！

【原文】

墨子称道曰："昔禹之湮洪水，决江河而通四夷九州也，名山三百，支川三千，小者无数。禹亲自操橐耜而九杂天下之川；腓无胈，胫无毛，沐甚雨，栉疾风，置万国。禹大圣也而形劳天下也如此。"使后世之墨者，多以裘褐为衣，以跂𫏋为服，日夜不休，以自苦为极，曰："不能如此，非禹之道，不足谓墨。"

【译文】

墨子曾说："过去大禹堵截洪水，疏通江河，播通九州，远达四夷之地。其间有大河三百条，小河三千条，那些算不上数的沟沟汊汊还有许多。大禹亲自操着橐和耜汇集天下的河流，频繁的劳动致使小腿肚子没有白皮肤，前膝以下没有汗毛；他栉疾风，沐骤雨，安置国家。像禹这样的大圣人还为国家劳心动勤。"假使墨子的继承人，大多身穿粗布衣，脚踏草编鞋，持之以恒，以自苦为准则，墨子必定会说："做不到这样的要求，就不是大禹之道，也谈不上是墨家了。"

【原文】

相里勤之弟子五侯之徒，南方之墨者苦获、已齿、邓陵子之属，俱诵《墨经》，而倍谲不同，相谓别墨；以坚白同异之辩相訾，以觭偶不仵之辞相应；以巨子为圣人，皆愿为之尸，冀得为其后世，至今不决。

【译文】
相里勤的弟子，五侯的门徒，南方的苦获、己齿、邓陵子，他们这些人都说自己研读《墨经》，但却乖异不同，指责对方是"别墨"。他们就石头的坚硬和白色属性认识存在分歧，便相互诋毁，因奇数和偶数不同而展开论战。他们以在道理上有所成就的巨子为圣人，因而都愿做这个首领，希望能继承墨子的事业，但至今仍没有结果。

【原文】
墨翟禽滑釐之意则是，其行则非也。将使后世之墨者，必自苦以腓无胈胫无毛相进而已矣。乱之上也，治之下也。虽然，墨子真天下之好也，将求之不得也，虽枯槁不舍也。才士也夫！

【译文】
墨翟禽滑釐的用意是良好的，但他们的行为却不正确。这样将使后来学墨的人，以小腿肚子无白皮肤、膝下无汗毛自苦相标榜、争高低，结果却是乱天下的罪多，治天下的功少。虽然如此，但是墨子仍然是天下最美善之人，是求之不得的人。虽然他形容枯槁，但却锲而不舍，从不停息自己的追求。他是一个勤俭救世的才能之士啊！

【原文】
不累于俗，不饰于物，不苟于人，不忮于众，愿天下之安宁以活民命，人我之养毕足而止，以此白心，古之道术有在于是者。宋钘、尹文闻其风而悦之，作为华山之冠以自表，接万物以别宥为始；语心之容，命之曰心之行，以聏合驩，以调海内，请欲置之以为主。见侮不辱，救民之斗，禁攻寝兵，救世之战。以此周行天下，上说下教，虽天下不取，强聒而不舍者也，故曰上下见厌而强见也。

【译文】

不为世俗而拖累，不用万物来矫饰自己，不苟且于他人，不违逆众情，愿天下长治久安，保全百姓，彼此奉养，也就满足了。以这种观点来表明自己的心意，古代的道术有属于这方面思想的。宋钘、尹文闻说先王之道，从而喜欢上了它，他们把自己比作华山之冠，上下大小一样均等，去接应万物，以抛弃偏见为根本。述说内心对万物的容纳，称之为心灵的行动，并以柔和的态度去迎合他人的欢心，来调和海内，请以上述思想作为行为的指南。要不以被欺侮为耻辱，这是为了避免百姓的纷争，禁攻息斗，避免世人的争战。以此思想教化天下，上悦君主，下教百姓，即使天下的人都不接受，也要强劝而不舍弃，所以也就是说，上上下下的人都讨厌，但还要强求见面而劝说。

【原文】

虽然，其为人太多，其自为太少，曰："请欲固置五升之饭足矣。"先生恐不得饱，弟子虽饥，不忘天下，日夜不休，曰："我必得活哉！"图傲乎救世之士哉！曰："君子不为苛察，不以身假物。"以为无益于天下者，明之不如已也，以禁攻寝兵为外，以情欲寡浅为内，其小大精粗，其行适至是而止。

【译文】

虽然如此，但他们为他人着想的太多，为自己打算的太少。宋钘、尹文讲："请做五升米的饭就行了。天下人尚且食不果腹，我们虽然饥肠辘辘，又怎能大嚼大咽呢？"又说："我们一定能活下去！"做一个有益于拯救世道的人。还说："君子对人对事不苛求，不假借外物而成名。"他们认为这样无益于天下之人，明白了这个道理，还不如就此而止。他们以禁攻息兵作为对外宣传的思想，以寡求薄欲作为对自身的要求。总之，无论他们思想的大小方面，都不过如此而已。

【原文】

公而不当，易而无私，决然无主，趣物而不两，不顾于虑，不谋于知，于物无择，与之俱往，古之道术有在于是者。彭蒙田骈慎到闻其风而悦之，齐万物以为首，曰："天能覆之而不能载之，地能载之而不能覆之，大道能包之而不能辨之，知万物皆有所可，有所不可，故曰选则不徧，教则不至，道则无遗者矣。"

【译文】

公正而不结党营私，平易并且不偏激，依理决断，不受别的什么支配，对事物平等对待，没有顾虑，不去筹划。对待事物不凭主观好恶去抉择，并和它一起发展变化，古代的道术有属于这方面思想的。彭蒙、田骈、慎到，听说上古的风教，便喜欢上了它，把均齐万物看做第一位，说："天能覆盖万物，但不能负载万物；地能负载万物，但不能覆盖万物；大道能包容万物，但无力辨明万物。知晓万物有长处，亦有短处，所以说：有所选择，就不能顾及各个方面而没有遗漏。以此教彼，但不能面面俱到，顺道自然，就会包揽一切而无所遗漏。"

【原文】

是故慎到弃知去己而缘不得已，泠汰于物以为道理，曰知不知，将薄知而后邻伤之者也，謑髁无任而笑天下之尚贤也，纵脱无行而非天下之大圣，椎拍辁断，与物宛转，舍是与非，苟可以免，不师知虑，不知前后，魏然而已矣。推而后行，曳而后往，若飘风之还，若羽之旋，若磨石之隧，全而无非，动静无过，未尝有罪。是何故？夫无知之物，无建己之患，无用知之累,动静不离于理,是以终身无誉。故曰至于若无知之物而已,无用贤圣,夫块不失道,豪杰相与笑之曰:"慎到之道,非生人之行而至死人之理,适得怪焉。"

【译文】

慎到抛弃自己的聪明和偏见,去顺应不得已的事物,把听任万物称为常理。强求不知道的东西,必将为智慧所逼迫而损伤自己。顺物顺情,无所任用,去耻笑天下推崇贤能之人;放荡无行却非难天下的圣人。随波共流,顺应事物的发展变化,只有舍去人世上的是是非非,才能避免刑具之苦。不运巧用智,不瞻前顾后,肖然而独立于当世。推动而后行动,拖曳而后前进。像飘忽而往还的风,像旋转而飘落的羽毛,像转动的磨石,这三者无心,能够保全自己而不受责难,动静适度,从来不曾有什么罪过。这是什么原因呢?没有智慧的物体,既没有建立功名的祸患,也没有运用心智受到的劳累,动静无心,常合妙理,所以终身没有毁誉。所以说,对于没有智慧的东西,也就无须圣贤,慎到的学问就像土块不会离开道路一样。因此,豪杰们嘲笑说:"慎到的道,不是活人的道,而是死人的道,当然被人看做怪异了。"

【原文】

田骈亦然,学于彭蒙,得不教焉。彭蒙之师曰:"古之道人,至于莫之是莫之非而已矣。其风窢然,恶可而言?"常反人,不见观,而不免于鲢断。其所谓道非道,而所言之韪不免于非。彭蒙田骈慎到不知道。虽然,概乎皆尝有闻者也。

【译文】

田骈的学说也是这样,他拜彭蒙为师,学会不教而通的大道理。彭蒙的老师说:"古代的有道之人,不辨事物的是非,对事物一视同仁。这种风教随时而过,不留任何圣迹,又如何能言传呢?"这种学说违逆人心,不能服众,虽立法度但不免自受其罪。他们所说的道不是正道，所说的正确的，实际上就是错误的。彭蒙慎到不知道天道，虽然如此，但是他们似乎还是知道一点道的。

【原文】

以本为精，以物为粗，以有积为不足，澹然独与神明居，古之道术有在于是者。关尹、老聃闻其风而悦之，建之以常无有，主之以太一，以濡弱谦下为表，以空虚不毁万物为实。

关尹曰："在己无居，形物自著。其动若水，其静若镜，其应若响。芴乎若亡，寂乎若清。同焉者和，得焉者失。未尝先人而常随人。"

老聃曰："知其雄、守其雌，为天下溪；如其白，守其辱，为天下谷。"人皆取先，己独取后，曰受天下之垢；人皆取实，己独取虚，无藏也故有余，岿然而有余。其行身也，徐而不费，无为也而笑巧；人皆求福，己独曲全，曰苟免于咎。以深为根，以约为纪，曰坚则毁矣，锐则挫矣。常宽容于物，不削于人，可谓至极。

关尹、老聃乎！古之博大真人哉！

【译文】

以根本为精妙，以物的形体为粗杂，因为有了积贮而感到亏欠，淡然无为与道合为一体，古代的道术有属于这方面思想的。关尹、老子听到这种学说，就喜欢上了它。以太一为核心，以软弱谦逊卑下为形式，以空虚不毁伤万物为内容，确立了常无和常有的思想。

关尹说："有功而不自居，有形的物体自会昭彰。动起来就像流水一样；安静下来，就像明镜一样；响应就像自然界的回声一样；匆匆忙忙就像若无其事一样；寂静就如同清净的虚怀一样。与自己相同，必然唱和，有得也就有失。从未争先而常随从他人。"

老子说："自知为雄性，却以雌性自居，甘愿做自然界中的小溪沟；自知光彩照人，却甘心忍辱负重，做自然界中的山谷。"凡夫俗子都争先取胜，而自己却甘愿落后，把这视之为承受天下的垢辱；

人都务求实际,自己却独守空虚;没有贮藏,自然也就有余了,独立无求,也就富足有余了。立身行事,要从容不迫,那也就不会费损身心。自身无为之人,必然会耻笑俗人的机心巧伪。俗人都为自己谋求福分,而他自己却委曲求全,把这视之为避免灾祸。以深玄为德之根本,以检约为行为的纲纪。所以说,太坚硬了就必然会被摧毁,太锋利了就会受挫。常常卑下谦和,宽容万事万物,自知自足,安分守己,不苟求他人,这可以说是道的最高境界了。

关尹、老子是古代博大精深的真人啊!

【原文】

芴漠无形,变化无常,死与生与,天地并与,神明往与!芒乎何之,忽乎何适,万物毕罗,莫足以归,古之道术有在于是者。庄周闻其风而悦之,以谬悠之说,荒唐之言,无端崖之辞,时恣纵而不傥,不以觭见之也。以天下为沈浊,不可与庄语,以卮言为曼衍,以重言为真,以寓言为广。独与天地精神往来而不敖倪于万物,不谴是非,以与世俗处。其书虽瑰玮而连犿无伤也。其辞虽参差而諔诡可观。彼其充实不可以已,上与造物者游,而下与外死生无终始者为友。其于本也,弘大而辟,深闳而肆,其于宗也,可谓稠适而上遂矣。虽然,其应于化而解于物也,其理不竭,其来不蜕,芒乎昧乎,未之尽者。

【译文】

寂寞空虚,变化无常,死呀!生呀!生天地共存,与天地之精神俱往!渺茫无边,从哪里来?匆匆不定,往哪里去?万物尽皆罗致,但没有归属。古代的道术有属于这方面思想的。庄子听说而喜欢上了它。以悠远的论说,以广大的言论,以不着边际之辞,时时放纵而无拘无束,丝毫没有任何偏见。因为天下之人迟滞暗浊,不可以和他述说庄重之语。把散漫不定视为无心之言,把为人所重之言视为真言,把寄寓他人之言视为道理深广之言。他自己独自与天地精神往来,却不傲视万物,不责求人世间的是是非非,所以能和世俗相处。庄子的宏旨高远，却与世俗混合，所以不伤世人。庄子的言辞虽然参差不一，但他滑稽的言辞，还是令人欣赏的。庄子的著述十分丰富，辞清理远，没有止境。他上与造物者遨游，下与不生不死的自然为友。他对于德，能阐幽发微，弘扬光大；对于道，能申畅开通，和谐切适。虽然如此，但是庄子能应机变化，解释物情。分析各种事物的变化，没有达到尽头，事物的变化形式是多样的，事物的出现也就连绵不断，这一切都是渺茫昏暗，所以很难说尽。

【原文】

惠施多方，其书五车，其道舛驳，其言也不中。历物之意，曰："至大无外，谓之大一；至小无内，谓之小一。无厚，不可积也，其大千里。天与地卑，山与泽平。日方中方睨，物方生方死。大同而与小同异，此之谓小同异；万物毕同毕异，此之谓大同异。南方无穷而有穷，今日适越而昔来。连环可解也。我知天下之中央，燕之北越之南是也。泛爱万物，天地一体也。"

惠施以此为大，观于天下而晓辩者，天下之辩者相与乐之。卵有毛，鸡三足，郢有天下，犬可以为羊，马有卵，丁子有尾，火不热，山出口，轮不蹍地，目不见，指不至，至不绝，龟长于蛇，矩不方，规不可以为圆，凿不围枘，飞鸟之景未尝动也，镞矢之疾而有不行不止之时，狗非犬，黄马骊牛三，白狗黑，孤驹未尝有母，一尺之捶，日取其半，万世不竭。辩者以此与惠施相应，终身无穷。

【译文】

惠施方术广博，著述极其丰厚。但他的道术舛错杂乱，道理也不中肯公允。研究分析事物的道理和性质时，说："大到极点，没有边际，叫做大空间；小到极点，没有内核，叫做小空间。没有厚度，薄到不可积累的地步，但它却有千里之遥。天与地一样卑下，高山与湖泽一样高。太阳刚刚在正中午的时候，却又偏斜了。万物刚刚生成，便已死去。大同和小同有差异，叫做小同异；万物完全相同，也完全不同,叫做大同异。南方是无穷的,却是有穷的,今天到来越地,昨天已经来到了。连环是可以毁解的。我知道天地的中央,在燕地的北面,越地的南面。广泛地去爱万物,天和地是一体的。"

惠施以为这些是最大的道理,以此炫耀于天下,并且晓示机辩之士,让天下的辩士与他辩论。鸡蛋必生毛,鸡有三只爪子;郢都据有天下;狗可以叫做羊;马有卵;虾蟆有尾巴;火不烧;山有嘴能响;车轮不碾地;眼睛看不见。像这样把构成物体的属性弄不清楚,物体是难以穷尽的。龟比蛇长,矩不是方的;规难以画圆;卯难以围住榫头;飞鸟的影子不动;射出去的箭有不动的时候和不停止的时候;狗不是犬;黄马和黑牛合起来是三;白狗是黑狗,孤驹没有母亲;一尺长的杖子,每天取一半,万世不会取尽。辩士们就这些话题和惠施辩论,一辈子都会辩论不休。

【原文】

桓团公孙龙辩者之徒,饰人之心,易人之意,有胜人之口,不能服人之心,辩者之囿也。惠施日以其知与人之辩,特与天下之辩者为怪,此其柢也。

然惠施之口谈,自以为最贤,曰天地其壮乎!施存雄而无术。南方有倚人焉曰黄缭,问天地所以不坠不陷,风雨雷霆之故。惠施不辞而应,不虑而对,遍为万物说,说而不休,多而无已,犹以为寡,益之以怪。以反人为实而欲以胜人为名,是以与众不适也。弱于德,强于物,其涂隩矣。由天地之道观惠施之能,其犹一蚊一虻之劳者也。其于物也何庸!夫充一尚可,曰愈贵道,几矣!惠施不能以此自宁,散于万物而不厌,卒以善辩为名。惜乎!惠施之才,骀荡而不得,逐万物而不反,是穷响以声,形与影竞走也。悲夫!

【译文】

桓团、公孙龙子都是辩士,他们蒙蔽人心,改变人的主意,纵能嘴上胜人,但不能使人心悦诚服,这是辩士的局限所在。惠施每天运用他的智慧和人辩论,独自与天下的辩士制造奇谈怪论,这就是他们的大概情况。

但惠施以雄辩自居,认为自己的口才是天下最好的,只有天地比自己雄壮些!惠施既然以雄辩胜人,那么他自己也就没有道术。南方有一个异人,名叫黄缭,询问惠施天为什么不下坠,地为什么不下沉,自然界为什么会有刮风、下雨、响雷、闪电。惠施毫不谦让地答应,不假思索地对答,陈述万物产生的根源,谈起来没有完了,多得无法穷尽,但还嫌说得少,又加上一些怪论以逞其能。把违反人之常理的事说成是真实的,从而以赢人获取声名,所以他难以与当世人调和。他轻视道德,强于辩物,自言自己的道理深奥莫测。用天下的道术来考察惠施的本事,不过是蚊和虻所具有的本领而已。他的学术对理解事物有什么作用?当做一家之言尚可,若他尊重道术,他的学术还可以造就。但惠施不会这样做的,而是就万物拉杂而论,没有休止,最终不过得了一个善辩的名声罢了!多么可惜啊!惠施以自己的才能,放荡辞辩,不能行于正道,追逐万物而义无反顾,就像用声音去追逐回音,用形体和影子竞走一样,可悲啊!

【成语与典故】

[栉风沐雨] 形容不避风雨,奔波劳苦。后世用意不变。如陈寿《三国志·魏书·鲍勋传》:"况猎,暴华盖于原野,伤生育之至理,栉风沐雨,不以时隙哉?"谢灵运《山居赋》:"栉风沐雨,犯露乘星。"

[变化无常] 源自本篇"芴漠无形,变化无常",形容变化不定,无法捉摸,后世渐演变为成语,如罗广斌等著《红岩》中即有:"时局变化,正像这变化无常的天气。"

[五车书] 出自本篇"惠施多方,其书五车",本意形容惠施读书很多,后世多用"五车书"、"书五车"、"五车"等形容藏书丰富或学识渊博。如元好问《雪后招邻舍王赞子襄饮》诗云:"五车载书不堪煮,两都觅官自取忙。"